本书为国家社会科学基金项目"地域社会的构成"的结题成果（项目批准号：05BSH029）

《对蹠人》系列民族志之二

地域社会的构成

朱炳祥 著

中国社会科学出版社

图书在版编目(CIP)数据

地域社会的构成/朱炳祥著. —北京：中国社会科学出版社，2018.4
(《对蹠人》系列民族志)
ISBN 978-7-5203-1812-9

Ⅰ.①地… Ⅱ.①朱… Ⅲ.①白族—民族社会学—研究—中国 Ⅳ.①K285.2

中国版本图书馆 CIP 数据核字（2017）第 324923 号

出 版 人	赵剑英
责任编辑	田　文　徐沐熙
责任校对	张爱华
责任印制	王　超

出　　版	中国社会科学出版社
社　　址	北京鼓楼西大街甲 158 号
邮　　编	100720
网　　址	http://www.csspw.cn
发 行 部	010-84083685
门 市 部	010-84029450
经　　销	新华书店及其他书店
印　　刷	北京君升印刷有限公司
装　　订	廊坊市广阳区广增装订厂
版　　次	2018 年 4 月第 1 版
印　　次	2018 年 4 月第 1 次印刷
开　　本	710×1000　1/16
印　　张	16.75
插　　页	2
字　　数	251 千字
定　　价	69.00 元

凡购买中国社会科学出版社图书，如有质量问题请与本社营销中心联系调换
电话：010-84083683
版权所有　侵权必究

社会是否可以被质询呢？

前　　言

这部著作是《对蹠人》系列民族志的第二卷①，也是 2005 年国家社科基金项目"地域社会的构成"（项目批准号：05BSH029）的结题成果，它是基于摩哈苴彝族村和周城白族村②的研究。我在周城白族村自 1999 年底至 2015 年初做过持续 15 年共 700 多天的田野工作，其中包括 2000 年为期一年的完整周期，其后又进行了 14 次回访。③ 2001 年 8 月 14 日我被当地授予"周城荣誉村民"的称号。我在摩哈苴彝族村的田野工作了大约半年的时间，包括 1995 年暑假、1996 年寒假、2001 年暑假的 6 天（2001 年 8 月 6 日至 11 日）、2002 年寒假的 13 天（2002 年 2 月 2 日至 14 日）、2003 年寒假和 2004 年 3 月。

本民族志于 2007 年写成，2008 年结题时，全国哲学社会科学规划办公室反馈了五位匿名评审专家的鉴定意见，兹录如下：

第一位专家意见："地域社会的构成一直都是人类学理论思考和个案调查的传统课题。本研究在全面检讨前人在这个论题的多种解释模式的基础上，利用人类学的整体观建立自己的统合模式来解释案例，并提出地域社会是'齿轮式的建构'的结论。本项研究包括多年的田野作业，既体现了人类学民族志的实地调查规范，做到了对对象的整体把握，也注意到了历史纵深的考量，在资料上恰当地支持了作者

---

① 《对蹠人》系列民族志第一卷《他者的表述》，中国社会科学出版社 2018 年版。
② 摩哈苴彝族村属云南楚雄彝族自治州南华县兔街乡；周城白族村属云南大理市喜洲镇。
③ 回访的具体时间参见《他者的表述》（《对蹠人》系列民族志第一卷）"导言"，中国社会科学出版社 2018 年版。

'历史与结构之关系'的框架。这项研究在方法上的努力是国内近些年人类学研究的重要进步。本人在理论上的追求也是成绩卓著。作者对前人成果的评述有很精当的选择,对各种□□□□□□□□□□□[①]精当,并且能够把它们化为自己理论工具的组成内容。作者在用复合式的理论模式分析两个主要的个案之后,提出地域社会的齿轮式建构,为我们全面认识地域社会的构成作出了颇有价值的理论贡献。本项研究成果在人类学的理论和方法上的探索都有显著的成绩,对于国人认识近些年凸显起来的地域社会议题具有现实的意义。不过,对个案资料的叙述还有必要结合'齿轮式建构'的立论进行更有机地关联、熔铸。"(北京大学社会学人类学研究所[②],专家签章,2008年6月18日)

第二位专家意见:"该项目是社会人类学学术积累丰厚的经典研究领域。作者以《地域社会的构成》为题,选择改革开放以后摩哈苴与周城这两个不同类型的地域社会为例,把一系列传统的文化人类学命题置于市场化以至全球化变迁的视域下,体现了社会人类学中国研究的学术张力和干预现实社会生活的实践意义。首先,面对一百多年来的讨论史,作者精练、准确地梳理了社会人类学有关地域社会研究最具代表性的系统文献。从摩尔根、列维-斯特劳斯、普里查德到施坚雅、林美容;从史前状况、联姻理论、继嗣理论到市场体系的分析和信仰圈的研究,体现了作者深厚的人类学专业修为和独特的问题意识。其次,在长期深入实地调查研究的基础上,通过选择和确定田野工作对象,占有充分翔实的经验材料,从而验证和说明了摩哈苴和周城这两个不同的地域社会的系统结构特征,并与该领域最有代表的理论'通则'进行了对话。这对于认识变迁过程中的中国边缘文化与传统社会的联系,与现代性的融合,以及在全球化背景下的演化,均有重要的学术价值和实践意义。总之,此项研究整体布局合理,逻

---

① 因反馈材料为复印件,此处因折纸时的叠压而未能复印完整,隐约看到有11个字的缺损。

② 专家鉴定是匿名的,在反馈的意见表复印件中姓名处被略去。只有这一份意见上看出有"北京大学社会学人类学研究所"的公章。

辑结构清晰，田野工作系统充分，理论分析精辟深入，是一项视角全面的整合之作。不成熟的建议：摩尔根—恩格斯史前社会理论有关史前社会是以血缘关系为基础的，进入文明社会以后，婚姻关系完全被财产关系所取代的判断（参见恩格斯1884年《家庭、私有制与国家的起源》序）似乎不应被搁置，仍有演化变迁的比较分析意义。尽管如此，此项研究仍是一项高水平的学术成果，可结项。"（专家签章，2008年7月24日）

第三位专家意见："一、我国是个具有5000年文明史的复杂国家，各地区、各民族、各族群之间的发展程度不一，文化传统差异颇大。研究中国社会，究竟该以什么为单位才能准确地、有效地反映中国社会的真实面貌，对此，学术界长期以来都有争议。近年来，国内文化学界、社会人类学界和史学界在大量研究和吸收国外汉学研究成果的基础上，提出了区域社会（或地域社会）作为分析和研究中国社会复杂面貌的基本单位，形成了较为一致的看法。但地域社会构成的要素和基本轴心到底是什么？学术界尚未形成统一看法。该成果在总结中外专家研究成果的基础上，从自己长期从事田野调查的云南省大理市喜洲镇周城白族村和楚雄州南华县兔街乡摩哈苴彝族村的经验出发，从继嗣群（血缘）、通婚圈（姻缘）、生产方式、市场圈、祭祀圈（宗教）五个方面详细阐述了地域社会构成的基本要素和这些要素的变迁对地域社会形成的影响，最后提出了地域社会是齿轮式结构的理论见解和分析框架，具有较高的学术价值和理论特色，有一定的创新性。二、由于本成果的经验资料是从云南这个偏远省份的两个少数民族乡村中得来的，其文化特征与内地有较大差异，其是否具有代表性或许还有待于更多的史实和更长的时间来检验。三、本成果是一项优秀的社科研究成果，其齿轮式结构的观点可能会引起学术界的争鸣。建议予以出版。"（专家签章，2008年6月12日）

第四位专家意见："该成果回应了人类学传统研究中的'地域社会的构成'这一重大命题，并选取楚雄的摩哈苴与大理的周城、彝族与白族、发达与落后、封闭与开放这一对极其具有典型意义的选点进行了深入研究。该成果深化了基础研究，并在理论构建方面作了有益尝试。全文凸显出作者田野功底扎实，深入细致，积累了翔实的资料，理论修养深厚，熟稔该领域相关理论，具有对理论熟练的驾驭能力，且不囿于前人旧说，在地域社会构成理论方面作了内、外圈的有益建构；研究视野开阔，不受限于田野点的狭小，力图回应重大理论。该成果深化了前人研究，基本构建了地域社会构成的内外圈理论，对于初民社会、国家、文明等形态的发轫亦有重要借鉴作用。该成果且对人类学本土化、白族研究，及对反思新时期下宗族的变迁具实际应用价值。以全局视野来看，文中有关地域社会构成的理论架构尚显粗略，架构的每一要素、层次间的有机联系还可深化，诸如活动、继嗣群、祭祀圈、信仰圈是如何有机地服务于一个核心的？另，文中以两个选点的材料说明同一问题下的部分，作者指出是'互文见义'之关系，但实际应用可能存在同一性，也可能出现偏差。建议：有关系谱可采用树形结构图；文中大量的数据可借鉴数理统计方法，以多维度坐标图显示，则更直观明了。观点争鸣：地域社会构成的内、外圈；有关白族省内通婚现象的解读；有关彝族的宗族体系与家支制度。"（专家签章，2008年5月21日）

第五位专家意见："该研究成果以云南大理市喜洲镇周城白族村和云南省楚雄州南华县兔街乡摩哈苴彝族村两地为调查点，分析群体活动与地域社会构成的关系。文章认为：地域社会系由日常群体活动构成，这种日常群体活动有物质生产活动、种的繁衍活动和宗教活动三类，而且，能够影响地域社会构成的活动必须是由地域内全部人员构成的群体活动。文章并将群体活动分为宗族继嗣、婚姻交换、市场交换、经济生产、宗教祭祀与信仰五个不同领域，指出：不同类型'活动'的划分对于理解地域社会不同构成层面上的差异性具有重要意义，因为，就共时性而言，地域社会结构的各个层面就是由这几种不同的活动所创造的纵横交错的有机整合；就历史维度而言，地域社会构成诸要素从传统到现代变迁中功能与范围的变化，也正是由这几种不同的活动所创造的历史与结构的有机融合。文章由微观层面的剖构，对地域社会构成这一宏观认识，作出了贡献。该研究的主要优点是：第一，长期扎实的田野调查体现了研究者认真执着的研究态度。

该研究所选择的田野调查点是研究者长期深入调查的地方，如研究者自己介绍，多年来一直利用寒暑假深入调查点追踪调查，对当地社会文化了解深刻，因而还被授予当地'荣誉村民'的称号，体现了人类学研究的精髓。研究者作为该地区研究的专家，业已发表了大量相关成果，目前提交的成果是在此前基础上的延续，既有扎实的基础，又能延续研究者新的关注与思考，新的认识与分析，是为可贵。第二，该研究承继研究者一以贯之的以小见大的研究风格，通过对通婚圈、生产圈、市场圈、祭祀圈等不同层面的细致深描，展示地域社会的结构、功能及变迁。史实充分，论据扎实，条理清晰。当然，从严要求，该研究也还存在一些问题，如：第一，基于多年来在同一领域相继发表成果的较高起点上，还要不断有所创新，是作者对自己的严峻挑战。理论探讨尚有待进一步深化，研究者因资料丰富、观察细致而在文中对有关社会现象做了大量详尽的描述，虽细致入微，但有些章节难免过于琐碎，将本应更加深刻阐述的理论思考淹没于细枝末节的描述之中。第二，该研究所关注对象具有一定特殊性，然而，当今时代的发展又不断将原本属于边远村寨的普通民众融入中国乃至全球化时代的发展大潮中，有鉴于此，更有必要将"个别"特殊现象的分析，升华至对于普遍性规律的解读，若能如此，当使此类边疆少数民族研究具有更为深刻的时代意义。"（专家签章，2008年6月24日）

我诚挚地感谢这些专家的肯定与鼓励，虚心接受他们的批评意见，并在新稿中进行了修改与回应。

十年前，我对"主体民族志"的概念思考尚未成熟，故而此书依然采取传统的叙事方式。

本民族志的材料来自艰辛而愉悦的田野工作，衷心感谢那些我时时思念的无数当地人。本民族志除了国家社科基金的资助外，还得到我系学科经费的出版资助，一并感谢。本民族志的出版还得益于中国社会科学出版社田文编审和徐沐熙编辑的认真细致且富含教益的编辑工作。

目　　录

第一章　人类学视野中的地域社会研究 …………………………（1）
　　第一节　血缘先于地缘：摩尔根的研究 ………………………（1）
　　第二节　继嗣理论：英国人类学取向 …………………………（6）
　　第三节　联姻理论：法国人类学取向 …………………………（10）
　　第四节　市场体系理论：美国学者施坚雅的研究 ……………（14）
　　第五节　"祭祀圈"的概念：台湾学者的研究 …………………（17）

第二章　事实、叙事与研究方法 …………………………………（22）
　　第一节　"民族志事实"的概念 …………………………………（22）
　　第二节　"呈现—解释—建构" …………………………………（27）
　　第三节　从"活动"出发：发生学的方法 ………………………（37）

第三章　田野工作点概况 …………………………………………（44）
　　第一节　摩哈苴：躲藏在大山深处的彝族村 …………………（44）
　　第二节　周城：面向全球开放的白族村 ………………………（53）

第四章　聚居与散布：继嗣群的地域分布 ………………………（62）
　　第一节　摩哈苴继嗣群的分布 …………………………………（63）
　　第二节　周城段氏继嗣群的范围 ………………………………（74）
　　第三节　"内卷"与"外扩" ………………………………………（77）

第五章　近娶与远嫁：通婚圈的地域交集 ………………………（81）
第一节　摩哈苴的呈现 ………………………………………（81）
第二节　周城的呈现 …………………………………………（87）
第三节　"里圈"与"外圈" ……………………………………（95）

第六章　索取与生产：物质生产的地域边界 ……………………（100）
第一节　摩哈苴的物质生产活动 ……………………………（100）
第二节　周城的物质生产活动 ………………………………（110）
第三节　"有界"与"无界" ……………………………………（116）

第七章　生存与发展：市场交换的地域范围 ……………………（119）
第一节　何为市场？为何市场？ ……………………………（119）
第二节　市场结构及分布地域 ………………………………（130）
第三节　"核心"与"外围" ……………………………………（136）

第八章　祭祀与信仰：宗教生活的地域空间 ……………………（140）
第一节　家族祭祀仪式 ………………………………………（140）
第二节　村落祭祀仪式 ………………………………………（144）
第三节　村庄祭祀仪式 ………………………………………（150）
第四节　"域内"与"域外" ……………………………………（162）
附　周城村民杨宗运对该村宗教圣地所供诸神的讲述 ……（166）

第九章　历时性的观察 ……………………………………………（180）
第一节　亲属关系的变化与地域社会 ………………………（181）
第二节　物质生产的变革与地域社会 ………………………（190）
第三节　宗教实践的变迁与地域社会 ………………………（196）

第十章　地域社会"构形" …………………………………………（212）
第一节　"叠合式"的内部结构 ………………………………（212）
第二节　"齿轮式"的周边构形 ………………………………（218）

第三节 "触须式"的外围形态 …………………………（221）
　　第四节 "星点式"的抛掷态势 …………………………（222）

第十一章 地域社会"问源" ……………………………（224）
　　第一节 "人"问 …………………………………………（224）
　　第二节 "社会"问 ………………………………………（232）
　　第三节 "村庄"问 ………………………………………（239）

主要参考文献 ……………………………………………（246）

第一章　人类学视野中的地域社会研究

地域社会的构成，是人类学研究领域的一个传统课题，主要有如下五种代表性的理论观点，即：进化理论、继嗣理论、社会交换理论、市场理论以及祭祀圈和信仰圈的概念。进化理论采用历时性的分析视角，其余四种理论皆为共时性的分析视角，这种共时性视角分别涉及了社会生活的三个基本领域：亲属关系、经济生活和宗教生活。

第一节　血缘先于地缘：摩尔根的研究

摩尔根在《古代社会》一书中，曾经按产生的时间顺序区分了"社会"（以纯人身关系为基础）与"国家"（以地域和财产为基础）两种最基本的社会构成方式：

> 一切政治形态都可归纳为两种基本方式，此处使用方式（plan）一词系就其科学意义而言的。这两种方式的基础有根本的区别。按时间顺序说，先出现的第一种方式以人身、以纯人身关系为基础，我们可以名之为社会。这种组织的基本单位是氏族；在古代，构成民族（populus）的有氏族、胞族、部落以及部落联盟，它们是顺序相承的几个阶段。后来，同一地域的部落组成一个民族，从而取代了各自独占一方的几个部落的联合。这就是古代社会自从氏族出现以后长期保持的组织形式，它在古代社会中基本上是普遍流行的；在希腊和罗马人当中，直至文明发展

以后，这种组织依然存在。第二种方式以地域和财产为基础，我们可以名之为国家。这种组织的基础或基本单位是用界碑划定范围的乡或区及其所辖之财产，政治社会即由此而产生。政治社会是按地域组织起来的，它通过地域关系来处理财产和个人的问题。其顺序相承的阶段如下：首先是乡区或市区，这是这种组织的基本单位；然后是县或省，这是乡区或市区的集合体；最后是全国领土，这是县或省的集合体。其中每一层组织的人民都形成一个政治团体。希腊人和罗马人在进入文明以后，竭心尽智才创建了乡和市区，由此而创立了第二个伟大的政治方式，这一方式在文明民族中一直保持到今天。在古代社会里，这种以地域为基础的方式是闻所未闻的。这个方式一旦出现，古代社会与近代社会之间的界线就分明了。①

根据摩尔根的表述，可以解读出如下几点信息：第一，两种政治形态或社会组织方式在时间上具有前后相承关系；第二，在文明社会之前的"古代社会"中，不存在以地域为基础的政治方式或社会构成方式；第三，以血缘为基础的社会组织方式与以地域为基础的社会组织方式并存于文明社会。摩尔根人为地在社会构成的地域方式与血缘方式之间划出了一条明确的界线。由于血缘组织从一开始就必然居住在某一地域空间之内，故血缘关系本身也就涉及地域关系，因而后来的人类学者批评了摩尔根的两种政治形态或社会组织方式的前后承接关系，指出在摩尔根所说的以血缘关系为基础的社会中，同样存在着地缘关系的构成方式并与之共存。雷蒙德·弗思论述了构成初民社会的基本原则有"性别、年龄、地域、亲属"，而其中"最重要的原则"有两条，一条是"亲属关系"；一条是"地域的联系"。这两种联系是交织的："虽然地域的联系是强有力的，可以产生并维持人类群体，但这种联系通常要靠其他联系如血缘联系来加强它的力量。"②

---

① [美] 路易斯·亨利·摩尔根：《古代社会》，杨东莼等译，商务印书馆1977年版，第6—7页。

② [英] 雷蒙德·弗思：《人文类型》，费孝通译，华夏出版社2002年版，第81页。

摩尔根所说的"以纯人身关系为基础"的几种形式如氏族、胞族和部落,在弗思那里被看作是包含着地域关系的,甚至地域关系被认为是主要的。而在人类学家对非洲泰兰西人与努尔人的研究中,则为两条基本原则同时共存提供了实证。福蒂斯所研究的泰兰西人是以地缘关系作为社会组织的基本形式的,但是血缘在这里也起着作用;而在普里查德对努尔人的观察中,宗族是最重要的社会组织,而地域性同样也与血缘关系结合在一起,密不可分。

摩尔根的古典进化论遭到人类学界的悬置,但这种悬置走得太远,以致使批评者对摩尔根所说的在文明时代以地缘组织方式为主的社会中"血缘组织依然存在"这一观点没有引起注意。他认为,人类祖先处于野蛮阶段,甚至处于蒙昧阶段的家族制度在现代人类的某些分支当中仍然能找到例证,这类例证很全面,以至这方面进步过程的许多阶段都保存得相当完善。而且更重要的是,摩尔根在论述古代社会"以纯人身关系为基础"的"社会"时,也关注到地域问题,如他就说到部落(属于"古代社会")是"独占一方"的,因而是"同一地域的"。但是由于他要划一条"古代社会与近代社会之间的界线",故而忽略了地域要素对于社会构成的意义,乃至于说出"在古代社会里,这种以地域为基础的方式是闻所未闻的"[①] 这一类不留余地的话,同时将自己的理论制造出了矛盾。

值得注意的是,摩尔根还论述了"以性为基础"的社会组织,而这种社会组织正是一种联姻关系。这样,在摩尔根的表述中,就存在着三种(不是两种)前后相承的社会组织方式,除上面述及的纯人身关系的组织方式与地域组织方式之外,还存在着"以性为基础"的社会组织方式。这三种社会组织的先后顺序是"最初以性为基础,随之以血缘为基础,而最后以地域为基础"[②]。他区别了以"亲属"(血缘)为基础的社会组织"氏族"与"以性为基础"的社会组织"婚级"的不同:

[①] [美]路易斯·亨利·摩尔根:《古代社会》,杨东莼等译,商务印书馆1977年版,第7页。

[②] 同上。

谈到政治观念的发展这个题目时，自然会想到以亲属为基础所组成的氏族是古代社会的一种古老的组织；但是还有一种比氏族更早、更古老的组织，即以性为基础的婚级，却需要我们首先予以注意。并不是因为这种组织在人类经验中显得很奇特，而是由于更深刻的原因，那就是因为氏族的胚体看来即孕育在这种组织之中。①

摩尔根将澳大利亚土著作为"按性别组织成婚级"的例证，澳大利亚卡米拉罗依人分为六个氏族，若从婚配权的角度言，则可区别为两组：（一）1. 鬣蜥氏（杜利氏）；2. 袋鼠氏（穆里腊氏）；3. 负鼠氏（穆特氏）；（二）4. 鸸鹋氏（狄囊氏）；5. 袋狸氏（比耳巴氏）；6. 黑蛇氏（努莱氏）。前三个氏族之间是不许彼此通婚的，因为他们是从一个母氏族分出来的；但他们可与其他三个氏族中的任何一个氏族通婚。反过来，其他三个氏族也一样。② 他们还有另一种更古老的区分成员的制度，即把人们分为八个婚级，其中四个纯由男性组成，另外四个纯由女性组成。他们的婚级如下（线条表示通婚关系）：

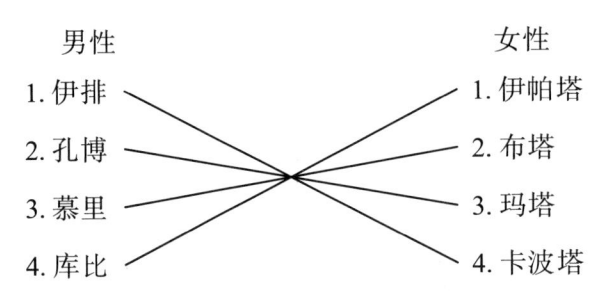

男性　　　　　　　　女性
1. 伊排　　　　　　　1. 伊帕塔
2. 孔博　　　　　　　2. 布塔
3. 慕里　　　　　　　3. 玛塔
4. 库比　　　　　　　4. 卡波塔

祖先和后代之间的关系是氏族的基本特点，这种关系是一种继嗣关系；而先于此的以性为基础的婚级是一种联姻关系，但由于"氏族

---

① ［美］路易斯·亨利·摩尔根：《古代社会》，杨东莼等译，商务印书馆1977年版，第47页。

② 同上书，第49—50页。

的胚体孕育在这种组织之中",因而也包含了继嗣关系,而"家庭就是从这种婚姻形式(亲、从兄弟姐妹的集体相互通婚)中诞生出来的"①。因此,我们不能简单地说摩尔根只有一种血缘先于地缘的单线进化观点,他同时也贡献了关于社会构成的两种关系的思考,开启了继嗣关系与联姻关系研究的先河——虽然他有的说法显得矛盾重重。总之,在摩尔根的思想中,除了两种基本的社会构成方式前后继替的论述之外,也同时存在着对血缘和地缘两种社会构成方式的明确表述。

恩格斯在评述并继承摩尔根的贡献时进一步指出:"历史中的决定性因素,归根结底是直接生活的生产和再生产。但是,生产本身又有两种。一方面是生活资料即食物、衣服、住房以及为此所必需的工具的生产;另一方面是人自身的生产,即种的繁衍。一定历史时代和一定地区内的人们生活于其下的社会制度,受着两种生产的制约:一方面受劳动的发展阶段的制约;另一方面受家庭的发展阶段的制约。劳动越不发展,劳动产品的数量,从而社会的财富越受限制,社会制度就越在较大程度上受血族关系的支配。然而,在以血族关系为基础的这种社会结构中,劳动生产力日益发展起来;与此同时,私有制和交换、财产差别、使用他人劳动力的可能性,从而阶级对立的基础等新的社会成分,也日益发展起来;这些新的社会成分在几个世代中竭力使旧的社会制度适应新的条件,直到两者的不相容性最后导致其中一个彻底的变革为止。以血族团体为基础的旧社会,由于新形成的各社会阶级的冲突而被炸毁;代之而起的是组成为国家的新社会,而国家的基层单位已经不是血族团体,而是地区团体了。"② 恩格斯虽然同样是认为"血族"到"地区"的社会发展是一个时间过程,但他的论述的重要贡献在于指出了两种生产的基础动力作用。

---

① [美]路易斯·亨利·摩尔根:《古代社会》,杨东莼等译,商务印书馆1977年版,第508页。
② [德]恩格斯:《家庭、私有制和国家的起源》第一版序言,载《马克思恩格斯文集》第4卷,人民出版社2009年版,第15—16页。

第二节　继嗣理论：英国人类学取向

在摩尔根之后，新的解释视角呈现出分支的倾向：一是重视血缘关系的研究，代表是英国拉德克利夫-布朗及其后随者普里查德、弗里德曼关于宗族研究的继嗣理论。二是重视姻亲关系的研究，代表是法国社会学派莫斯和结构主义人类学家列维-斯特劳斯开创的联姻交换理论。

继嗣理论的发端应推至布朗在20世纪20—40年代一些研究南非亲属制度的文章和思想，从40年代以后继嗣理论由于普里查德与弗里德曼的承继而趋于成熟。这种理论注重继嗣群内部的纵向的血缘传承关系对地域社会空间的建构的影响。

拉德克利夫-布朗早期发表的关于亲属制度研究的文章有《南非的母舅》（1924）、《父系继承和母系继承》（1935）和《亲属制度研究》（1941）等[①]，1950年他又与福德编撰了《非洲亲属制度与婚姻》。在这本书的导言中，他把亲属分成了几种基本的类型。亲属制度以继嗣为基础，因此继嗣的类型就是进行判断的依据。继嗣可能是血系的、父系、母系或双系直线的继嗣。血系继嗣使个人的亲族增加，直系继嗣则是对支系起作用。婚姻通过在亲属组织之间产生新的关系而对社会结构进行重新排列组合[②]。

埃文思-普里查德对努尔人的研究以及福蒂斯对泰兰西人的研究承继了布朗的研究路向，他们的研究被认为是宗族（继嗣）理论确立的标志。普里查德在《努尔人》一书中，集中讨论了地域性社会政治结构与血缘性宗族制度（继嗣群）之间的关系。他首先考察了努尔人的政治关系，认为其基本是一种地域关系。努尔人分为许多部落，它们没有任何共同的组织或中央管理机构，部落是最大的

[①] 参见［英］拉德克利夫-布朗《原始社会的结构与功能》，潘蛟等译，中央民族大学出版社1999年版。

[②] ［英］罗伯特·莱顿：《他者的眼光》，蒙养山人译，华夏出版社2005年版，第54页。

政治群体，这种政治群体是一个独特的地方性的社区。部落被分成许多地域性的裂变分支，最大的裂变分支称为一级支，一级支的裂变支称为二级支，二级支的裂变支称为三级支，部落的三级支由许多村落构成，这些村落是努尔地区最小的政治单位，由家庭性的群体构成，包括村舍、家宅和棚屋。在对政治结构加以考察之后，普里查德接着描述了努尔人的宗族制度。努尔人的宗族是父系的，氏族是最大的宗族群体，它可以依照族外通婚的规则来加以界定。一个氏族裂变为几个宗族，这种宗族是源自于一个共同祖先的不同的继嗣分支。由氏族分化而成的最大的裂变分支称为"最大宗族"，最大宗族的裂变分支称为"较大宗族"，"较大宗族"的裂变分支称为"较小宗族"，"较小宗族"的裂变分支称为"最小宗族"。"分支世系群"是努尔社会中一种特有的社会组织。每一个部落都有一个占据支配地位的氏族，而这个氏族可分为较小的父系单位——世系群。"宗族群体的成员之间的关系建立在继嗣关系而不是居住地域关系的基础上。因为宗族是分散居住的，并不会构成排他性的地方性的社区。它们之间的区别还在于，宗族的价值观念常常在一种与政治价值观念不同的情境中发挥作用。"[①] 世系群是存在于观念的层面上，与地缘政治组织不一致，一个村落的居民往往分属于好几个世系群，同属一个小世系群的成员，通常也散居在不同的村落中。但是，世系群分支的每一层次却与地缘政治组织的一个层次相对应。"社区纽带与宗族结构的同化现象、地域性联系以一种宗族术语的表达以及宗族联系在地域依附关系上的表达，使得宗族系统对于有关政治组织的研究来说具有重要意义。"[②] 每个社区同一个宗族都通过某种方式联系起来，"结果，社区中所有不属于该宗族的成员都在政治关系上被同化进这个宗族中来，从而，这种政治关系常常以宗族价值观的形式表达出来"[③]。于是，"每一个努尔村落都与一个宗族相联系，

---

① [英]埃文思-普里查德：《努尔人》，褚建芳等译，华夏出版社2002年版，第8页。
② 同上书，第235页。
③ 同上书，第184页。

而且,尽管这个宗族的成员只构成了村落人口的一小部分,村落社区却对之极其认同,以致我们可以把它说成是围绕着一个父系关系内核而聚集在一起的聚合体"①。在"无国家的社会"中,基于血缘的世系群原则与基于地缘的共居原则是一种共存关系;由于缺少可以象征一个部落的酋长②或国王,部落的团结是通过世系群或氏族关系来表达的。③可见,普里查德所构建的努尔人的地域社会空间是血缘关系与地缘关系的一种整合。

继普里查德与福蒂斯对于"无国家的社会"的研究之后,20世纪50年代英国人类学家弗里德曼进行的研究则取证于中国福建与广东的宗族,他的研究主旨亦涉及宗族继嗣与地方性社会结构与空间问题。1958年弗里德曼出版了《中国东南的宗族组织》④一书,其主题是研究分化社会中的单系亲属组织和集权政治体系,也就是"社会分化和地方宗族规模之间的相互联系"⑤。他想利用中国这个高度分化的社会中的宗族和政治体系(乡村政治体系)的关系,对普里查德和福蒂斯的非洲宗族理论作出回应。关于中国东南地区的地域性的村落与宗族的关系,弗里德曼引用了胡先缙的调查材料:在福建和广东两省,宗族和村落明显地重叠在一起,以致许多村落只有单个宗族。弗里德曼认为在宗族明显地趋于解体或在其他地区总体上不再存在的时候,中国东南地区的宗族因为是一种政治与地方组织,所以在有差别的社会中能够延续。弗里德曼在对继嗣群体

---

① [英]埃文思-普里查德:《努尔人》,褚建芳等译,华夏出版社2002年版,第232—233页。

② 努尔部落的豹皮酋长不具有政治权力。

③ 另外普里查德还讨论到年龄组,努尔人的成年男子以年龄为基础被分成不同的年龄级群体。但年龄组没有任何合作性的功能。需要注意的是,年龄组制度是按照部落组织起来的,每一部落都根据年龄进行分层,分层所依据的年龄与其他部落无关。年龄组并不是按照宗族组织起来的,所以与本课题所研究的问题关系不直接。同样,性别的社会分化对于政治结构与宗族结构关系的意义是有限的,我们也不进行讨论。

④ [英]莫里斯·弗里德曼:《中国东南的宗族组织》,刘晓春译,上海人民出版社2000年版。他在1966年又出版了《中国的宗族和社会:福建和广东》,是对前书的补充和发展。

⑤ 同上书,第161页。

等级制度的叙述中,引用了林耀华对于义序宗族的结构模式:家(family)—户(compound)—支(branch)—房(sub-lineage)—宗族(lineage)。在宗族的裂变系统中,他认为结构性裂变单位是房。尽管在历史中,代际不断增加,但中心点是永久的,房依旧保持结构上的稳定。但他认为"房"与"扩大家庭"之间的"支"为"中间裂变单位",这个"支"虽然不具有结构上的重要性,却能形成一个包含越来越少的祖先崇拜的继嗣系列。其重要性是显示了裂变的不平衡性。分支新建祠堂反映了"中间裂变单位"的产生,能够新建祠堂的支直接依赖于经济资源,因此,就出现了如下一种情况:假如一个房比另一个房更富裕,那么在其内部裂变的可能性更大。这是"宗族内部的贫富不均产生了不平等的裂变。"①"中间裂变单位"的裂变方式依靠经济资源,这是横向的表达;绅士、商人、农民的分层则是一种垂直的表达。二者相互联系。宗族的均衡性原则一定会被宗族内部的阶级差异冲击甚至消弭,而国家控制宗族的手段正在于给予一些宗族人特权。非平等地获得公共财产的利益,是汉人的大规模宗族组织的永久特点,而不是暂时性特点。控制宗族财产,是这些处于宗族权力中心的人们从总体上对社区产生影响的一种手段。宗族内部的贫富不均以及社会分层并不是"无国家的社会"的特点,而是高度分化的"有国家的社会"的特点。"有国家的社会"中的宗族与"无国家的社会"中的宗族在此分道扬镳。弗里德曼认为在中国东南的宗族的裂变系统中,每一个级支(家庭、扩大家庭、房等)都是一个社会群体。这种纵向的关系与地域居住聚落形态及各个级支的土地分割都有关系,因而体现出了一个社会地域空间的安排问题。具体说来,在福建、广东两省,由于"宗族和村落明显地重叠在一起,以致许多村落只有单个宗族",而"几个紧密相连的村落构成乡村社会的基本单位",所以这些地方就体现了"继嗣与地方社区的重叠"②。这一理论被认为是普里查德宗族理

---

① [英]莫里斯·弗里德曼:《中国东南的宗族组织》,刘晓春译,上海人民出版社2000年版,第64页。

② 同上书,第1、61页。

论在中国的运用。①

继嗣理论对地域社会构成理论的贡献在于阐明宗族（继嗣群）这一要素对于地域社会构成的功能，其限度在于仅为单一要素的分析。

第三节　联姻理论：法国人类学取向

联姻理论主要是从婚姻交换的空间关系来解释社会构成，其发端者是法国人类学家马歇尔·莫斯。莫斯的研究是从礼物交换开始的。他在1922年的《礼物》一书中，认为早期社会的交换形式是礼物的赠送与回报，这一礼物的运动方式是整体的社会活动，他说：

> 多年以来，我一向致力于研究所谓原始社会或古式社会的各个分部或次群体之间的契约法律制度和经济呈献体系。这其中涉及大量的、本身极其复杂的事实。而所有这些事实又交融在一起，共同形成了先于我们的社会，乃至原古（protohistoire）社会的社会生活。这些总体的社会现象，能够同时绽然展现出全部制度：宗教、法律、道德和经济。前三者同时兼为政治制度和家庭制度，而经济制度则确立了特定的生产方式与消费方式，或者毋宁说确立了特殊的呈献方式与分配方式。而这还没有算上这些事实所达成的美学现象与这些制度所展现的形态学现象。②

莫斯认为，礼物交换不仅被包含在一个"总体的社会现象"之内，这个"总体的社会现象"包括政治、经济、宗教、法律、道德、家庭、美学等在内的全部社会生活内容；而且礼物交换本身也呈现了

---

①　关于弗里德曼本以提出"悖论"的形式与普里查德进行对话，最后反而成为普里查德理论在中国的运用的有关论述，参阅王铭铭《社会人类学与中国研究》，生活·读书·新知三联书店1997年版，第78—79页。

②　[法] 马歇尔·莫斯：《礼物》，汲喆译，上海人民出版社2002年版，第3—4页。

这个体系，即礼物的交换不仅是经济领域的交换，也与宗教、法律、政治、道德等全部社会生活方面相联系。体系内的交换不是在个体之间，而是在集体之间进行，这种交换包括众多的内涵：

> 首先，不是个体，而是集体之间互设义务、互相交换和互订契约；呈现在契约中的人是道德的人，即氏族、部落或家庭，它们之所以会成为相对的双方，或者是由于它们是同一块地面上的群体，或者是经由各自的首领作为中介，抑或是二者兼而有之。其次，它们所交换的并不仅限于物资和财富、动产和不动产等在经济上有用的东西。它们首先要交流的是礼节、宴会、仪式、军事、妇女、儿童、舞蹈、节日和集市。①

莫斯所说的交换是一种"总体呈献"体系，女性交换为其表现形式之一。他在考察外婚制时，运用的正是礼物交换的一般性原则。他把外婚制理解为"交换妇女"②，将女人与食物、财物等并列起来，认为这些都是交换品："所有这些体制，全都表明了同一事实上、同一种社会制度和同一种特定的心态，即一切——食物、女人、儿童、财物、护符、土地、劳动、服务、圣职和品级都是可以转让和移交的。"③ 这是一种将社会性别交换作为社会构成主要机制的理论。交换——尤其是女人的交换——使相互间缺乏联系的环节社会结合起来，形成了更高层次的社会集团。

莫斯在《礼物》中虽然并没有将地域问题作为重要论题，但是两个通婚集团之间的地域性联系本是题中应有之义，这在他关于爱斯基摩人的研究中作出了具体说明。他在《论爱斯基摩社会的季节性变化：社会形态学研究》中所提出的"社会形态学"概念，就是一个社会群体活动的地域性概念。他对这一概念的定义是："各种社会在人口的基础、总量和密度之上建立起来时所具有的形式、它们分布的

---

① ［法］马歇尔·莫斯：《礼物》，汲喆译，上海人民出版社2002年版，第7页。
② 同上书，第22页。
③ 同上书，第23页。

方式以及处于集体生活中心的全部事物。"① 他特别说明，这个"社会形态学"的奠基者是德国地理学家拉策尔，拉策尔的《人类地理学》是他的概念原本。因此可以将莫斯对爱斯基摩人社会形态学的研究看作是社会地理学的研究，即社会的地域空间安排问题。

涂尔干与莫斯的承继者葛兰言的研究趋向也同样说明了这一点，他将地方集团与村落通过一种集会对歌的形式形成一个更大的地域性的社会共同体之间的关系纳入他的研究。在《古代中国的节庆与歌谣》中葛兰言指出："根据对古代节庆的考察，我们有可能描述远古时代的中国社会形式。一个乡的居民形成一个共同体，而共同体这种基本的集合形式则根据劳动分工划分为两类基本的集团。"② 他认为，地方集团不具有社会的性质：由于各地方集团都局限于有自己的家族的村落中，集团间的分野也是最强的。小集团的单调生活严格限制在日常的私人的领域中，在这里，没有所谓的"社会生活"这种东西。只有到了"全面集会的场合"，"共同体才能恢复它以前的统一状态"。在春秋两种集会中，竞争和竞赛描画出一个体系，共同体就是在这个体系的基础上组织起来的。节庆不仅是突破了继嗣群的边界，也突破了村落的边界。在节庆的仪礼中，两性团体间的对抗会暂时宣告消失，而在将它的两个组成部分集合到一起过程中，基本集团也会由此恢复它的内聚力。性爱的方法是将两个部分结合到一起，融合为一个单一的整体。它是结盟的原则，将高度异质的要素结合为一体。③

结构主义人类学进一步将这个传统延伸下来，20 世纪 30 年代的荷兰结构主义重视循环婚所具有的社会构成意义。所谓循环婚，是指在亲属集团之间存在固定性的婚姻联盟关系，而且这种关系是不可逆的。集团 A 的女性流向集团 B，集团 B 的女性流向集团 C，如此等

---

① ［法］马歇尔·莫斯：《社会学与人类学》，佘碧平译，上海译文出版社 2003 年版，第 323 页。
② ［法］葛兰言：《古代中国的节庆与歌谣》，赵丙祥、张宏明译，广西师范大学出版社 2005 年版，第 196 页。
③ 同上书，第 197 页。

等。所以,从一个地域性社会的整体来看,正好描绘出女性在各个集团之间按照一定方向循环流动的图式。后来,列维-斯特劳斯将莫斯的"礼物交换模式"应用到亲属关系的研究之中。在1949年出版了《亲属关系的基本结构》一书,他把婚姻的地位确定为以女性为媒介的集团之间的交流,从而探讨其基本形态。他选择交错兄弟姐妹婚的命题,通过分析抽象出交换女性的两种形态。一为有限交换(Restricted Exchange),指在两个集团之间直接交换女性的形态;一为一般交换(Generalized Exchange),指女性在集团之间只沿着一定方向移动的形态(相当于荷兰结构主义中所说的循环婚)。① 有限交换与一般交换这种集团之间的交流状态,被作为婚姻的基本结构。"一个亲属关系的原子"有三种关系:"一种亲属关系的结构的存在必须同时包括人类社会始终具备的三种家庭关系,即血缘关系、姻亲关系、继嗣关系;换言之,它们是同胞关系、夫妻关系和亲子关系。"但是,由于乱伦禁忌原则,"在人类社会里,一个男人只能从另一个男人那里得到妻子,后者是以女儿或姐妹的形式向他出让的,除此以外别无他途。于是,我们就无须再解释舅父何以出现在亲属关系的结构里:他并非出现在那儿,而是那个结构的直接给定物,那个结构的存在条件。传统社会学跟传统语言学一样,错就错在只看到了词项,却没有看到各个词项之间的关系"②。原有的亲属关系理论只是基于血缘关系,从财产、继嗣、祭祖等领域来理解社会结构的基本原子,而列维-斯特劳斯的联姻理论则强调姻亲关系中的另一个群体的成员的加入:"一个真正最根本的亲属关系结构——即一个亲属关系的原子,假如可以这样叫的话——是由一个丈夫、一个妻子、一个子女和丈夫从中娶到妻子的那个群体中的一个代表所构成的。"③ 这里可以看到列维-斯特劳斯的看法与布朗的看法显然不同,列氏的贡献在于引出了一个关系结构,扩展了亲属关系。

---

① Levi-Strauss, *The Elementary Structure of Kinship*, Boston: Beacon Press, 1969.
② [法]列维-斯特劳斯:《结构人类学》,张祖建译,中国人民大学出版社2006年版,第49—50页。
③ 同上书,第77页。

14 | 地域社会的构成

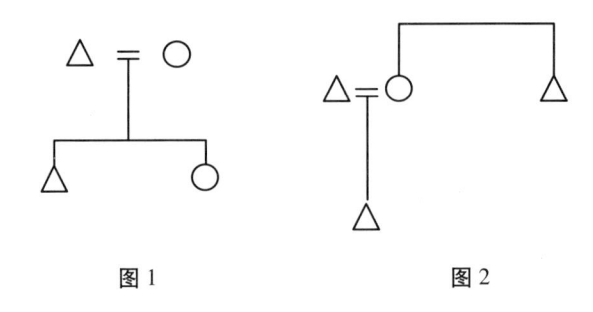

图1　　　　　　　图2

图1为传统的看法；图2为列氏的修正。列维-斯特劳斯将甥舅关系放到亲属关系中来，超越了布朗的研究。通过探索血统集团间的婚姻关系，可以发现，通过相互提供新娘而在居于不同地域两个集团之间形成联盟关系，无论是在有限交换中形成的一个狭小范围内的封闭体系，还是在循环交换中形成的"大圆环式的巩固的统一体"，由于参加婚姻交换的集团皆为外婚制集团，每一个这样的集团都有自己的地域范围，这样，它们之间由婚姻交换关系形成的社会结构、社会集团也是一个地域空间的安排。

联姻理论从集团之横向的婚姻交换视角对地域社会构成研究作出了贡献，然而与继嗣理论一样，它也仅是对单一构成要素的分析。

第四节　市场体系理论：美国学者施坚雅的研究

在美国人类学家施坚雅1964—1965年发表于《亚洲研究杂志》上的《中国农村的市场和社会结构》长篇论文中，排斥其他解释理论，自信地认为他所研究的市场结构对于地域社会构成具有根本性的意义，认为中国农村的社会生活不在村庄而在市场圈之内。他说："在这类重要的复杂社会中，市场结构必然会形成地方性的社会组织，并为使大量农民社区结合成单一的社会体系，即完整的社会，提供了一种重要模式。"[①]

[①] ［美］施坚雅：《中国农村的市场和社会结构》，史建云、徐秀丽译，中国社会科学出版社1988年版，第1页。

施坚雅将市场结构首先作为空间和经济的体系，然后作为社会和文化的体系来看待。他仿效克里斯塔勒和罗希的方式，认为"一个特定的中心地可以根据它在连锁性空间体系内的地位来分类，而在这个空间体系内，经济职能是与等级层次相联系的"①。他把中国农村市场分为垂直的四个等级层次：1. 基层集镇：基层市场为这个市场下属区域内生产的商品提供了交易场所，满足了农民家庭所有正常的贸易需求：自产不自用的物品在那里出售，需用不自产的在那里购买。但更重要的是：它是农产品和手工业品向上流动的起点，也是供农民消费的输入品向下流动的终点。2. 中间集镇：在商品和劳务向上下两方的垂直流动中都处于中间地位。在晚清，作为县级政府所在地的都市往往是中间或中心集镇。3. 中心集镇：在流通网络中处于战略性地位，有重要的批发职能。府治常常不是中心集镇就是地方性城市。4. 省城：地方性城市或地区性城市。② 可见，施坚雅是将市场结构作为地域社会构成的空间体系来分析的。他在建构这些简单模型时提出一个前提条件：所讨论的背景是一个同纬度的平原，各种资源在这个平原上均匀分布。③ 如果做出这样一种假设，这个背景上的集市就应该符合一个等距离的坐标，在理论上每个市场的区域也应该接近于一个正六边形，当然他也注意到了在实际情况中市场区域常常受到地形地貌的扭曲的影响。

在以上分析的基础上，施坚雅进一步认为中国的市场体系不仅是一个重要的经济范围，而且是一个重要的社会范围，市场结构是"作为社会体系"而呈现出来的。他指出：

> 中国的市场体系不仅具有重要的经济范围，而且有重要的社会范围。特别是基层市场体系，它的社会范围对于研究农民阶层和农民与其他阶层的关系都值得给予较大关注。为了提出一个适

---

① ［美］施坚雅：《中国农村的市场和社会结构》，史建云、徐秀丽译，中国社会科学出版社1988年版，第5页。
② 同上书，第5—10页。
③ 同上书，第21页。

合于我本节论述目的的重点，此后我把它叫作基层市场社区。我相信，有很好的理由来说明为什么不仅要把这种社区当作一种中间社会结构，而且也要当作一个文化载体——雷德菲尔德的"小传统"在中国的表现——来分析。

研究中国社会的人类学著作，由于几乎把注意力完全集中于村庄，除了很少的例外，都歪曲了农村社会结构的实际。如果可以说农民是生活在一个自给自足的社会中，那么这个社会不是村庄而是基层市场社区。我要论证的是，农民的实际社会区域的边界不是由他所住村庄的狭窄的范围决定，而是由他的基层市场区域的边界决定。①

在这里，施坚雅还提出一个"基层市场社区"的概念，并将此作为一种"中间社会结构"的范围，他认为"自给自足"的"农民的实际社会区域"不是由他所居住的村庄范围决定的，而是由他的基层市场区域的边界决定。他在论述市场结构体系与行政体系之间的关系时认为，市场结构体系与行政体系两者都是等级体系，体系内每提高一个层次，属地单位也更大一些。但"在两种体系中，有限的官府力量都集中于较高层次，中心市场以下的市场体系和县以下的行政体系一样，只受到较为轻微的官僚控制"②。两种结构各自的结合方式也不同。而对于市场体系与联姻圈之间的关系，他认为市场范围即为联姻圈，二者是等同的。施坚雅说四川的初级市场是一个内生的社会区域（社区），人们往往从初级市场圈内寻娶媳妇，他还描述了媒婆是如何在集市上完成婚姻介绍的情形。

施坚雅排斥其他理论，过于强调市场体系对于地域社会构成的作用，对此，美国人类学家杜赞奇批评他"以村庄或集市为焦点进行的封闭式的分析，不可避免地带有专断性和抽象性。市场体系之外的村际联系，如军事性会社、亲戚关系、水利组织、看青组织等，在各种

---

① ［美］施坚雅：《中国农村的市场和社会结构》，史建云、徐秀丽译，中国社会科学出版社1988年版，第40页。
② 同上书，第39页。

压力之下，仍然存在并发挥作用"①。杜赞奇还利用华北农村的资料，否定了施坚雅市场范围即联姻圈的看法："即使联姻圈包含于市场范围之内，但我们也有理由相信集市中心并不一定是确定婚姻关系的地方……联姻圈等有着自己独立的中心，并不一定与集市中心重合。"②

第五节 "祭祀圈"的概念：台湾学者的研究

台湾学者林美容在《由祭祀圈到信仰圈——台湾民间社会的地域构成与发展》一文中，从宗教的视角用"祭祀圈"的概念来解释地域社会构成。林美容将"地域性民间宗教组织"划分为两种类型，一种是祭祀圈；另一种是信仰圈。这两种概念并不相同，而从祭祀圈到信仰圈的发展过程就是民间社会发展的本质。"地域性民间宗教组织除了地方性祭祀圈的发展之外，也有区域性的信仰圈的发展，两者均显示汉人以宗教的形式来表达社会联结性的传统。"

在该文中，林美容梳理了祭祀圈概念的发展，其中最早给祭祀圈下定义是日本学者冈田谦，他说祭祀圈是"共同奉祀一个主神的民众所居住之地域"。后来台湾学者许嘉明认为祭祀圈是指"以一个主神为中心，信徒共同举行祭祀所属的地域单位。其成员则以主祭神名义下之财产所属的地域范围内之住民为限"③。林美容认为这两个定义都是以神明为中心来定义祭祀圈，直接指涉都是一定的地域范围，而间接指涉是这个范围内的居民必须有共同的祭祀活动。她重新将祭祀圈定义为："是为了共神信仰而共同举行祭祀的居民所属的地域单位。"④ 其内涵包括着共神信仰、地域单位、共同祭祀活动、共同祭祀组织、共同祭祀经费这几个部分。所谓共神信仰是指汉人共同祭拜天地神鬼的文化传统。最基本的是土地公；次基本是三界公（天官、

---

① ［美］杜赞奇：《文化、权力与国家——1900—1942 年的华北农村》，王福明译，江苏人民出版社 1988 年版，第 235 页。
② 同上书，第 19 页。
③ 林美容：《从祭祀圈到信仰圈——台湾民间社会的地域构成与发展》，载李筱峰、张炎宪、戴定林等主编《台湾史论文精选》（上），玉山社 1988 年版，第 292 页。
④ 同上。

地官、水官,俗称天公);再次是地方的保护神;最后是孤魂野鬼。地域单位则是一个祭祀圈所涵盖的范围,或是一个村庄,或是数个村庄,或是一乡一镇,它基本上以部落为最小的动作单位,而以乡镇为最大的范围。林美容的基本观点是:祭祀圈可以"组织不同层次的地方社区"[①]。她分析草屯镇的祭祀圈有三个层次:聚落性的祭祀圈、村落性的祭祀圈及超村落的祭祀圈,不同层级的祭祀圈之间通常有包含的关系。聚落性祭祀圈以祭祀土地公为主;村落性祭祀圈主要祭祀以土地公以外的其他神为主,即以祭祀上界神为主;超村落的祭祀圈即超出一个村落之外者,大都与历史悠久的寺庙的发展有着密切的关系,祭祀的神亦不一致。每一个祭祀圈都聚集了该地域范围内所有居民的共同祭祀活动。她也提及"全镇性祭祀圈"和"超镇域的祭祀组织"这两个概念,但她的田野材料显示草屯镇没有全镇性祭祀圈,仅有一个信仰中心朝阳宫;对于超镇域的地方宗教群体她没有用"祭祀圈"的概念而用了"祭祀组织"的概念。从她的一系列文章来看,她的祭祀圈概念仅与乡镇以下的民间社会宗教组织活动相对应,而乡镇及以上的宗教组织或活动则用"信仰圈"或其他概念来表达。林美容认为,祭祀圈本质上是一种地方组织,表现出汉人以神明信仰来结合、组织地方人群的方式。其组织的人群或是村庄的人群,或是同姓聚落区内的人群,或是属于同一水利灌溉系统的人群,或是同祖籍的人群,不过也有可能是结合不同姓氏的人群,或是结合不同祖籍的人群。不论祭祀圈结合的是哪一种人群,其范围都有一定的清楚的界线,界线之内的居民就有义务参与共同的祭祀。共同的祭祀活动主要是神祇的千秋祭典。如天官的生日是元宵节;地官生日是中元节;土地公生日是中秋节;太子爷生日是重阳节。她以草屯镇之祭祀圈的研究来探讨台湾汉人社会地方组织的原则和特性,也就是探讨汉人社会如何借着神明信仰来结合某一地域社会范围内的人群,并阐明用祭祀圈模式来解释台湾汉人社会时,其解释力究竟在哪里,有何限制。

林美容的《由祭祀圈来看草屯镇的地方组织》一文中关于信仰圈

[①] 林美容:《由祭祀圈来看草屯镇的地方组织》,台湾"中研院"《民族学研究所集刊》1986年第62期,第81页。

的概念,是指"以某一神明或(和)其分身之信仰为中心,信徒组成的志愿性宗教组织"。信徒的分布有一定的范围,通常必须超越地方社区的范围,才有信仰圈可言。信仰圈的概念包含了一神信仰、信仰范围、信徒组织与集体性宗教活动等内容。信仰圈涵盖一定的地域范围,通常超越最大的地方社区的范围,即超越乡镇的界线。林美容所研究的信仰圈并非是随意的、没有组织的、没有一定界线的香客或信徒之分布范围,而是有一定界限、有组织的地域性民间宗教活动的范围。

在阐述了祭祀圈与信仰圈这两个基本概念以后,她明确了两个概念在四个方面的不同:(1)信仰圈以一神信仰为中心;祭祀圈则祭祀多神。有村庄就有祭祀圈,如果村庄内不能满足某种信仰需求,就必须加入更高层次的祭祀圈。(2)信仰圈的成员资格是志愿性的;祭祀圈的成员资格是义务性强迫性的。(3)信仰圈是区域性的;祭祀圈是地方性的。林美容以乡镇为地方性与区域性的分界,范围大于乡镇的才有信仰圈可言。不过地方性与区域性的判别,不仅在于范围大小而已,而且地方性的分众祭祀还具有排他性,非地方社区居民不能参加,而区域性的民间宗教组织却有包容性,其主神之庙宇所在的地方以外的信徒都可以加入,此亦为祭祀圈与信仰圈的重大差别。(4)信仰圈的活动是非节日性的,祭祀圈的活动是节日性的(calendrical)。信仰圈的活动包括主神的千秋祭典,显示主神之辖域的过炉活动,增加主神灵力的进香活动,以及表示与主神之仪式上的连带之刈火或迎神活动,时间较不一定,有些甚至不是每年举行的。祭祀圈的活动具有节日性。

关于祭祀圈与信仰圈的地域社会建构功能,林美容说:"不论祭祀圈或信仰圈,都是代表汉人以神明信仰来结合人的方式,也就是借宗教的形式来形成地缘性的社会组织。"她对祭祀圈的组织原则解释为如下三种:一是聚落性和村落性的祭祀圈可以同庄结合的原则来解释。二是超村落祭祀圈可以同姓或水利结合的原则来解释,同姓结合是指某姓占优势的聚落区内的人群构成一个祭祀圈,这种同姓聚落群所构成的祭祀圈基本上并不排除域内他姓的人来参与祭祀。水利结合是指属于同一水利灌溉系统的居民构成一个祭祀圈。三是全镇性的祭祀圈可以通过自治结合来解释，自治结合是指地方社区为了自治防卫的需要而共祀神明，形成一个祭祀圈。此外，也有以祖籍结合为原则而形成祭祀圈者，不过若一村庄系由同一祖籍之村民所构成，其祭祀圈应以同庄结合来解释，只有邻近几个同祖籍的村庄所构成的祭祀圈，才可用祖籍结合来解释。祭祀圈所结合的人群都是地方性的人群，其范围或是村庄，或是联庄，或是一乡一镇。信仰圈则结合区域性的人群，其范围必定跨越乡镇，虽然信仰圈一般说来较不密实，并不包含区域的所有住民，但其为区域性的人群结合，甚是明显。林美容认为，由祭祀圈和信仰圈来看，台湾民间社会基本上是一种地域构成，以村庄为最小的地域单位，逐步扩大，结合地方性或区域性人群。

林美容对于地域社会构成的意义在于她提出了一个超越宗族、婚姻、市场构成地域社会的第四种观点。她自信地说："如冈田谦那样仅说祭祀圈、市场圈与通婚圈之间的互相重合，这是一种比较平实的说法。若一定要建立三者之间的因果关系，并说哪一个具有决定性的主要作用，则祭祀圈未尝不是一个可与市场圈竞争的理论，或甚至祭祀圈才是台湾汉人社会生活主体，台湾汉人社会发展的主导。"[1] 她对祭祀圈与信仰圈的区分是对地域社会的层次结构提出的意见。

检视以上五种人类学理论，在地域社会构成的问题上，不同的人类学家因研究领域不同而提出了不同的理论，这些理论具有"片面的深刻"的价值；然而由于这些理论只分析了某一个要素而不是全部要素的构建功能，并且过分强调此一要素的决定作用而排斥了其他看法，这就给继续研究留下了空间。新的研究需要在如下几个方向有所推进：

第一，地域社会的构成到底是单一维度（要素）的还是多维度（要素）的？如果承认是多维度（要素），其依据是什么？"多维度（要素）"又有哪些维度（要素）？这些维度或要素之间的关系如何，

---

[1] 林美容：《由祭祀圈来看草屯镇的地方组织》，台湾"中研院"《民族学研究所集刊》1986年第62期，第110页。

它们又是怎样被结构化的?

第二,最小的地域社会是什么?各个不同的地域社会之间是怎样关联的?它们又是怎样与国家乃至全球化相关联的?

第三,研究地域社会构成到底有着怎样的意义?

以上诸方面,构成了本民族志研究的内容。

第二章 事实、叙事与研究方法

本章介绍本民族志的事实概念、叙事方式与研究方法。

第一节 "民族志事实"的概念

民族志所使用的田野材料即为"民族志事实"。"事实"在社会科学的经验研究中的重要性不言而喻,涂尔干将"社会事实"置于一切研究的基础与准则的地位;马林诺夫斯基则用"科学"的方法去追求异文化事实;韦伯确立了"价值中立"的原则去看待事实,而格尔兹甚至专门写了一本名为《追寻事实》的著作。然而,不同的学者对"事实"的概念内涵却有着不同的定义,这里略作辨析。

涂尔干的"社会事实"概念已经成为一个著名的观点。他在《社会学方法的准则》(1895)中说:"把社会事实视为物这个命题,是我的方法的基础,……我不是说社会事实是物质之物,而是说社会事实是与物质之物具有同等地位但表现形式不同的物。"[①] "而这个物的性质,尽管十分柔韧和可塑,但不能随意改变"[②]。涂尔干罗列了许多"社会事实"的例证:义务是社会事实,宗教信仰与仪式是社会事实,符号系统是社会事实,货币制度是社会事实,各种惯例是社会事实,也就是说,法律、道德、教义、制度都是社会事实,而且社会潮流、集会发生的激情也是社会事实,民间的格言和谚语、文学流派的风格等都是社会事实。甚至属于社会形态学范畴的如"社会的基

---

① [法]涂尔干:《社会学方法的准则》,狄玉明译,商务印书馆1995年版,第7页。
② 同上书,第3页。

本构成要素的数量与性质、它们的结合方式、它们所能达到的结合程度、地区的居民分布、道路的数量与性质、居住的形式等"都属于社会事实。一句话,"存在于个人意识之外的行为方式"都是社会事实,而这种"行为方式"是"集体的"的行为方式,也是"集体的存在方式"。① 这些社会事实对于个体(包括研究者)来说,是外在的。

马林诺夫斯基的"事实"观直接承袭涂尔干而来。他对"事实"信心满满,以为可以用他所谓的"科学"的方法加以把握。他的开创性民族志作品《西太平洋的航海者》(1922)就是要用"客观、科学的观点"与方法去"描述事实"。② 在《文化论》(1936)一书中,他描述的文化事实包括器物、房屋、船只、工具、武器等物质设备,也包括知识、价值体系、社会组织方式、语言、道德等精神文化方面。"器物和习惯形成了文化的两大方面——物质的和精神的。"③ 综而言之,马林诺夫斯基的"文化"包括了物质文化、制度文化、精神文化三个方面,而这些都被他认为是属于当地文化的事实,它外在于研究者。

与涂尔干和马林诺夫斯基不同,马克斯·韦伯和克利福德·格尔兹属于另一个传统。韦伯是在主客关系中来阐述"事实"这一概念的。在《社会科学方法论》(1904)一书中,韦伯认为,在我们的研究中,价值判断是不可避免的,"个人的世界观通常不断地影响到科学的论证,一再造成论证的混乱,甚至在确定事实之间简单的因果联系的领域,也会使人根据结果是减少还是加大实现个人理想的机会,即希求某种东西的可能性,而对科学论据的重要性作出判断"④。韦伯提出了围绕着"事实"的一系列问题:如何揭示这种经验事实与

---

① [法]涂尔干:《社会学方法的准则》,狄玉明译,商务印书馆1995年版,第23—32页。
② [英]马林诺夫斯基:《西太平洋的航海者》,梁永佳、李绍明译,华夏出版社2002年版,第2、4页。
③ [英]马林诺夫斯基:《文化论》,费孝通译,华夏出版社2002年版,第4—9页。
④ [德]马克斯·韦伯:《社会科学方法论》,李秋零、田薇译,中国人民大学出版社1999年版,第4页。

价值判断之间的关联；以及原先的价值判断怎样通过实践中的感觉而改变进而对经验形成新的判断，这种新的判断又是怎样与事实进行新的关联；而这两种价值判断之间又是如何转换的，这种转换又是怎样涉及我们的研究结论的怎样的新变化？他说："对于文化生活或者对于社会现象来说，没有绝对'客观的'科学分析独立于这些现象从而被当作研究对象来筛选、分析和描述性划分所根据的特殊的'单方面的'观点。"[1] 我们在知道这种不可避免性的同时，需要同时在研究过程中进行自省，即弄清这种价值判断与观念在我们的研究中如何与经验事实关联，即一方面表现为这种观念与判断是如何影响经验事实的收集与整理以及得出结论的；另一方面表现为这种观念与判断怎样在新的实践中通过新的感觉而发生改变进而对经验形成新的判断，即经验事实是如何影响价值判断与观念的。

对于事实，韦伯认为思维的整理活动具有决定性意义。事实就像浩瀚的大海，我们只是选择了其中一个荒岛登陆。"既然对现实的哪怕最小的断面作出详尽无遗的描述也绝不是可以想象的，那么，怎么可能对一个个体性的事实作出因果的说明呢？决定着某一个体性的事件的原因，其数目和种类始终是无限的，而且没有任何蕴含在事物自身之中的特征可以把它们的一个部分分离出来单独进行考虑。"[2] 因此，"只有这样一种状况，即个体性的现实在任何情况下都只有一个部分使我们感兴趣，对我们具有意义，因为只有它才与我们探讨现实所借助的文化价值理念相关"[3]。如果一再认为任何观点都能够从"材料自身得出"，那么，这只来源于专业学者幼稚的自欺，因为他没有注意到，他一开始就是借助自己接近材料时不自觉地运动的价值理念，从一种绝对的无限中突出一个微小的成分，使自己仅仅关注对它的考察。如果没有研究者的价值理念，就不会有选择材料的原则，就不会有对个体性现实的有意义认识。他们个人观念的倾向，他的灵魂之镜中的价

---

[1] [德] 马克斯·韦伯：《社会科学方法论》，李秋零、田薇译，中国人民大学出版社1999年版，第15页。

[2] 同上书，第19页。

[3] 同上。

值折射，规定着他的工作方向。① 因此，文化科学的认识仅仅关注现实中那些与我们赋予文化意义的事件有某种关系的成分的话，它是受"主观"前提制约的。理论追求逻辑的统一性，这只是人类智慧的一种形式，它与事物及事实无关。概念只是思想产物，并不是事件与事物的反映。概念的"有用的"性质只是因为通过它才能把握现实，否则就可能使我们"停留在不确定的'感觉'的领域内"②。

韦伯的结论性观点是："一切经验知识的客观有效性，都是并且仅仅是按照范畴整理给定的现实；这些范畴在特殊的意义上是主观的，即表现我们认识的前提条件的。"理论、理想典型、概念并非"经验现实，也不反映经验现实，但使人以有效的方式用思维整理经验现实的概念和判断。……对无限丰富事件中的对我们来说本质性的东西获得有意义的认识的可能性，受到不断运用具有特别性质的观点的制约，所有这些观点归根结底都是依据价值理念的。"③

格尔兹对于"事实"的看法是遵循韦伯前行的，他明确地说："我与马克斯·韦伯一样，认为人是悬挂在由他们自己编织的意义之网上的动物，我把文化看作这些网，因而认为文化的分析不是一种探索规律的实验科学，而是一种探索意义的阐释性科学。"④ 格尔兹将关注的重心放在"事实"与"意义"之间的关系上，而不在乎对所谓"客观"事实去进行"科学"地描述。他认为"事实"并非"躺在沙滩上闪闪发光"，等待着被发现与被描述，而是被民族志主体构建出来的。"没有一个总体的故事，也没有一幅纵观全局的画面。……我们所能建构的，是关于已发生事情之间相互关系的后见之明，亦即事实之后我们拼凑而成的图案。"⑤ 所谓"追寻事实"，其实只是将事实

---

① ［德］马克斯·韦伯：《社会科学方法论》，李秋零、田薇译，中国人民大学出版社1999年版，第22页。
② 同上书，第30页。
③ 同上书，第40页。
④ ［美］克利福德·格尔兹：《文化的解释》，纳日碧力戈等译，上海人民出版社1999年版，第5页。
⑤ ［美］克利福德·格尔兹：《追寻事实》，林经纬译，北京大学出版社2011年版，第2—3页。

"拼凑成某种叙述",而且这种"拼凑"得益于当下的文化工具:"要描述我的城镇、我的职业、我的世界、我自己的改变,并不需要精心设计好的叙述、测算、回忆或某种结构上的演进,当然也不用图表。"而只需要将"事实"与一连串的阐释串联在一起,形成关于事情一般如何发展、迄今为止如何发展、将来可能会如何发展的观点。"事件"成形只是经加工的总体意象,事实总是"被思想剪裁成一定的尺寸",人类学家就是一个希望建造飞船的诗人。① 格尔兹讽刺了那种看似客观地平铺直叙地描述事实的民族志方法不见得是天真无邪的浪漫,言外之意是它们必然带有其他目的。"事实是建构的"这是格尔兹与他创构的解释人类学的基本出发点。

我希望在上述两类学者之间找到一种平衡。前一类学者强调"事实"的客观性,但是他们在文本的书写实践中却存在着强烈主观性。例如涂尔干将"社会事实"作为具有坚固性特征的"物"来看待的理念本身并不坚固,他说:"我的主要目的在于把科学的理性主义扩展到人们的行为中去,即让人们看到,把人们过去的行为还原为因果关系,再经过理性的加工,就可以使这种因果关系成为未来行为的准则,人们所说的我的实证主义,不外是这种理性主义的一个结果。"② 这说明将"社会事实"当作"物",仅仅是他作为"一个理性主义者"构想出来的东西。而后一类学者注重事实构建的主观性,重在价值与意义的解释,但也不忽略"事实"本身的存在。韦伯承认"确定事实"的存在,格尔兹也强调他的著述具有"追寻事实"的性质。由此可见,对于"事实"的不同回答,争论的焦点并不在于学者们是否承认事实是客观的"存在"问题,而在于是否承认研究者有着一种主观的"态度"问题。既然事实都是主观选择出来的,又是由主观进行建构的,那么对于这个选择者与建构者的交代就是必要的,也是重要的。经典民族志者自觉地站在

---

① [美]克利福德·格尔兹:《追寻事实》,林经纬译,北京大学出版社2011年版,第21—22页。
② [法]涂尔干:《社会学方法的准则》,狄玉明译,商务印书馆1995年版,第3—4页。

"宗主国"而不是"殖民地"这一边,他们不愿意承认他们描述的"异文化"具有的主观性是由他们的立场决定的。而在当今,殖民时代已经逐渐远去,民族志应该将面向转过来,将面向"帝国的利益"转为面向"他者"的利益,面向"当地人"的利益,并在这种转向中寄托民族志者的人文关怀。只要将立场与观点转到当地人这一边,民族志者眼界中的"事实"就会自然地与当地人眼界中的"事实"吻合一致。

第二节 "呈现—解释—建构"

在明确了"民族志事实"的概念以后,那么如何运用材料来进行"叙事"进而构建民族志呢?

基于对"民族志事实"的理解以及对研究目的的理解,本民族志建立了一种"呈现—解释—建构"三位一体的叙事方式。"呈现"指的是呈现当地的"事实";"解释"则是指民族志者对"事实"的解读;"建构"则是在解释的基础上构建一种概念,这些概念既符合当地人的诉求,亦服从于民族志者的目的性追寻。

首先是"呈现"。本民族志虽然并未体现我在《对蹠人》系列民族志第一卷叙事中的"裸述",但我所呈现的完全来自当地人的口述材料。在摩哈苴的田野工作,我每天去访问2—3家农户,在周城700多天中,与当地近1000人进行过深浅不同的交谈。我的全部材料都是通过倾听两个村庄的当地人的讲述得到的,我依据这些零散的材料将其归类综合写入民族志。我开头并未抱有一种功利目的去做田野工作,在交谈中,我并不规定他们讲什么,他们所讲的正是他们想向别人讲的,内容包括家庭生计、各种具体的劳作、赶街与婚丧嫁娶活动、本地的神佛故事,等等。正因为材料是当地人自愿说出来的,并非我从学科史上梳理出来的问题进而通过"挤牙膏"的方式"问"出来的,所以我在田野工作中得到了更多的、更有用的、更为细致、更为精微的材料。当我掌握了大量的材料以后,我才觉得可以与学科史上的一些理论进行对话,这才促成我进行这个专题的思考，进而申报了 2005 年的国家社会科学基金项目。而此时，距离我 1995 年暑假第一次到摩哈苴已经 10 年了；距离我 1999 年年底去周城也已经 5 年了。

当然，我也认识到，因为我的叙事并没有采取当地人直接叙事的方式，而是经过了我的选择、我的编排、我的综合，故而渗入了我的主观因素。因此，对民族志者自我的立场、态度、情性进行呈现也是必要的，这是另一种意义上的"呈现"。我出生于农村，自小在家乡美丽的土地上参加农业劳动，我喜欢青山秀水的农家生活，同情农民的处境，理解农民的心态。我做田野工作中的立场、情感是与当地人一致的。而就个人情性而言，我讨厌马林诺夫斯基那种进攻性的、侵略性的学术态度，我排斥自以为英雄的那种情绪与感觉，排斥永远是胜利者的那种高傲姿态。我尊重当地人的感受，他们愿意讲述我才请他们讲述，而且讲述内容我从来不作规定。我不用金钱与当地人交换文化信息，不人为去挖掘所谓的"材料"。我的田野工作是我生活本身的一部分，使我时时感到一种愉悦。我发现了当地许多文化事象与我的禀赋相吻合，与我的理想追求相一致。例如 2001 年 8 月 7 日在摩哈苴赶寅街遇到的颇有意味的三件事就寄托着我的社会理想：一是一位卖山地瓜的妇女，很大的一个山地瓜她只卖一分钱一个，说是她孩子从山上采来的，让她卖一分钱一个。二是一位卖竹笋的妇女，问她笋子多少钱一斤，她反问我多少钱一斤，叫我随便出价。三是一个卖梨的姑娘，当天的市价是两元钱一斤，而她卖的梨个头很大，而她说一角钱一个。这些当地社会生活中的实际存在的事件，与我心灵振动的频率相同。村公所几个村民娱乐时打扑克，规定谁输了就要钻桌子。开头数局村长王力保[①]那一边总是赢，赢了他们就开心地笑，输的那一边也笑。很快赢的这一边就感到不舒服，不笑了，终于当他们输下来的时候，他们又开始笑了，一边笑一边去钻桌子。这样的场景使我陶醉，使我心旷神怡。我与他们的一致性使我很容易融入他们之中，我把当地人当作朋友。当地人也把我当作朋友，与我推心置腹交

---

① 村长王力保因家庭穷困，身体不好，夫妻双双在 30 多岁时就早逝了。

谈，而且在我遭遇危险时当地人会出手相助，帮我化解。一次摩哈苴龙树山和何家村的几个游手好闲的青年试图破门抢东西，适逢我不在，这几个人后来受到村中长者的怒斥，以至于他们后来见到我时很害羞。那一扇小门上留下了他们踢门时的清晰脚印。另一次是1996年我去摩哈苴，当日从南华乘车到兔街时已经很晚。我背着背包去一个小餐馆吃饭，屋内灯光很暗，一个黑汉跟进来。在就餐的一段时间内，我看到那个开餐馆的彝族人神态异常。我本来就属于榆木疙瘩式的一类人，在考察中对何处有危险很不敏感，只是此人的表情过于奇怪，方引起我醒觉。后来黑汉先我离开，那个餐馆老板才告诉我：刚才那个黑汉是当地的不良青年，是他用严厉的脸色把他赶走了。自我呈现即是一种限定：我告诉读者，我是在此种立场、此种情性、此种态度之下进行工作，我在这种视野下看到了这些，而又因为囿于这种视野，我也只能看到这些。

其次是"解释"。在"呈现"的基础上，民族志者需要"解释"，即"就什么说点什么"①。解释的问题较为复杂，这里的分析也就略为详细一些。

"事实"在被民族志叙述的过程中，只是以符号的形式出现的。根据符号学原理，任何一个符号，都包含了"能指"与"所指"两个方面，"能指"是"音响形象"；"所指"是"音响形象"所表达的概念。索绪尔说："语言符号联结的不是事物和名称，而是概念和音响形象。"而音响形象和概念"两项要素都是心理的"②。在这里，索绪尔是就符号的内部关系来讨论问题的。然而，符号还有外部关系即它与所指对象的关系。对此，德国语言哲学家弗雷格在《论涵义与指称》一文中作了明确的区分，他说："指号，它的涵义和它的指称之间的正常联系是这样的：与某个指号相对应的是特定的涵义，与特定的涵义相对应的是特定的指称，而与一个指称（对象）相对应的

---

① ［美］克利福德·格尔兹：《文化的解释》，纳力碧力戈等译，上海人民出版社1999年版，第507页。
② ［瑞士］费尔迪南·德·索绪尔：《普通语言学教程》，高名凯译，商务印书馆1980年版，第100—102页。

可能不是只有一个指号。"① 这也就是说，"所指"存在着双重涵义，一是指音响形象所表达的概念或意义；二是指所指对象即"指称"。因此，弗雷格讨论的除了符号的内部关系（即音响形象与概念的关系）之外，还包含了符号与外部世界的关系（即概念与指称对象的关系）。仍以"树"这一符号为例，其"涵义"是人类头脑中那种长着枝叶根茎的木本植物的概念意义，其"指称"则是指地球上实实在在存在的木本植物。而且与"指称"相对应的既可以是中文"树"（shù）这个指号，也可以是英文"tree"这个指号或其他语言中的其他指号。

在符号的内部关系中，符号表达的是研究者或解释者对其音响形象与概念之间关系的看法，此时符号的解释指向开放与多元。有两个层面需要我们注意：第一个层面是就符号的音响形象与所指概念涵义的多元性，这是我们容易理解的。在这里，同一个音响形象可以表达不同的概念，如马克斯·缪勒举例说：《吠陀》中"Prithvi（辽阔）不仅意指大地，而且也指苍天和黎明。Mahi（伟大、强劲）既用于大地，也用于牛和语言。所以，大地、苍天、黎明、牛和语言都变成了同音异义词。"同一个概念也可以由不同的音响形象来表达，如"在《吠陀》里，大地被称为 ruvi（宽广）、prithvi（辽阔）、mahi（伟大）和其他许多名字"②。第二个层面是当符号在语言实践中被运用之时，它并不是"指称对象"（事物或事实）之间的组合运动，而是"概念"之间的组合运动。柴尔德《远古文化史》中有一例可以明之："把熊的观念从其具体的实际环境中抽象出来，并去掉其许多特殊的属性之后"，——也就是说，"熊"已经不是具体事物而是一个概念，那么这个概念就可以被搬来搬去地自由运用。"你可以给你的熊以语言，或者说它正在玩一种乐器。你可以玩弄你的字眼。"③ 而实际上，

---

① ［德］戈特洛布·弗雷格：《论涵义和所指》，肖阳译，载［美］马蒂尼奇编《语言哲学》，商务印书馆 1998 年版，第 377 页。
② ［德］马克斯·缪勒：《比较神话学》，金泽译，上海文艺出版社 1989 年版，第 75—76 页。
③ ［英］柴尔德：《远古文化史》，周进楷译，上海文艺出版社 1990 年影印本，第 28 页。

并没有"熊在说人的语言或在用人的乐器弹奏音乐"这样的事情发生。

符号的开放与多元,其原因在于主体解释的历史性以及文化符号的社会性两个方面。第一,关于解释的历史性。当代解释学认为:"理解和对所理解东西的正确解释的现象,不单单是精神科学方法论的一个特殊问题……而且也显然属于整个人类世界的经验。"① 而任何一个人都处在社会关系的制约之中,他的思想与情感必定要受到不同的社会条件的制约。他从时代思潮那里,从传统那里接受了某种思想或观点,形成了一种"成见",一种"预理解结构",这种"预理解结构"可以因个人气质、禀赋不同和从社会所接受的不同思想而有明显差异。因此,文化解释完全是历史的。"所有的学者都必须植根于一个特定的背景之中,因而都不可避免地要利用各种前提和偏见,而这些前提和偏见会干扰他们对社会现实的感知和理解。从这个意义上说,根本不存在什么'中立的'学者。……对社会现实进行照相式的再现是不可能的。一切数据都是从现实中挑选出来的,这种选择要以某一时代的世界观或理论模式为基础,要受到特定群体所持立场的过滤。在这个意义上,选择的基础乃是历史地建构起来的,因而总是不可避免地要随着世界的变化而变化。"② 文化符号对主体说什么取决于主体能够站在什么高度向它提出的那些问题,因而理解是生产性的。第二,关于文化符号的社会性。传统观点认为,一个符号不过是作者所要表达的意义的"表现",作者所要表达的与符号所表达的完全是一回事,这种观点有很大的局限性。因为作者并没有私人符号,当他将自己的情感经验与思想表达为符号时,他需要运用社会性的符号,那么读者就可以按照社会性符号的内在规律去对他的作品进行解释,出现不同的解释是符号所允许的。因此,一个符号的意图从来未被作者的意图所穷尽。巴尔特所

---

① [德]汉斯-格奥尔格·伽达默尔:《真理与方法》导言,洪汉鼎译,上海译文出版社1999年版,第17页。
② [美]华勒斯坦等:《开放社会科学》,刘锋译,生活·读书·新知三联书店1997年版,第98页。

谓"作者之死"①的说法也正是基于这种看法。"当作品从某一文化和历史环境传到另一文化和历史环境时，人们可能会从作品中抽出新的意义，这些意义也许从未被其作者或同时代读者预见到。"②

不过，主体对于文化的解释具有相对性、开放性，却不会成为解释的随意性。我们可以将文化符号的社会性比喻为一把纸扇的扇面，主体的解释只能在"符号扇面"之内驰骋而不能越出扇面的两条"边骨"之外。它永远是被限定的。研究者的"视界"要与他所解释的材料的"视界"融合才能进入理解。所以，我们大可不必担心对同一个符号的解释由于信马由缰的极端的主观随意性而不可收拾。我们从符号中所取出的也同时取决于他们能否重新建构出符号本身是其答案的那个问题。每个解释者可以根据自己的思想结构、时代要求，在"符号扇面"上各取所需，却不能越出"扇面"的两条边骨所构成的界限之外。文化解释的相对性使得不同研究者对同一文化的不超越"符号扇面"的解释没有对与错之分，对于其好与坏的评判标准只能是"深描"与"浅描"的区别。

在符号的外部关系中，符号表达的是概念与所指称对象之间的关系，这些对象大部分属于自然界和社会生活中实际存在的事物或事实。此时的解释者和研究者的任务就是要找到和确定那些事物或事实。人不能无视历史与现实中的事实和事物，必须承认它们的存在。在这个意义上，事实或事物具有确定性、客观性与封闭性。如果我们仍以"扇面"作比喻，那么这种确定性、客观性与封闭性就恰似纸扇的那个"持手点"，只有抓住它，才能打开扇面。当然，在符号的外部关系处理中，同样可能导致不同看法，因而引起争论；但争论的问题是"事实或事物是否存在"而不是对这些事实或事物如何解释，其最终目标是要追寻那个确定的事实或事物，而一旦当

---

① [法]罗兰·巴尔特：《作者之死》，林泰译，载赵毅衡编选《符号学文学论文集》，百花文艺出版社2004年版，第505—512页。巴尔特认为只有坚决把作者排除在外，文本的意义才不会被固定化。

② [英]特雷·伊格尔顿：《二十世纪西方文学理论》，伍晓明译，陕西师范大学出版社1987年版，第79页。

这一事实或事物被确定了，解释者们的争论便宣告结束。而这里的一个要点是："事实"与"事物"是由当地人确定而不由民族志者确定，即"当地人所名之'物'"和"当地人所述之'言'和当地人所行之'事'"。

但是，问题的复杂性在于，即使在符号与外部世界的关系中，客观性也只具有相对的意义，因为文化符号与客观存在没有一一对应性。仅就事物的名称（专名）与实在的关系便可以清楚地看到这一点。我们也许认为专名与世界上存在的事物或事实应该有着一一对应关系，可实际的情况远非如此，它有时会出现偏离。关于这一点，中国古代哲学家就进行过许多讨论。《墨子》言："名：达、类、私。"最先产生的是私名，私名，"止于是实也"，即专名，这是给客观实在的某一个具体事物命名的。如"司马迁"这个人名，是不能再分的了，只是他一个人独有，不能与人共有，所以是专名。"类"则是一类事物的共同的名称，这是"通名"。如"马"，就是一个类名。而"达"，则是比一类事物的通名还要大的概括。"物"可以作为"达"名的举例，它是表达天地万物的，是各种"类"的总括。从这三类名称来看，只有私名（即专名）与客观事物是对应的，其他两种名称并不与具体的各别事物一一对应。《荀子·正名》在谈到"制名之枢要"时认为名有单、兼、共、别四种。他说："单足以喻则单，单不足以喻则兼。单与兼无所相避，则共，虽共，不为害矣。知异实者之异名也，故使异实者莫不异名也，不可乱也；犹使同实者莫不同名也。故万物虽众，有时而欲遍举之，故谓之'物'。物也者，大共名也。推而共之，共则有共，至于无共然后止。有时而欲遍举之，故谓之'鸟''兽'。鸟兽也者，大别名也。推而别之，别则有别，至于无别然后止。名无固宜，约之以命。约定俗成谓之宜，异于约则谓之不宜。名无固实，约之以命实。约定俗成，谓之实名。"荀子之"大共名"相当于墨子的"达名"。荀子之"大别名"，相当于墨子的"类名"。荀子的"单"名，约略相当于墨子的"私名"。这些"名"当中，也只有"私名"与客观事物具有对应性。《老子》与《尹文子》也有多处谈到"名"。老子和尹文子认为，并不是所有的东西都有名。老子讲"道常无名""道隐无名",这都是讲"道"是无名的。尹文子讲"大道无形",无形当然也就无名。只有"器"才有名。《尹文子》又说:"有形者必有名,有名者未必有形。"尹文子说的"有名者未必有形"是值得咀嚼的,抽象名词以及具体名词中的"通名"其实都是有名而无形的。不仅如此,尹文子将"名"扩大到很多抽象观念领域中,他认为:"名有三科,一曰命物之名,方圆白黑是也。二曰毁誉之名,善恶贵贱是也。三曰况谓之名,贤愚爱憎是也。"这与墨子分名为达、类、私三种,荀子分名为单、兼、共、别四类大为不同,名之三科所指对象有许多并非客观存在的事物。德国语言哲学家弗雷格则论述道:"如果一个表达式在形式结构上符合语法并且充当了专名的角色,那它就具有涵义。但是,至于是否存在与内涵相对应的外延,则还是不确定的。'离地球最远的天体'这些词具有涵义;至于它们是否有指称则很可疑。'最弱收敛级数'这个表达式有涵义,但是可以证明,它没有指称,因为对于任何收敛级数,我们总能找到另一个收敛性更弱的级数。因此,对于涵义的把握并不能保证相应的指称的存在。"①

符号不能准确把握客观事物或事实,也不会导致危机。因为它在超越世界存在的界限之时,却正是受到符号自身的界限所限定之时。符号从其被创造出来的那一天起,就不是为了纯粹地对应客观世界(尽管有人如此认为),而它只是人类把握世界的一种并不太严密也无法严密的思维工具,它能不能绝对准确地把握世界并不重要,重要的是人类有了一种用符号把握世界的方式。我们说在外部关系中,"符号扇面"是走向封闭的,并不是说世界上存在的事物或事实对于文化解释的限定,而是说符号表达的事物或事实对于文化解释形成了限定。

由符号的两种关系出发,本民族志存在着两种不同的叙事诉求:对于"事物"和"事实"的确定性追寻,以及对"意义"的不确定的,却是深层的,并允许多元解释的探求。"符号扇面"是一个确定

---

① [德]戈特洛布·弗雷格:《论涵义和所指》,肖阳译,载[美]马蒂尼奇编《语言哲学》,商务印书馆1998年版,第377页。

性与解释的多元性统一在一起的整体。事物和事实并非虚无而是实有，这是民族志的基本的前提认识。而对事物和事实的解释却可以，甚至需要和鼓励"言人人殊、莫衷一是"。这种丰富多彩是因时代与政治背景的不同以及解释个体的禀赋不同而形成的。某种事物或事实在历史中存在着，它总是被不断阐释，新的意义不断地被创造出来，形成了一个意义解释的"箭垛"。有一种现象特别需要我们注意：当后一种创造开始的时候，我们更多的时候并不是从原始事实出发而是从"箭垛"出发，即将此前被开放式的解释所累积起来的成果当作新的事实；即使由于历史的偶然错误，也不会被改变。每一个后起的解释主体都在"符号扇面"意义上进行双重表述：一方面要追寻客观"事实"；另一方面是站在新的历史条件和主体个性之上对"事实"进行创造性的重新解释。

再次是"建构"。当"呈现"出来的民族志事实经过"解释"的过渡，最后达到的就是民族志者主体的"建构"。所谓"建构"往往被理解为是对"客观规律"的发现，其实不然，它带有强烈的主观目的性诉求。任何研究中的建构都不是"发现"（Finding），而是"发明"（Making）。人类学者的研究目的各有不同：普里查德为殖民帝国去研究努尔人；列维-斯特劳斯为了探索人类心灵结构而去搜集整个美洲的神话；费孝通则为了救国、富国和强国而研究中国乡村。他们的建构都服从于各自的情怀与目的。如果研究本身没有"建构"，那么就取消了学术研究的根本宗旨。在"符号扇面"的各种解释中，民族志者的立场、观点、方法以及民族志者的个人情性在起着定位解释方向的作用，同时也使研究朝向各自的目的行进。21世纪现代人类学与民族志研究，需要超越殖民主义、地域中心主义和自我中心主义的利益考量，需要具有一种遥远而宏大的世界性目光以及树立起一种对人类前途终极关怀的研究目标。作为一个研究者，应该对社会的理想状态有所期盼，并为这种期盼而付出努力。

"呈现"与"建构"是朝着不同的方向的，前者要求客观存在与绝对真实性，后者要求主观创造性与目的性诉求。"建构"依赖于

"解释","解释"不能脱离材料的"呈现",其间充满了语意转换。而现在我们要讨论另一个具有争议性的问题:为了进行目的性建构,是否存在着超越事实或允许对事实有意"误读"的空间呢?我举出一个经典例证,这就是莫斯的《礼物》。

莫斯在《礼物》一书中,将"hau"作为该书的起点,也是基点。他由此出发并一直紧紧围绕着此进行论述,以至达到了"礼物是和平的机制"的目的性结论。但是,萨林斯等人类学家质疑莫斯,说他曲解了"hau"和毛利人的一段话,"hau"的含义中不可能具有"送"与"还"的意义。① 这里的问题是:到底是因为莫斯《礼物》研究的目的性诉求的动力如此强大,乃至他不惜通过曲解"hau"的含义或者毛利人的语义来达成他的目的,还是莫斯根本就没有读懂"hau"这个词的毛利语义呢?无论是哪一种情况,都说明他的研究存在着瑕疵:如果是前者,他便是为了目的而不择手段;如果是后者,他的学术研究中存在着"硬伤"。"构建"本来必须在"事实"基础上进行而不能离开事实,可是在一项经典研究中却出现了相反的情况。然而,诡异之处在于:无论莫斯是有意曲解还是并没有读懂词的含义,无论是莫斯作品存在着"硬伤"还是他为了目的不择手段,他所建立的相关于"礼物"的一座宏伟大厦依然岿然不动,依然光彩夺目,它不会被推翻。这又是为什么呢?

这起码可以给我们双重启示。第一,如果莫斯是有意造假民族志事实,这说明目的性建构在民族志中有着何等的重要性,乃至莫斯为了建构一座理论大厦不惜错读、误解当地人的语词。第二,如果莫斯是无意地错解和误读了毛利人的语词,那么说明了即使在民族志中具有奠基性的基本事实是错误的,莫斯对社会和平的关怀的目的性建构,他对于"礼物"所显示的整体论的思想表述,依然具有重大价值。甚至这些错误被揭示出来以后,亦无损于这种价值与意义。这里可能涉及多方面的问题,其中主要是知识社会性的问题,而不是知识科学性的问题。只要是被社会承认了的知识即使没有科

---

① [美]马歇尔·萨林斯:《石器时代经济学》,张经纬等译,生活·读书·新知三联书店2009年版。

学性它也是有价值与意义的,因为价值与意义本来就是社会的人赋予的。① 当然,一般说来,民族志书写"事实"也应该得到极大的尊重,"解释"也不能越出"词语扇面","建构"也需要基础的坚实。"呈现"与"建构"之间的张力关系应该取得平衡,其基本点是:"呈现"实然,"建构"应然,而"解释"作为二者之间的桥梁不能越出"扇面"的边骨。然而,既然学科史上已经存在着一些著名反例,我们就应该采取一种开放的态度:如果"桥"这一端"事实"的价值特别巨大,或者"桥"那一端"建构"的意义特别深刻,而中间的那座"桥"却无法将它们进行连接,于是它成为一座"断桥",那么,这种具有"特殊身材"的、不平衡对称的、非科学的民族志,也具有特殊的价值,那座"断桥"因其奇异则可能使人惊绝,被人艳羡!

第三节 从"活动"出发:发生学的方法

本民族志运用发生学的方法,从"生成"问题出发,来追索"构成"的某种基本要素与原则。

关于发生学的方法,维柯、马克思、皮亚杰的学说中都有论述。意大利哲学家维柯是一位先驱型的人类学家,他在《新科学》(1725)中提出了一个方法论前提:"凡是学说都必须从它所处理的题材开始时开始。"② 对于《新科学》来说,出生和本性就是一回事,本性决定后来的发展,自然(或本性)这个词具有"生育"意义:"各种制度的自然本性不过是它们在某些时期以某些方式产生出来了。时期和方式是什么样,产生的制度也就是什么样,而不能是另样的。"③ "各民族的共同本性就会成为(或涉及)每一民族起源、

---

① 正如《道德经》例证一样。现通行本《道德经》是汉唐的抄本,新出土的长沙马王堆战国时代的帛书《老子》较汉唐抄本更早也更加保存了原始形貌。两种本子有着诸多的不同,可见现在的通行本是一个错解的本子,但奇怪的是:今人仍以汉唐抄本为据,而帛书仅仅是作为一种参考。"假猴王"把"真猴王"逐出了花果山。
② [意]维柯:《新科学》,朱光潜译,商务印书馆1989年版,第314页。
③ 同上书,第147页。

发展、成熟、衰颓和死亡中都要展示的一种发育学的模式。"① 人的创造性活动是维柯人类学的主题，他采用历史主义的方法，论述了宗教、婚姻、死葬三种基本活动对于民政社会产生的决定作用问题。他认为无论哪一个民族，在任何人类活动之中没有哪一种比起宗教、结婚和埋葬更精细、更隆重。② 维柯说"各民族世界"是从丑恶的混沌中创造出来的美好的秩序。所说的"混沌"就是男女进行野兽般的杂交所造成的人种的混杂，继混沌而来的宇宙首先是宗教、婚礼和葬礼那些原始制度，特别是婚礼，其次才是由这些原始制度发展出来的各种社会制度综合体。"宗教、婚姻、死葬"这三种基本活动具有"出生"的本性意义，因为由此人从自然完成了到文化的最初过渡。

在马克思主义经典作家的著述中，社会文化制度的产生是由实践活动（即"生产活动"）决定的。马克思和恩格斯说："个人怎样表现自己的生活，他们自己也就怎样。因此，他们是什么样的，这同他们的生产是一致的——既和他们生产什么一致，又和他们怎样生产一致。"③ 这里所说的"他们是什么样的"，意为各个历史发展阶段的人类具有什么样的社会文化形态，"生产什么"，是指生产活动与生产对象接触所产生的结果；"怎样生产"是指生产活动的形式。

皮亚杰的发生学方法是相关于认识发生问题的研究，但其所阐述的"可塑性的活动"是"发生"起点这一基本原理对于社会的生成问题有着重要的启示意义。皮亚杰强调主客体之间要用身体与外界的接触"活动"方能将其联结起来。他说："认识既不是起因于一个有自我意识的主体，也不是起因于业已形成的（从主体的角度来看）、会把自己烙印在主体之上的客体；认识起因于主客体之间的相互作用，这种作用发生在主体和客体之间的中途。"④ 主客体之间的中介

---

① ［意］维柯：《新科学》英译者引论，朱光潜译，商务印书馆1989年版，第16页。又参见《新科学》第349、393条。
② 同上书，第24页。
③ 《马克思恩格斯选集》第一卷，人民出版社1972年版，第25页。
④ ［瑞士］皮亚杰：《发生认识论原理》，王宪钿等译，商务印书馆1981年版，第21页。

物的建构是形成主体和客体的关键性因素,"如果从一开始就既不存在一个认识论意义上的主体,也不存在作为客体而存在的客体,又不存在固定不变的中介物,那么,关于认识的头一个问题就将是关于这些中介物的建构问题:这些中介物从作为身体本身和外界事物之间的接触点开始","从一开始起中介作用的并不是知觉,有如唯理论者太轻率地向经验主义所作的让步那样,而是可塑性要大得多的活动本身"①。

"活动"怎样使认识得以发生呢?皮亚杰从分析儿童的活动出发来阐述这个问题。他认为儿童在活动中逐步完成主客体分化,方为认识的发生准备了条件。所谓主客体的分化是指主体在思维中对客体的建构。这时,活动不再是以主体的身体为中心了,主体的身体开始被看作是处于一个空间中诸多客体中的一个。由于主体开始意识到自身是活动的来源,从而也是认识的来源,于是主体的活动也得到协调而彼此关联起来。使活动取得协调就是使客体发生位移,只要这些位移被协调起来,逐步加工制作成"位移群",客体就被安排在具有确定的先后次序的位置上,客体也便获得了一定的时空永久性,这又引起了因果关系本身的空间化和客观化。②主客体的这种分化,包含有两个方面的内容:"一方面是把主体的活动彼此联系在一起的协调;另一方面是与客体之间的作用有关的协调。第一类协调在于:把主体的某些活动或这些活动的格局联合起来或分解开来,对它们进行归类、排列顺序,使它们发生相互关系,如此等等。换言之,它们成为逻辑数学结构所依据的一般协调的最初形式。第二类协调则从运动学或动力学的角度把客体在时空上组织起来,其方式跟使活动具有结构的方式相似;同时,这第二类的协调合在一起就形成下述那些因果性结构的一个起点。"③

在皮亚杰的思想中,从第二类协调(客体在时空上的协调)作出

---

① [瑞士]皮亚杰:《发生认识论原理》,王宪钿等译,商务印书馆1981年版,第21—22页。
② 同上书,第24页。
③ 同上书,第26—27页。

的抽象，造成了因果关系的形成。这种因果关系一方面是诸多客体之间因为主体的某种活动与类比而建立起来的；另一方面，"主体的身体"也是一种"客体"，它和其他与之相关的客体之间也构成了因果关系。随着这两种因果关系的扩展，主体对客体的各种各样的认识内容越来越丰富。这就成为皮亚杰所说的"物理经验"。物理经验的形成是"从运动学或动力学的角度把客体在时空上组织起来"，形成"广义的因果关系"[①]。这种因果关系就是认识的内容，而这一过程就是从"活动"到思维内容产生的过程。从第一类协调（主体活动的协调）作出的反身抽象，造成了"图式"的形成。皮亚杰对"图式"的定义是："指动作的结构或组织，这些动作在同样或类似的环境中由于重复而引起迁移或概括。"[②] 格局（即"动作的结构或组织"）可以说是认识结构的起点和核心。通过婴儿的各种活动，格局就成为各种协同活动，并能建立新的格局和调整原有格局，对外界刺激进行新的同化。格局的这种不断扩展，使得结构愈来愈复杂，最后达成思维逻辑结构，即"逻辑—数理经验"，这是一个从"活动"到思维逻辑结构即思维模式的建构过程。

皮亚杰的启示意义在于，他强调"活动"具有建构意义，无论是"认识"的建构还是"社会"的建构，都是因人类的"活动"而产生。逻辑上的因果性是人类由活动产生的认识现象。"社会"其实是人们实践性关系与认识性关系的双重结合，二者相互促进。实践性关系是人们的行动，而认识性关系就是这种逻辑数理思维方式中的因果性联系，它既被实践活动所决定，同时又决定实践活动。

在讨论了社会的生成与人类的实践活动的相关性以后，进一步的问题是：人类有着哪些"活动"类型，这些类型在与社会的生成与构成问题之间又有着怎样的关联呢？

因为有着各种生存与发展的需要，人类进行着各种各样的"活

[①] ［瑞士］皮亚杰：《发生认识论原理》，王宪钿等译，商务印书馆1981年版，第27—30页。

[②] ［瑞士］皮亚杰、英海尔德：《儿童心理学》，吴福元译，商务印书馆1980年版，第5页。

动"（实践活动），在这些活动中，有些活动是人与自然打交道，另一些活动是人与人打交道，还有一些活动是人与自我打交道。"活动"使某一些人与另外一些人关联在一起，于是形成了"社会关系"或"社会结构"。我们将"社会关系"与"社会结构"区别开来，前者是临时的、不稳定的活动所创建的非结构性关系；后者则是持久的、错综复杂的、具有稳定性的结构性的关系。

维柯《新科学》的研究将活动分出了三种类型：宗教、婚姻、死葬，它包括了人类的亲属关系活动与精神活动两个方面，鉴于研究领域所限，他未对物质生产活动这一最重要的活动形式有所关注。马克思主义经典作家的分类对人类实践活动作出了更为全面的概括，马克思在1845年《关于费尔巴哈》中，将实践活动扩大到一切社会生活中，他强调"全部社会生活在本质上是实践的"[①]。在马克思主义其他经典著作中，则将人的"活动"的不同内容具体展开，它包括人对自然的能动关系，人的生活的直接生产过程，以及人的社会生活条件和由此产生的精神观念的直接生产过程。恩格斯在1884年《家庭、私有制和国家的起源》中又从"历史中的决定因素"的视角，特别强调了"生活资料的生产"和"人类自身的生产"这"两种生产"。可见，马克思主义经典作家将人的实践活动看作一个繁复性结构，综合起来看，大致可以概括为人的物质资料生产实践活动（第一种生产活动）、"种的繁衍"活动（第二种生产活动）和人的精神生产活动三个方面。

"第一种生产活动"所处理的课题主要是人与自然的关系，在处理这种关系中同时涉及人与人之间的关系，各种社会经济领域的生产、分配、交换与消费制度由此而生。这种生产活动与社会经济制度之间的关系简单明了。"第二种生产活动"所处理的课题主要是人类两性之间的关系，但这种关系并不是生物学意义上的简单的两性直面相对，它发端于"种的繁衍"，其后形成亲属制度，后来牵连与弥漫到各种一般性的人与人之间的关系，成为许多社会制度的起源，家

[①] ［德］马克思：《关于费尔巴哈的提纲》，载《马克思恩格斯文集》第1卷，人民出版社2009年版，第501页。

庭、家族、民族、国家等制度都与此有着密切的关联。"精神生产活动"所处理的课题是人类精神文化创造问题，其直接成果为人类各种精神产品，人类精神生产活动是人类运用符号所进行创造的活动，因此亦可称之为"符号活动"。符号活动是人之所以为人的最重要的本质活动，它区别于生存与繁衍生产活动，仅以自身为目的。不同的人、不同的民族、不同的国家有着各不相同的文化创造，它表现为不同的语言、不同的观念形态、不同的宗教信仰、不同的文化典籍、不同的价值体系，等等。宗教活动就是人类精神生产活动最重要的表现形式之一。

总之，第一种生产活动是形成地域社会物质文化的原因和动力；第二种生产活动是形成地域社会最基本的亲属制度的原因和动力；精神生产活动是造成地域社会宗教文化的原因和动力。这三种基本活动就是人类学研究领域中的继嗣与联姻、生产与交换、信仰与仪式等活动。就共时性的维度而言，地域社会结构的各个层面就是由这几种不同活动的纵横交错的有机整合的结果；就历史维度而言，地域社会构成诸要素从传统到现代变迁中功能与范围的变化也正是由这几种不同的活动的交汇与熔铸的结果。

然而，对于"活动"，我们还需要作出"群体活动"和"个体活动"的区分，两类活动有着性质的不同。群体活动是整个社区的所有人员都参与的、周期性的、密集化的、在固定空间范围内的、具有紧密关联度的活动，个体活动则是散漫的、无边界的、无周期的、关联度不紧密的活动。只有群体实践活动，并且是日常性的、周期性的、全部人员都参与的群体实践活动，方才对地域社会的构成发生功能。群体活动与"日常社会生活"这一概念相关联，"'日常'这个词所涵括的，恰恰是社会生活经由时空延展时所具有的例行化特征。各种活动日复一日地以相同方式进行，它所体现出的单调重复的特点，正是我所说社会生活循环往复的特征的实质根基"[1]。当然，个体活动以及非经常性的、部分人员参加的群体活动也是具有

---

[1] ［英］安东尼·吉登斯：《社会的构成》，李康、李猛译，生活·读书·新知三联书店1998年版，第43页。

意义的，但它不具备地域社会构成的意义，只是形成了与地域社会外部的联系。

综上所述，"活动"是地域社会之"根"，是地域社会生成、构成、变迁的"动力学"机制。

第三章 田野工作点概况

本民族志有两个田野工作点,一是云南省楚雄州南华县兔街乡摩哈苴村;二是云南省大理市喜洲镇周城村。选择这两个村庄开头是一种偶然机遇,后来有了自觉的比较意识:1. 从地形上看,摩哈苴为哀牢山地区一个高山村庄;周城为苍山洱海之间的平坝村庄。2. 从地域范围来看,周城是喜洲镇所辖的一个行政村的范围,地域村与行政村重合;摩哈苴村是围绕着一座横写的"U"字形大山的11个村民小组的地域共同体概念,大于行政村的范围。3. 从民族来看,摩哈苴为彝族村庄;周城为白族村庄。4. 从经济发展来看,周城经济发展好;摩哈苴经济发展差。5. 从与外来文化接触与交流的情况来看,周城为傍近蝴蝶泉的旅游村庄,具有开放性;摩哈苴则处在大山深处,颇为闭塞。

第一节 摩哈苴:躲藏在大山深处的彝族村

一 区域历史

摩哈苴位于哀牢山(哀牢山脉横亘于云南省西南部)上段,所属兔街乡的地理坐标处于东经100°43′—100°54′,北纬24°43′—24°48′之间,东与楚雄市西舍路乡相靠,南与景东县毗邻,西与弥渡县接壤,北与本县马街和五顶山乡相邻,距南华县城207公里。南华故地属"镇南州",民国时期改为"镇南县"。镇南州现有四部旧志:康熙《镇南州志》、咸丰《镇南州志》、光绪《镇南州志略》、民国《镇南县志》。1995年又编修出版了《南华县志》。康熙《镇南州志》

乃浙江余姚进士陈元于康熙四十三年（公元1704年）任镇南州知州时所纂，该志记载镇南州的历史沿革，云：

> 滇西镇南，古称荒服，虽以鸡和为名，先由细逻奴属之，皆濮落蛮所居，各茅其地。宋末时，自段氏平服之后，始通中国，有白王民续之；继罗武、倮罗二种之夷，渐辟山隅，荞麦先而米粟次之；至军民之分，皆其后也。原无城池，明隆庆间，方筑土城于州治东南；万历四十三年，州牧尹为宪详批如议，方鼎建砖城，人民渐集。①

> 镇南三代以前无考。汉为濮落蛮所居，州名"欠舍"，有城曰"鸡和"。唐上元中，南诏阁罗凤因中国多故，引兵东伐，拓其疆土，侵峨录，取"和子城"置"石鼓"县；又于法却地置"俗富"郡（滇史谓即黑井地），历郑、赵、杨氏无改。宋时属大理，段氏封高量成于欠舍，石鼓、沙却皆属焉。元癸丑年归附，丁巳置欠舍千户所；至中十二年，改欠舍千户为"镇南州"，辖石鼓、定远二县。后省二县入州。明初，复置定远县，改隶府，而州仍旧。……至国朝顺治十六年初入版图。②

光绪《镇南州志》记载当地风俗中的"踏歌"③："四山夷人踏歌，则弹月琴、口琴、吹葫芦笙、竹笛以相和。""节令"与汉族亦同异参半："元旦以松叶铺地作毡，栽二松于门外，比户排列如林，爆竹声中，松风簌簌，不知其在城市间也；清明插柳于门；端阳挂艾于户，以蒸饼相馈；六月二十四日星回节，束薪燃燎；七夕乞巧；中秋献月；重阳登高；腊八食粥。"④该志又记载集市交易："日中为市，市各有期。城中市以奇日。城西三十里沙桥以二、六、十日，至永宁乡一街、二街，阿雄乡小马街、岔河街，江外鼠街、龙街、大马

---

① 康熙《镇南州志》"图说"。
② 康熙《镇南州志》卷一"地理志"。
③ "踏歌"在摩哈苴一带称为"跳歌"。
④ 光绪《镇南州志》卷二"地理略"。

街、兔街、团山街，皆小市也。"①

1995年的《南华县志》则重点记载了新中国成立以后南华县的发展情况。南华县是龙川江的发源地，县城龙川镇因而得名。南华县地处滇中高原西部，山地属绛云露山脉。西南（摩哈苴所属）群山纵横，东北丘陵起伏，间有少量的平坝和峡谷。南华县是有名的穷县之一，新中国成立以后，全县国民经济有了较大的发展。1970年全县工农业总产值为1128.8万元；1989年为10259万元。② 20世纪80年代末全县人口约为20.9万人。③

二　从一个人的"独居野处"到村庄的形成

摩哈苴是一个躲藏在大山深处的彝族村庄。我每次去摩哈苴，是从楚雄彝族自治州的南华县城出发，背上水，带着干粮，早早地乘车向着大山深处前行。途中经过大古木、不知达、五顶山、牛丛、红土坡、阿底沟、羊槽山、大蛇腰这些有着古里古怪名称的地方。在公路未修通之前的集体化年代，南华县召开三级干部会议，摩哈苴的村干部要带了路粮、背上防身的猎枪，翻山越岭、晓行夜宿五天才能到达县城。现代化逐走了大山的神秘，从南华至兔街的新修公路蜿蜒曲折，经过十多个小时的颠簸，便可到达兔街乡。兔街有一条美丽的兔街河，晚上住在乡政府的那座土墙房内，总听到它永无休止流淌的声音。第二天一早便又匆匆上路。先是沿着兔街河走到寅街，然后是一段陡直的坡，大汗淋漓地向着磨盘山攀登。磨盘山上那棵大树，以及磨盘庄中的水磨房，都是很有名的。周围的村民赶路累了的时候，便在这大树底下歇息。这水磨房在我1995年和1996年进山的时候还在，后来电磨增多，它就被杂草掩埋了。磨盘山过后，便是一段险峻的羊肠小道。小道架在悬崖上，人紧贴着悬崖行走，悬崖下面是一条终年川流不息的大箐沟，其声如闷雷贯耳。转过悬崖峭壁，下到山

---

① 光绪《镇南州志》卷二"地理略"。
② 《南华县志》编纂委员会编纂：《南华县志》，云南人民出版社1995年版，第1—2页。
③ 1995年出版的《南华县志》未对全县总人口作出交代，此处的20.9万是依据少数民族人口所占比例反推得出的。

脚，跨过架在大箐沟上的石桥。此后，又是一段更为陡直的隐蔽在树丛中的山路，考验意志的再度爬山运动从这里正式开始。经过一场大汗淋漓的奋斗，目标已经接近。当西边的天空被一片晚霞映红的时候，我也到了摩哈苴。

摩哈苴村及其周围一带过去多有野兽，虎、豹、熊和野猪经常出没，当地不少人有遇虎的经历。捕猎豹、熊、野猪皆为常事。他们常将兽骨、兽牙置家中，身体无论何处不适，皆刮一些粉末冲饮，村民说此可包治百病。我1995年第一次进山时，"猎匠"张寿昌曾送给我一根长达10多公分的野猪獠牙，并嘱咐我不可过于浪费。它至今被我珍藏。

关于摩哈苴的形成并无历史文献，只有社会记忆。最早开户的是一位粗糠李①男子，随后搬迁到摩哈苴的山白草杞和竹根鲁，至1982年已经有了12代。关于每一代的时间长短是一个最不易推算的时间。摩哈苴人20—25岁结婚，如果我们将每代算作25年的时间，应该为300年。再加之前的李姓男子，大约有300多年的历史。但这是按照大支计算的，与实际情况可能存在着极大的误差。根据刘尧汉先生所提供的两则民间文献资料计算，统治摩哈苴的刘姓地主竟然每代相隔60年左右。② 据此推算，摩哈苴的村龄至1982年就有700多年。即使考虑到刘姓地主养尊处优，讨许多小老婆60岁还能生子，民间的代龄不可能有如此之长，那么也必须要考虑到有的支系断后的情况以及大支与小支之间的不平衡性。因此，这里只能约略推测摩哈苴村的形成历史大致为四五百年。

摩哈苴11个自然村③的名称是随着陆续搬迁而至的各家族的定居

---

① 哀牢山彝族各家族有着各自的图腾祖先，这种图腾祖先一般是某种植物，该家族成员死后便以此为灵牌质料，各家族以灵牌质料加上姓氏来命名。最早开户的李姓男子的祖灵质料是"粗糠木"，于是他与他所在家族就被称为"粗糠李"。下文"山白草杞"是以"山白草"作为图腾祖先灵牌质料的杞姓家族；"竹根鲁"是以"竹根"作为图腾祖先灵牌质料的鲁姓家族；"松树李"是以"松树"为图腾祖先灵牌质料的李姓家族，以此类推。

② 参见第九章第二节。

③ 严格来说，摩哈苴有35个自然村，但有的自然村只有1—3户人家，故这里所谓"自然村"指的村民委员会下属的"小村"。

点而被逐步命名的。据当地人说，最初到摩哈苴开户的李姓男子，面对着一片山林只能是找一些竹笋充饥，过着一种从自然界直接采集食物的"索取型"的简单生活，"摩哈苴"（彝语意为"找竹子吃"）的名称由此而来。他是一个"自然人"，独居野处。传说他后来拐骗了一个女子，便安心在大山深处扎根生活，形成了两个人的"社会"。这段并不光彩的经历却被摩哈苴人口耳相传至今，成为村庄源头的集体记忆。最初的那位粗糠李男子因其定居在大山的岭岗处，摩哈苴第一个自然村——"岭岗村"就此形成。

后来，属于彝族"罗罗颇"①分支的"山白草杞"和"竹根鲁"从南华英武乡五街迁来，至1982年相传12代。老虎山原是一片原始森林，因老虎常出没山间而命名，过去无人居住。杞姓与鲁姓相约搬到老虎山结为亲家，互通婚姻，开荒种地。该地便成为"老虎山"自然村。杞、鲁两姓的祖坟共葬于老虎山岭岗上，墓地各占一半。祖根上行火葬，迁入摩哈苴后，第1—4代依然行火葬。火葬用无耳罐子盛骨灰，罐子底部留出洞孔，以漓雨水。到第5代起改行土葬。由于竹根鲁家族发展繁衍较快，其大支、二支就迁居到距老虎山五里左右的晒不到太阳的大山背阴处，此处便被命名为"背阴地"自然村。

大约在杞、鲁两家族搬入过了几十年，"罗罗颇"的"松树李"家族迁入。最早到摩哈苴的"松树李"宗祖是麦地麦德（彝名），在一处已经没有泉水的干龙潭靠近里头的地方居住，此地就被称为"迤头村"（"迤"当地人释为"里头"）。此家族自称来自江西"柳树湾湾滑石板"，为了不忘记祖籍原系江西，每逢大年初一，接祖献饭时要备上姜，以生熟各一片盛于碗中敬献祖宗，以示江西地方人。迤头村人多了就分为两个小村"迤头上村"与"迤头下村"。他们又发现距迤头下村不远的白草山凹子的后面有一小片平坦的山荒地，当地人形容为手掌大小，有一户搬去居住。先在那里种荞，后来种麦，慢慢地发展为几户人家，这个地方就叫"麦地平掌"（意为手掌大小的麦地）。

又过了大约几十年，属于彝族分支蒙化②人"密洒巴"的"大白

---

① "罗罗颇"为哀牢山彝族的自称。
② 蒙化，今为巍山彝族与回族自治县，属大理州。

花何"和"大白花张"两个家族从景东县安定沙拉三叉河搬来,至1982年两族已传10代。张姓居住在一棵大水东瓜树下,后来因为全村人都在那棵树下祭龙,便将此树称为"龙树",也就形成了"龙树山"的自然村名。何姓集中居住在岭岗村的后面,以姓氏命名形成"何家村"。由于"密洒巴"与"罗罗颇"语言不通,影响了彝族支系间的交流,在开初几代,何、张两姓不与"罗罗颇"通婚,只是两家族之间相互开亲。后来,"密洒巴"学会了当地的彝语方言,沟通了与"罗罗颇"的交往,便开始通婚。另一属于"罗罗颇"的"葫芦李"也从景东县迁来,就在干龙潭居住,逐渐形成"干龙潭"自然村。

摩哈苴"U"字形的两座高山之间夹着一条深箐,当地称之为叉河,周边长满了刺竹、滑竹和大龙竹,为造纸提供了优厚的自然条件。马姓汉族祖籍是湖广地方人,家住汉口大菜园,千里迢迢远涉古滇,到摩哈苴落户,开办纸坊。马家沿摩哈苴叉河而上,于山箐两侧砍伐竹料,层层推进。马家的纸厂有里厂和外厂,"外厂"那个地方后来因为"松树王"搬来,逐步形成一个自然村。马家办厂人多了,就在纸厂的附近居住,形成"马家村"。

于此,不同的民族、不同的家族在不同的时间,从不同的地区搬迁而来,他们以不同的生产方式与生活方式在一个共同的地域内生活与劳作,摩哈苴全部11个自然村就形成了,大山深处也就热闹起来。

三 村庄简况

摩哈苴是一个由11个小村构成的自然地理单位,包括干龙潭村民委员会下属的麦地平掌、外厂、干龙潭、马家村、岭岗村、迤头上村、迤头下村、何家村和龙树山9个村民小组以及小村村民委员会下属的老虎山和背阴地两个村民小组。

中国社会科学院民族研究所刘尧汉先生所带领的彝族文化调查组[①]20世纪80年代在摩哈苴地区进行过调查,其数据显示:1947年摩哈苴共90户,其中彝族85户、汉族5户。耕地总面积为1349.5

---

① 这个调查组的成员有:普珍(楚雄彝族文化研究所研究员)、龙建民(楚雄彝族文化研究所研究人员)、阿宗阳(南华县政府干部)。

亩，其中旱地占 10.15%、水田占 5.37%、荒地占 84.48%。1982 年全村人口普查统计：摩哈苴 11 个自然村（生产队），共有 182 户，1031 人，每户平均人口为 5.7 人。耕地总面积增长为 1947 亩，其中旱地占 65.5%、水田占 4.1%、荒地占 30.4%。彝族 161 户，895 人；汉族 21 户，136 人，彝族占总人口的 86.8%。耕地主要分为旱地、水田、荒地三种。新中国成立 30 多年来，摩哈苴的田地逐步得到改良，粮食产量不断增加，平均亩产由 1947 年的 140 斤，增至 1982 年的 210 斤。农作物以苞谷为主，小麦、稻谷次之，其他间种荞子、蚕豆、豌豆、黄豆、大白芸豆、洋芋；经济作物主产油料、大麻、土烟、席草；经济林木种植茶叶、核桃、棕树、梨树、桃树和大龙竹，其中出售茶叶、核桃、棕片。山林中出产香菌、木耳、松子、兽皮等多种土特品，此外，还盛产药材、竹子、木料。畜牧业主要饲养牛、羊、骡、驴，牛多为黄牛，用于农业生产畜力。羊分山羊、绵羊两种。绵羊可以剪羊毛，制成毡子。摩哈苴手工业有铁、木、篾、皮、毡、鞍、石灰、闪片、榨油、泥水等各类工匠，两家铁匠铺打制锄、犁、镰刀、钉耙、砍刀、锛等工具，有一家能仿造和修理火枪，我 1995 年进村时该户摆出了数百种制枪零件供我观赏。该村还有三个彝族朵西。①

表 3–1　摩哈苴各村 1982 年人口、民族及文化程度统计②

生产队	户数	人口	其中 男	其中 女	汉族人口	彝族人口	文化程度（0—5 岁幼童不计）高中	初中	小学	文盲
马家村	9	66	34	32	66	0		4	13	41
外　厂	21	118	69	49	36	82		2	41	47
迤头下村	16	101	49	52	1	100		4	32	43
迤头上村	20	107	52	55	1	106		7	34	46
何家村	11	64	30	34	0	64		3	16	32
岭岗村	20	100	49	51	2	98		3	20	58

① 彝族巫师在四川凉山地区称为"毕摩"，在哀牢山地区称为"朵西"。
② 此表由彝族文化研究所普珍研究员调查并提供。

续表

生产队	户数	人口	其中 男	其中 女	汉族人口	彝族人口	文化程度（0—5岁幼童不计）高中	初中	小学	文盲
龙树山	16	93	43	50	29	64		7	27	42
干龙潭	18	98	50	48	0	98		1	28	52
麦地平掌	8	51	25	26	0	51		2	23	15
老虎山	31	154	75	79	1	153	1	5	48	76
背阴地	12	79	39	40	0	79		5	20	41
合计	182	1031	515	516	136	895	1	43	302	493

1995年暑假我第一次进村做田野工作时，全村有229户，1149人，劳动力654人，除了一人在兔街乡邮电所工作外，没有任何非农行业劳动力。全村耕地面积1050亩，其中水田面积72亩，旱地面积978亩。种植业收入为232145元，占全村总收入495270元的47%。牧业收入为168175元，占总收入的34%。林业收入76428元，占15%。其他为采集野生植物、手工业等收入。该村没有任何工商业。近几年产业格局没有实质性变化。

图3-1 磨盘山之树（朱炳祥摄）

52 | 地域社会的构成

图 3-2 摩哈苴的闪片房（朱炳祥摄）

图 3-3 背草的都是女人（朱炳祥摄）

在 2002 年的田野工作中,我在该村的调查数据如下:全村共有 265 户(其中干龙潭村委会 205 户),1135 人(其中干龙潭村委会 905 人)。其中迤头下村:20 户,104 人;迤头上村:31 户,116 人;何家村:13 户,57 人;岭岗村:25 户,113 人;龙树山:21 户,91 人;干龙潭:28 户,124 人;麦地平掌:14 户,58 人;马家村:19 户,75 人;外厂:32 户,136 人;老虎山:42 户,183 人;背阴地:20 户,78 人。[①] 每户平均人口为 4.3 人,20 年间每户平均人数下降了 1.4 人。2002 年的摩哈苴农户,除少量小型扩大家庭外,大部分是核心家庭,这表明家庭结构出现了较大的变化。摩哈苴干龙潭村委会 2002 年的统计表的数据(显示的是上一年的上报国家统计局的数据)为:总收入 1787000 元;渔业收入 2000 元;手工业收入 2000 元;建筑业收入 2000 元;八家小商品零售全年收入合计 1000 元;除此之外,全为农牧林业收入。没有任何工业收入。全村共有 12 姓,其中李、鲁、杞、何、张、王、罗、杨姓为彝族[②],马、苏、赵、丁姓为汉族。摩哈苴全村彝村共有六种不同的祖先灵牌质料:粗糠木、竹根、山白草、葫芦、松树、大白花。在哀牢山彝族社会中,同宗必定是同一祖灵质料,禁止开亲(通婚)。但同一祖灵质料未必同宗,如何姓与张姓都以大白花作为图腾祖先的灵牌质料,却是两个不同的家族,可以相互开亲;而同姓也未必同宗,如李姓包括粗糠李、松树李、葫芦李等家族,鲁姓包括竹根鲁、松树鲁等家族。

第二节 周城:面向全球开放的白族村

周城白族村是云南省大理市喜洲镇下属的一个行政村,辖 16 个村民小组,面积 4.7 平方公里。该村位于大理古城北 23 公里,喜洲镇北 5 公里,海拔 2076 米,西依苍山云弄峰,东临洱海,西北角有蝴蝶泉,滇藏公路穿村而过,村南霞移溪、村北棕树河夹村而下。全

---

① 干龙潭的数据为该村村民委员会文书何正军所提供,小村村民委员会所属的老虎山与背阴地的数据为我们在实地了解所得。
② 彝族本来皆有自己的姓氏,但在"汉化"的过程中,皆改为汉姓。

村居住集中，房屋密密匝匝，鳞次栉比，是苍山脚下、洱海水滨、蝴蝶泉边的一个平坝村。周城是中国白族名村，是云南省最大的白族聚居村，无论在民族地区还是就全国而言，也无论是经济总量还是人口规模，它都可以算作一个重量级的超级村庄。

一 4000 年区域考古历史

与摩哈苴村大为不同，周城的地域考古历史可以上推至 4000 年以前。马曜先生对于周城文化有一个很好的历史梳理："根据考古发掘，最早活动于洱海周围的'洱滨人'是西洱河蛮的前身，即今天白族的先民。云南是人类发源地之一，但最早发生于周城东岸宾川县宾居镇白羊村的新石器文化，却晚于中原地区。……以制陶和稻作文化为标志的新石器文化开始发生于公元前两千年的大理地区。……遗址居发是定居的农业民族，出土房基 11 座，墙基四周开沟，有柱洞，与现代的白族民居建筑相似。"[1] 20 世纪 30 年代，苍洱地区曾发现过十余处新石器时期文化遗址，其中与周城相接的苍浪峰便有五处。前中央研究院吴金鼎博士 1940 年在喜洲的发掘《苍洱境古迹考察报告》载："史前遗址所在，多为山之缓坡。每址包含四五台至十余台不等。每址居民散处各台上，不相连接。大概当时，同一血统或同一部落者，散居于同一山坡上。每家各就其住处，营其附近之农田。"[2] 中国人民大学历史系的师生所撰《云南大理周城志稿》亦言："考古材料表明，远在新石器时期，周城这块土地上已经有人生息、繁衍。二十世纪三十年代，苍洱地区曾发现过十余处新石器文化遗址。根据《云南苍洱境考古报告甲编》（新中国成立前出版）所述，与周城镇咫尺相接的苍浪峰便有五处。五十年代，又在周城北部农田中发掘出新石器时代的生产工具：一枚石斧、一枚石凿。"[3]

---

[1] 郝翔、朱炳祥等主编：《周城文化》马曜序，中央民族大学出版社 2001 年版。
[2] 转引自李正清《大理喜洲文化史考》，云南民族出版社 1998 年版，第 102 页。
[3] 中国人民大学历史系《云南大理周城志稿》编写组：《云南大理周城志稿》（内部资料），第 1 页。

二　1500年村庄历史

周城作为一个地域村形成于何时以及"周城"村名的由来有着三种说法：1."周城"始于唐太宗贞观年间。四夷平服后，唐派兵镇守大理，部分军队驻扎在今周城，当地人民感激朝廷，尊周道，故名"周城"。2.南诏王细奴逻得白国后，为防吐蕃建大厘城，在周城驻军练兵，上请名曰"周城"。3.明洪武年间，村人段隆载一株仙树，名"朝珠"树，此树一年开36朵花，朝廷闻之，派兵掳，段隆为抗敌，率村人建一城，故有"周城"之名。[①] 2005年出版的《喜洲镇志》沿袭了上述第三种说法并且又增加了第四种意见：大理国王为保护开奇异花的"朝珠树"，把该村围在御花园的城墙外，故名"周城"。[②] 这一说法是将明洪武年间的"朝珠花"的故事又附会到大理国的时代。总之，诸种说法提供了两个不同的建村时间，一是唐代（南诏时期）；二是明代初年，其间相差一千年。

支持建村于唐代的文献大多只有一些模糊的说法。如唐人《西洱河风土记》载"西洱河蛮有数百部落，大者五六百户，小者二三百户，凡数十姓以赵、杨、李、董为贵族，各据山川，好结仇怨，不相役属，有城廓、文字，颇知阴阳历数"。樊绰《蛮书》载这一地区："大族有王、杨、李、赵。皆为白蛮也。"这些都只能说明这一地区有赵、杨、李、董诸姓居住，而不能说明他们居住于周城村，虽然这几个姓都是目前周城的大姓。另有周城人自己编写的《周城村寺庙纪事和本主传说》说周城第一座寺宇是玉皇阁，建于唐太宗贞观年间（公元627—649年），第一座本主庙景帝庙建于唐肃宗至德年间（公元756—758年）。这些说法都无法证实。

明代文献已有"周城"村的确切说法。明李元阳《嘉靖大理府志》载："周城沟：此沟覆没田地已不可救，若令居民别开一渠，尚

[①] 中国人民大学历史系云南大理周城志稿编写组：《云南大理周城志稿》（内部资料），第6页。

[②] 参见《喜洲镇志》编纂委员会编《喜洲镇志》，云南大学出版社2005年版，第24—25页。

有可垦之地，惜无人薰之于上耳。"李元阳生卒年为1497—1580年。明代《徐霞客游记·滇游日记》载："蛱蝶泉……又南一里半及周城村后，乃东出半里，入夹路之衢，则龙首关来大道也。"徐霞客生卒年为1587—1641年。族谱的记载更是繁多。周城现在13姓，张、杨、李、董、段、苏、倪、陈、桂、何、周、赵、费，我所收集到的6个家族的族谱都有明代来到周城村的记载。先举杨氏家谱为例。清道光时所修《周城杨氏家谱》序："杨氏原籍太和，居草角。自大明嘉靖间，先祖启礼公慕纺织之业，由草角而分迁周城、睽远两地。"①但杨氏家族的《杨氏合族世系碑铭》又说该族是明成祖时代从云南其他地方来到周城："始祖文智，原籍云南，成祖诏移中土大姓实滇，占籍大理，卒葬周城。"再举段氏家族（下段）②为例。该家族有一个著名的段福墓志铭《文林郎世袭云骑尉拟谥文庄先生寿山段公墓铭》③，墓主人段福卒年为明宣德乙卯年即公元1435年。据此推算，其一世祖已追溯到元末。从这段碑文看，段氏家族似乎是本地发展起来的土著家族。但段氏家族《族谱序》④说："稽我始祖段陇公，原籍南京人氏。明帝朱元璋宠爱其才，文能安邦，武能定国，帝封定远侯、南征将军。曩时西南倭寇作乱，民不聊生。帝调陇公率领三军，差往云南，削平大难。民得安居乐业。始祖镇守迤西大理地区，遂于周城而择居焉。"这与上面的明代的墓碑的族源材料不符，但相同的是明代已在周城居住。其他家族的族谱还有许多这种杂乱之记载，不一一赘述。但诸族谱共同的特点是只记述明代之后的事迹。

以上各家族族谱中所说来自江南，可能与历代的中央王朝与南诏、大理国的战争中的人口流动相关，也可能与中央王朝的移民实边政策有关。历史上大理地区主要有如下几次大的移民运动：第

---

① 中国人民大学历史系云南大理周城志稿编写组：《云南大理周城志稿》（内部资料），第3页。
② 周城有两个段氏家族，称为"上段"与"下段"。
③ 段福墓志铭镶嵌在苍山脚下的段氏龙王庙的后墙壁上，我于2000年4月6日（农历三月三）抄录。
④ 朱炳祥收集，段氏裔孙段士奇、段继灿、段绍光1976年7月14日抄录整理。

一，南诏与唐朝之间的三次天宝战争的战俘。第一次是天宝十年（公元751年），唐朝节度使"率精兵8万讨南蛮，与阁罗凤战于泸南，全军陷没。"① 第二次是天宝十二年（公元753年），唐将贾瓘被南诏攻灭，南诏俘获汉兵甚多。② 第三次是天宝十三年（公元754年），唐将李宓被南诏大败于龙尾关（下关），李宓全军覆没于洱海地区，被俘官兵成为当地居民。"南诏在这三次战争中大概俘虏了10万人以上。这10万多人大都落籍下来，流落到今大理白族自治州各地，成为南诏大小奴隶主的奴隶。他们中的相当一部分人融合到洱海地区的土著民族中，当然也有一部分人成为这些地方的汉族。"③ 第二，元代蒙古兵征服大理后，军中不少将士到云南来戍兵屯田。④ 第三，明初的移民制度。明洪武十五年（1382年），明将傅友德、蓝玉、沐英等人率兵攻入大理，结束了段氏的世袭统治，将大理国改为大理府，其后，通过军屯、民屯和商屯等方式将内地汉族人口迁移到大理地区。军屯如明朝在大理境内设置大量卫所，共有大理卫、大罗卫、洱海卫等6个卫、30个千户所，军卒约有36000多人，连家室在内约有10万多人。⑤ 周城村北邻上关村就有上营、下营的住地名称，就是明代卫所制度的遗存，近在咫尺的周城有军屯遗民也是有可能的。周城杨姓一族谱序中说到一世祖是跟随傅友德入滇，也可能确有其事。民屯如明洪武二十二年（1389年），明将沐英"携江南、江西人民二百五十余万人入滇"，其后洪武二十五年至洪武三十一年（1392—1398年），"再移南京人民三十余万（入滇）"⑥。

综上所述，可以作出如下推测：由于在4000年前，苍洱地区即有人居住，故到了南诏、大理国时期与唐代，中央王朝与地方政

---

① 参见《旧唐书·杨国忠传》。
② 参阅《南诏德化碑》。
③ 王积超：《人口流动与白族家族文化变迁》，民族出版社2006年版，第27页。
④ 参见《元史·兵志·屯田》。
⑤ 王积超：《人口流动与白族家族文化变迁》，民族出版社2006年版，第44页。
⑥ 参见吕志伊、李根源辑《滇粹·云南世守黔宁王沐英传附后嗣略》，转引自王积超《人口流动与白族家族文化变迁》，民族出版社2006年版，第45页。

权推拉进退斗争激烈,傍近喜洲的周城村正是这一推拉进退过程中的焦点地区,周城一带(包括周城村)已经有人居住,尽管可能还没有"周城"村的命名。既然当时喜洲等地已经作为重要的城镇(大厘城)居住人口众多,周城这一片自新石器时代就已经有人居住的丰饶地域就不可能没有人居住。因此,周城地域范围内有人居住的时间可以从已经确定有记载的明代,前推至唐代甚至唐代之前。也就是说,周城大约在1500年前就已经形成村庄,此时就已经构成了一个地域社会。明代的所谓从南京应天府柳树湾的大量移民只是充实了周城原来的住户,扩大了村落规模,也带来了中原文化与本地文化的交流,而不能作为村庄最初的起源。这些居民经过了如此长时间的发展,特别是在较大规范上的内地与边疆民族文化交融激荡之中,使周城村成为一个具有较高文化知名度的地域村庄。①

三 面向全球的超级村庄

周城地处低纬高原型北亚热气候带,海拔2076米,年平均气温为摄氏15.1度,最冷月平均摄氏8.7度,最热月平均摄氏20.1度。年平均无霜期217天,初霜期为11月中旬,终霜期为3月末。年平均降雨量1078.9毫米,平均降雨日136天,极少降雪,年平均日照时数为2276.6小时,年平均湿度为66%。季节变化不明显,气候温和,年温差小,冬无严寒,夏无酷暑,寒暑适中。周城现有耕地面积3028.64亩,水田1919.06亩,旱地1109.58亩。人均耕地只有3分多。旱地主要分布在苍山脚下至村两侧的上坝区域,顺延滇藏公路沿线下坝区域至洱海边多为水田。水田一年种两季,小春种小麦,大春种水稻;旱地大春种玉米,小春种小麦。粮食作物以水稻、玉米、小麦、蚕豆为主,也种植少量土豆、黄豆、高粱、豌豆等,经济作物有油菜、摸摸香、烤烟等。

---

① 据中国人民大学师生1985年依家谱辑录统计,明、清两代周城共出举人十名,文武生约百名。

图 3-4 苍山深处蟒蛇洞（朱炳祥摄）

图 3-5 周城民居（周城村民委员会提供）

2002年周城全村总户数2137户，9425人（男4604人，女4821人），其中白族9340人，汉族78人，纳西族5人，佤族2人；白族

图3-6 周城扎染（华中科技大学梁迪聪摄）

人口占人口总数的99%。劳动力5679人，其中男性劳动力2553人，女性劳动力3126人，按从事的行业分为：农业2426人，工业316人，建筑1940人，交通运输仓储、邮电通讯业242人，批发、零售贸易餐饮业511人，其他244人。分别占劳动力人口的42.7%，5.6%，34.2%，4.3%，8.9%和4.3%，非农劳动力共3253人，占57.3%。周城的手工业和商业一直较为发达，织染传统和新兴的扎染工艺是周城手工业和商业发展的根基。周城因而被称为"扎染之乡"。除了扎染，周城的白族服装加工以及各种旅游产品加工亦较发达。改革开放以后，该村经济发展迅速，开放程度高。1983年，该村1467户全为农业户，7550人全为农业人口，当年总收入为207万元。近年来周城大力发展旅游业。1995年投资兴建了蝴蝶泉宾馆，随之而起的是214国道沿线的商贸一条街，集扎染、民族服饰、手工艺品、餐饮、娱乐、住宿为一体，刺激了周城整体经济实力的增长，旅游业也逐渐成为周城的支柱性产业。1998年周城便成为亿元村，经济总收入就达到1.3亿元，2010年总收入达4.8亿元。目前，第三产业已经成为周城社会经济结构的核心。

表3-2　　　　　　　周城耕地面积和产业收入状况

年份	耕地面积（亩）	全年总收入（万元）	第一产业（万元）		第二产业（万元）		第三产业（万元）	
	亩	总计	合计	占比（%）	合计	占比（%）	合计	占比（%）
2008	2548	39785	1635	4.1	13953	35.1	24195	60.8
2009	2600	43760	1801	4.1	15327	35	26632	60.9
2010	2651	48136	2180	4.5	16860	35.02	29096	60.45

由于上述各种形势，周城成为一个满载着荣誉的中国白族名村，国家领导人多次视察该村，中央电视台多次报道该村。1994年周村被国务院评为"民族团结先进单位"；1996年被国家文化部命名为"扎染艺术之乡"；1997年被列为"全国百家精神文明示范村"，同年被大理市委、大理市政府、大理州授予"小康村"称号；1998年大理市委、市政府又授予该村"亿元村"称号；1999年中国村社促进会授予该村"中国特色经济村"称号，如此等等。

第四章　聚居与散布：继嗣群的地域分布

自本章起至第八章，我通过继嗣群、联姻、物质生产、市场交换、宗教活动五个方面对地域社会构成的功能与意义分别进行探讨，本章首先讨论继嗣群。

继嗣群是指根据继嗣原则组成的一群由共同的祖先遗传下来的血亲，在中国社会的绝大多数民族中，继嗣群就是家族（宗族）群体。中国是宗族制度发达的国家。《左传·僖公二十四年》有"纠合宗族于成周而作诗"句，《左传·昭公三年》有"公室将卑，其宗族枝叶先落"句。《论语·子路》有"宗族称孝焉，乡党称弟焉"句。"宗"字最早见于殷墟卜辞，本义是指供奉神主之庙。《说文》："宗，尊祖庙也。""宗族"的本义是指有共同祖庙的亲族，亦即有明确父系祖先的家族。[①]《尔雅·释亲》言："父之党为宗族。""父"为父系，"党"为当时乡里组织的名称，泛指一种较大的集团式的社会组织。班固《白虎通德论》卷八释"宗族"："宗，尊也，为先祖主也。族者，凑也，聚也。"可见，早在先秦时期，"宗族"就是一个重要的组织并在社会生活中发挥着重要的功能因而被反复言说。当代学者林耀华先生说："宗族为家族的延展，同一祖先传衍而来的子孙，称为宗族"，"宗指祖先，族指族属，家族合称，是为同一祖先传衍下来，而聚居于一个地域，而以父系相承的血缘团体。"[②] 在摩哈苴与周城，当地人只称"家族"，并无"宗族"的称谓。本民族志用当地

[①] 朱凤瀚：《商周家族形态研究》，天津古籍出版社2004年版，第10页。
[②] 林耀华：《义序的家族研究》，生活·读书·新知三联书店2000年版，第1、73页。

人的称谓，统称"家族"。

第一节　摩哈苴继嗣群的分布

在对继嗣群（家族）的地域社会构成功能分析中，有的研究者总是用单姓家族村的例证来夸大和强调家族在社会构成中的地位与功能[①]，但无论从理论上，还是从当下中国农村实际的总体状态来说，继嗣群都不集中居住，无法单独构成地域社会。我所调查过的汉族、土家族、白族、彝族等多个村庄，也都印证了这一点。林耀华与弗里德曼所研究的中国东南地区的一些村庄由单一宗族居住其实只是一些特例，不具有普遍性。

图4-1　葫芦祖灵（朱炳祥摄）

摩哈苴村就是一个典型的例证，该村居于高山之上，地域广阔，分支裂变的地域性搬迁是颇为自由的，如果地域社会主要依靠家族来

[①] 参阅［英］莫里斯·弗里德曼《中国东南的家族组织》，刘晓春译，上海人民出版社2000年版。

图 4-2 竹根祖灵（朱炳祥摄）

图 4-3 马氏家族大灵牌（朱炳祥摄）

构建，那么每个家族可以占领一大片山林，但是，摩哈苴提供的恰恰是反证。在摩哈苴，家族裂变分支的地域性分布存在着三种类型：一是同一家族一直居住在同一聚居地内不再搬迁，分支发展就在原地向周围山地延伸至聚落的地域范围；二是分支搬出原住村落，开辟新的土地，形成新的聚落；三是家族分支离开原先的祖居聚落，搬迁至摩哈苴的其他村落，与其他家族合居一村，共同发展。三种类型中，第三种类型是摩哈苴家族裂变发展的主要模式。我们通过阅读如下几种表格来了解家族与村落的交叉关系。由于同一姓氏存在着不同的家族，而且由于"改灵不改姓"的习俗，故而"姓氏"也应该作为一分析变量。这样，摩哈苴各小村①、家族、姓氏三者就形成了以下三角关系：

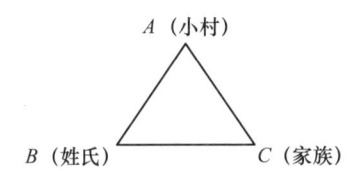

$$\triangle ABC$$ 有三条边线分别代表三种关系：AB 是小村与姓氏的关系；BC 是姓氏与家族的关系；CA 是家族与小村的关系。这三种关系引出如下三种表（表中数字为户数）：

表 4-1　　　　　　(AB 线)：小村与姓氏对照

村名＼姓氏户数	李	鲁	杞	何	马	张	罗	杨	苏	王	赵	丁	合计
老虎山	1	13	28										42
背阴地		20											20
干龙潭	21	2				4	1						28

---

① "小村"相等于当前乡村的"村民小组"，中国乡村的大多数村庄中的"小村"与"村落""自然村"吻合。但摩哈苴为山区，有35个村落或自然村，有的村落或自然村只有1—3户，这35个村落归属于11个村民小组（小村）。同样，在周城有着16个村民小组，却因为居住集中，只有一个超大的村落或自然村。

续表

村名\户数\姓氏	李	鲁	杞	何	马	张	罗	杨	苏	王	赵	丁	合计
岭岗村	14	3	1			6	1						25
何家村		2		11									13
龙树山	1			7	13								21
麦地平掌	10	4											14
迤头上村	4	24	1						2				31
迤头下村	12	5	1		1					1			20
外厂	16				4					7	3	2	32
马家村	1				18								19
合计	80	73	28	14	29	20	5	1	2	8	3	2	265

表4-1得到的是12个姓氏居住在不同小村的情况,其中李姓居住在9个小村,鲁姓8,何姓4,马姓3,张姓3,罗姓2,王姓2,杨姓1,杞姓1,苏姓1,赵姓1,丁姓1。这里的结论是:12个不同的姓氏并不集中居住,而是居住在不同的小村中。其中杨、赵、丁、苏四姓虽然居住在同一小村中,但是杨姓仅1户,丁姓2户,苏姓2户,赵姓3户,无法从整体上说明有集中居住的趋势。

表4-2　　　　　(BC线):姓氏与家族对照

祖灵\户数\姓氏	李	鲁	杞	何	马	张	罗	杨	苏	王	赵	丁	合计
竹根		43				4							47
松树	39	21	1				1			8			70
粗糠木	12	2											14
葫芦	23	1											24
山白草			28										28
大白花	6	7		12		20	1						46
汉族牌位					29			2			3	2	36
合计	80	74	28	13	29	20	5	1	2	8	3	2	265

第四章　聚居与散布：继嗣群的地域分布 | 67

　　表4-2得到的是：有一部分相同的姓氏区分为数个不同的"家族"①，其中李姓4个家族，鲁姓5，杞姓1，何姓2，马姓1，张姓1，罗姓2，杨姓1，苏姓1，王姓1，赵姓1，丁姓1。从形式上看，摩哈苴有21个"家族"，其名称如下：竹根鲁、竹根罗、松树李、松树鲁、松树王、松树何、松树杨、粗糠李、粗糠鲁、葫芦李、葫芦鲁、山白草杞、大白花张、大白花何、大白花李、大白花鲁、大白花罗、马姓汉族、苏姓汉族、赵姓汉族、丁姓汉族。但是，这只是一个逻辑推论数字，与实际情况不符，因为有如下三个方面的情况：

　　第一，摩哈苴祖先灵牌的规则是：嫁入夫家的女子背②夫族的灵牌，因此，如果这个女子的丈夫去世而儿子尚幼时，在家户的名册统计表中③的"户主"一栏就要写上这个女子的姓名，这时这个女子的姓与她所背的夫族的灵牌就是矛盾的。迤头上村以"竹根"作为祖灵的家族都是鲁姓家族，迤头上村一何姓女子就是这种情况，她的丈夫去世，以她的姓名立户，而她是属于竹根鲁家族的媳妇，因此不能成为一个新的"竹根何"家族。还有一例是外厂的罗姓女子，嫁入松树李家族，丈夫去世以妻名立户，此户只能作为松树李家属，而不能作为"松树罗"家族。这两户在上表中已经删减。

　　第二，摩哈苴男性上门（招郎）需要背妻族的灵牌，即他已经不再是原来的家族成员，而是妻子家族的成员。但是当地又存在着"改灵不改姓"的复杂情况，所谓"改灵不改姓"即彼男子在上门后虽然改背妻族的灵牌，但是不改原先的姓氏。而在以男子立户的统计表中依然写着男子的姓名，图腾灵牌则为妻族的灵牌。因此统计表中迤头下村何姓男子上门从表中可以读为"松树何"，但这是一个错误的信号，由于他到底是上门松树李还是松树鲁不明，故将其暂先置于图

---

①　不同的姓氏区别为不同的家族，这是很明显的，没有研究意义。
②　当地人用"背"字大致表示"属于"之意。
③　在上报全国哲学社会科学规划办公室的结题报告中，我将摩哈苴11个小村1982年182户与2002年265户家庭（以户主姓名为标志）、人口、祖灵质料制作了一份共10页之多的详细统计表，作为这里的各种统计数据之来源。但为了执行公开出版的匿名原则，将此表只好删去，这使细心的读者无法将这里的三种表格中的数字与那份详细统计表中的各户具体情况一一加以对照，以检验我使用田野材料的可信度，殊为可惜。

腾灵牌与姓氏的交叉点位置。干龙潭杨姓男子上门松树李，本来可以不放在表中标示的"松树杨"位置，但因为他也是"改灵不改姓"的，遵守"同类相从"的原则，所以暂且放此位置。迤头下村的葫芦鲁和岭岗村的大白花罗都是这种情况。因此这4户上门男子都不形成家族，需要从表中逻辑上的21个家族中减去4个，尚余17个。①

第三，表中两户苏姓汉族（兄弟关系）、两户丁姓汉族（兄弟关系）、3户赵姓汉族（其中两户为兄弟关系）、两户粗糠鲁、4户竹根罗因为户数太少，有的只是兄弟关系的联合家庭，故而作为家族略显牵强，故将其从17个家族中再减去5个。这样余下的12个家族就是摩哈苴的主要家族，它们是：竹根鲁、松树李、松树鲁、松树王、粗糠李、葫芦李、山白草杞、大白花张、大白花何、大白花李、大白花鲁、马姓汉族，我们再列出表4-3，将其与11个小村进行对照，看其分布情况。

表4-3　　　　　　　　(CA线)：家族与小村对照

祖灵＼姓氏户数	老虎山	背阴地	干龙潭	岭岗村	何家村	龙树山	麦地	上村	下村	外厂	马家村	同一家族居住小村数
竹根鲁	13	20						8	2			4
松树李			4	2		1	10	4	2	16		7
松树鲁							4②	15	2			3
松树王									1	7		2
粗糠李				12								1
葫芦李		17						5		1		3
山白草杞	28											1
大白花张			6		13			1				3
大白花何				1	11							2
大白花李	1							5				2

---

① 关于"改灵不改姓"的进一步讨论参见第五章第三节。
② 此为竹根鲁一男子上门松树李未改姓，现已发展为4户。"改灵不改姓"造成家族边界模糊，参见下章。

续表

祖灵＼姓氏户数	老虎山	背阴地	干龙潭	岭岗村	何家村	龙树山	麦地	上村	下村	外厂	马家村	同一家族居住小村数
大白花鲁			2	3	2							3
马姓汉族						7				4	18	3
同一小村的家族数	3	1	3	5	2	3	2	3	7	3	2	34

表 4–3 将经过过滤后的 12 个家族与表 3–1 中的小村重新结合起来，得到本文论题所需要的结论，即家族与村落的重合或非重合的数据，表中显示了摩哈苴聚落形态两个基本规律：

第一，11 个小村中有 10 个小村都有 2 个以上的家族居住，同一小村有不同家族居住率为 91%。其中两个家族同居一小村的有何家村、麦地平掌和马家村；3 个家族同居一小村的有老虎山、干龙潭、龙树山、迤头上村和外厂；5 个家族同居一小村的有岭岗村；7 个家族同居一小村的有迤头下村。唯一的一个小村只有一个家族居住的是背阴地。其原因是，该村地势陡峭，且在山的背阴处，不利于生产与生活。1982 年该村 12 户，2002 年虽然发展到 20 户，但人口一人未增，都是 78 人，可见其地理空间与生活资源已经饱和。因此，可以将此看作是一个特例。

第二，12 个家族有 10 个散布于不同的小村内，同一家族散居于不同的小村内的比率为 83%。其中松树李散布于 7 个小村；竹根鲁散布于 4 个小村，葫芦李、松树鲁、大白花张、大白花鲁、马姓汉族都散布于 3 个小村；松树王、大白花何、大白花李散布于两个小村。这可以作为一般的规律。只有粗糠李和山白草杞这两个家族一直居住在同一个小村内。粗糠李是第一个来摩哈苴开户的男子，但这个家族发展并不迅速，而岭岗村地势是一个平缓的山包，并没有因家支发展而带来环境压力。而山白草杞所居老虎山距离其他村庄相对较远，且因竹根鲁将分支搬往其他地方，没有生存环境带来的压力，所以这个家族在四五百年中一直未曾搬迁。

我们再以在摩哈苴地域内散布最广泛的松树李家族为例，看这个家族的具体搬迁情况。① 松树李第一代总祖为麦地麦德②，定居迤头下村。传下一子 LJ（第二代），LJ 又传二子 LX、LC（第三代）。二子分支后大支 LX 迁居干龙潭，共传四子，其中失二子，余下二子即三姓人③和四姓人（第四代）；而小支 LC 则留居迤头下村仅传一子 LGZ（第四代）。至此，松树李第四代分为三个宗支，即大支三姓人，二支四姓人，三支 LGZ。其中三姓人上门毕家迁居岭岗村，四姓人定居干龙潭，LGZ 留居迤头下村。三个宗支经过六代人的发展，各支系皆有其后裔，其中大支三姓人繁衍兴旺，又有分支搬迁。他传下二子，长子 BCX，次子 BCF。次子 BCF（第五代）留居岭岗村，传下二子，二子中失一子，剩下一子 LZF④（第六代）。LZF 传有一子 LFY（第七代）迁居干龙潭。长子 BCX（第五代）移居外厂安家，家支兴旺，共传下八子。BCX 长子 BHS（第六代）娶二妻，前妻鲁氏生子 LFT（第七代），LFT 传下一子 LWK（第八代），迁居龙树山，后妻罗氏与 BHS 共同搬到景东落户。BCX 次子 BWW（第六代）传一子 LFC（第七代），LFC 娶二妻生有七子（第八代）现分为 7 户，迁居麦地平掌。BCX 三子 BWC（第六代）迁居外厂。BCX 四子 BWG（第六代）传二子，即长子 LFM（第七代），次子 LFS（第七代）。LFM 娶鲁氏共有四子，四子中长子 LWF（第八代）迁居迤头下村，次子 LWH（第八代）外迁四川，三子 LWG（第八代）移居白草山。BCX 五子（第六代）后裔仍居外厂。BCX 六子 BWL（第六代）迁至白草山⑤，后代有一支迁居迤头上村。BCX 七子 BQS（第六代）后代仍居外厂。BCX 八子 BLB（第六代）成婚后迁居白草山，现已绝支。这些详细的口述材料，显示松树李家族从迤头下村散布到干龙潭、岭岗村、外厂、迤头

---

① 此材料为彝族文化研究所调查组普珍研究员 1982 年调查，当时松树李共有 32 户，170 人。

② 麦地麦德为彝名，搬迁摩哈苴后改为汉姓李。

③ "三姓人"开头姓"李"，后来上了龙树山张姓的门，改姓"张"，后来又上毕姓的门，故改姓"毕"，成为"三姓人"（三种姓氏的人）。"四姓人"因其哥哥为三姓人，村民便将其弟称为"四姓人"。

④ "三姓人"本姓"李"，改姓"毕"以后，按照摩哈苴"三代还宗"的原则，在妻族繁衍两代，到第三代即可归宗，故而三姓人的孙子 LZF 是还宗以后回归李姓。

⑤ 白草山户数较少，归属于迤头下村，但与迤头下村并非同一村落，相隔有两公里。

第四章 聚居与散布：继嗣群的地域分布

上村、龙树山、麦地平掌、白草山（属迤头下村，但距离该村有数公里）等小村中。一个家族竟然能如此自由搬迁，可见在地域内各小村之间，并没有任何限定的界线。分支后，除有少数离乡外迁外，绝大多数都在摩哈苴地域范围内搬迁，1982年分布于8个小村。

摩哈苴各家族的地域散布所呈现的是：各家族在地域社会中不表现为单一家族占据某一小村的形态，而是各小村接纳各家族共居，各家族也更愿意分散至各小村居住而不是家族聚居。

但是，家族分支的搬迁也并非无限制地、无条件地，而是基本被限定在摩哈苴这一地域村的范围之内，只有少数家族或家庭由于某些特殊原因才迁出地域村。这里，我呈现出山白草杞、竹根鲁、大白花何、松树李以及马姓汉族这5个家族的田野调查数据。这5个家族共150户，占总户数的57%，可以作为一般性的说明。在400多年中，迁出仅48例，所占比例极低。这48位成家男子搬迁出摩哈苴村的情况如表4-4所示。

表4-4　　　　　　　摩哈苴5家族迁出情况

家族	代际	迁出人	迁出地	与本村距离（公里）	迁出原因	地域范围
竹根鲁（11人）	6	LLD1[①]	景东	30公里	归宗	邻县[②]
	6	LLD2	景东	30公里	归宗	邻县
	6	LLD3	景东	30公里	归宗	邻县
	6	LLD4	景东	30公里	归宗	邻县
	6	LLD5	马街	15公里	易地发展	邻乡
	11	LF	兔街发乌	10公里	土改搬迁	邻村
	11	LY	兔街发乌	10公里	土改搬迁	邻村
	11	LP	兔街发乌	10公里	土改搬迁	邻村
	11	LH	普撒龙街	10公里	未详	邻村
	12	LGY	兔街	10公里	易地发展	邻村
	12	LGZ	马街	15公里	易地发展	邻乡

① 1、2、3、4、5表示LLD的五个儿子。
② 景东虽为南华县的邻县，但摩哈苴所处南华县之西南边缘，故与景东挨近，距离仅相当于至乡政府的距离略远。

续表

家族	代际	迁出人	迁出地	与本村距离（公里）	迁出原因	地域范围
大白花何（3人）	10	HYC	马街	15公里	易地发展	邻乡
	10	HYB	马街	15公里	未详	邻乡
	10	HYY	马街	15公里	未详	邻乡
山白草杞（3人）	11	QZG	昆明	400多公里	国民党募兵	省内
	11	QZH	昆明	400多公里	国民党募兵	省内
	11	QZS	昆明	400多公里	国民党募兵	省内
松树李（4人）	5	LZH	景东	30公里	未详	邻县
	8	LWH	四川		未详	外省
	9	LJH	景东	30公里	未详	邻县
	9	LJR	景东	30公里	未详	邻县
马姓汉族（27人）	6	MYR	兔街梅子箐	10公里	易地发展	邻村
	6	MYL	兔街梅子箐	10公里	易地发展	邻村
	6	MYZ	兔街梅子箐	10公里	易地发展	邻村
	7	MYQ	景东小龙街	30公里	易地发展	邻县
	7	MYZ	景东小龙街	30公里	易地发展	邻县
	7	MXS	景东小龙街	30公里	易地发展	邻县
	7	MXS	景东小龙街	30公里	易地发展	邻县
	8	MKS	景东瓦泥	30公里	易地发展	邻县
	8	MKC	景东瓦泥	30公里	易地发展	邻县
	9	MGX	小村大龙潭	5公里	易地发展	邻村
	9	MX	小村大龙潭	5公里	易地发展	邻村
	9	MXG	小村大龙潭	5公里	易地发展	邻村
	9	MCJ	小村大龙潭	5公里	易地发展	邻村
	9	MXY	小村大龙潭	5公里	易地发展	邻村
	9	MDY	小村大龙潭	5公里	易地发展	邻村
	9	MCF1①	小村岩子脚	5公里	易地发展	邻村
	9	MCF2	小村岩子脚	5公里	易地发展	邻村
	9	MCF3	小村岩子脚	5公里	易地发展	邻村

① 1、2、3、4、5表示MCF的五兄弟。

第四章　聚居与散布：继嗣群的地域分布

续表

家族	代际	迁出人	迁出地	与本村距离（公里）	迁出原因	地域范围
马姓汉族（27人）	9	MCF4	小村岩子脚	5公里	易地发展	邻村
	9	MCF5	小村岩子脚	5公里	易地发展	邻村
	9	MXL	小村小龙潭	5公里	易地发展	邻村
	9	MCK	小村小龙潭	5公里	易地发展	邻村
	10	MXQ	小村大龙潭	5公里	易地发展	邻村
	10	MXC	小村大龙潭	5公里	易地发展	邻村
	10	MCQ	小村岩子脚	5公里	易地发展	邻村
	10	MCS1①	小村岩子脚	5公里	易地发展	邻村
	10	MCS2	小村岩子脚	5公里	易地发展	邻村
合计			48例			

从表4-4我们看到迁出外村的情况如下：48例中，邻村（本乡）26例，占54%；邻乡（本乡之外本县之内）5例，占10%；邻县（本县之外本省之内）16例，占33%；省外搬迁1例，占2%。而由于行政区划上的景东县距离摩哈苴很近，所以搬迁至景东的13个例证，从当地人的地理观念而不是国家的行政区划上说，其实具有邻乡的性质。如果将此合并至邻乡计算，则达18例，占38%。邻县减去13例，只剩3例，占6%。于此，按照距离远近的邻村、邻乡、邻县、外省就构成了54%、38%、6%、2%的"△"（亦可写成"▽"）形逐步递减的关系。可见，摩哈苴主要的5个家族在四五百年的地域社会发展的历史中，迁出的48名成家男子，4个彝族家族仅有21例，而马姓汉族一个家族就有27例。因为马姓汉族以办纸厂为业，以竹子为原材料，故具有游走性特征，其活动范围大，所以迁居较多。

对上述田野材料的呈现，可以得到如下几个方面的信息：第一，摩哈苴继嗣群裂变分支的地域性搬迁基本上是在摩哈苴横写的"U"字形山的11个自然村落之间，即在地域村的范围之内，数百年中迁

---

① 1、2表示MCS的两个儿子。

出的比例很小。摩哈苴无论是新中国成立前还是新中国成立后都是一个独立的地理单元，而不是一个独立的行政区划。这表明摩哈苴人的地域认同程度很高。第二，摩哈苴继嗣群裂变分支凡搬出村外者，只是个别家户因为某些特殊原因而搬迁，搬迁出去的家户与摩哈苴的联系只限于一些家户之间的亲戚关系。一般的搬迁范围除省城昆明外，绝大部分迁出范围都在30公里之内，即一个人步行一天可以来回的路程。第三，迁出原居地的原因大致有如下几类：①国家的原因，包括新中国成立以前国民党政府征兵退伍后在别处居住；或者是新中国成立以后，土地改革的时候当地实行的将地主富农分而治之、易地治之的搬迁政策；或是集体化年代有专长的人员跨村调动后定居的家户，等等。②招赘的原因，摩哈苴地域之外的男子上门到摩哈苴来，按照"三代还宗"的原则，长子立嗣，次子归宗，其中有一个或几个回到原来的家族，那么搬迁也就出现了。③因为家族内部矛盾与纠纷或邻里矛盾而搬迁至外村的姻亲所在地，这种情况很少。④为了更好的发展。这种例证多为马姓汉族。他们随着摩哈苴造纸材料（竹子）的匮乏而搬迁出村另谋发展。

第二节　周城段氏继嗣群的范围

与摩哈苴不同，周城是一个超级村庄，有着十三姓、几十个家族，2016年已达3012户，10290人。全村房屋密集，如集镇般全部连成一片，形成一个硕大的村落，家户之间只隔一条巷道或一条马路。这种地理条件和居住形态使搬迁只能向着外围拓展。由于近几十年来周城的手工业、工业和旅游业有很大发展，农用土地对于生计的重要性迅速下降，村民委员会不断新辟出周边的庄稼地供致富农户建房。

周城各家族最初搬迁情况已经无法推考出具体年代，这里仅以段氏家族（下段）第二支的搬迁情况来呈现其地域空间范围与特征。

据段氏家族数位报道人陈述，在19世纪以前的传统社会中，该家族没有村外搬迁的，而村内搬迁的最早也只能追忆到1932年。该家族第二支原居段家墩,位于周城一条街 29 号,1932 年有两个院落只有 8 户,至 2015 年发展为 28 户,80 多年间搬迁共有 21 户次,如表 4-5 所示。

表 4-5　　　　　段氏家族第二支的村内搬迁情况

序号	户主	搬迁地点	搬迁时间	搬迁原因
1	DSZ	一条街	1953 年	土改时应分房
2	DJL	滇藏路	2004 年	住房拥挤
3	DJY	原居地的旁边	1949 年后	住房拥挤
4	DSH	原居地的旁边	1949 年后	住房拥挤
5	DSL	原居地东边	1932 年	住房拥挤
6	DJK	镇北路	1980 年	住房拥挤
7	DSN	镇北路	1990 年	住房拥挤
8	DSX	滇藏路	1935—1940 年	住房拥挤
9	DKY	滇藏路	1935—1940 年	住房拥挤
10	DJR	滇藏路	1935—1940 年	住房拥挤
11	DXY1①	滇藏路	2004 年	住房拥挤,谋求发展
12	DXN1	滇藏路	2004 年	住房拥挤,谋求发展
13	DJY	镇北路	1970 年	住房拥挤,谋求发展
14	DJS	镇北路	1980 年	住房拥挤,谋求发展
15	DSR	镇北路	1990 年	住房拥挤,谋求发展
16	DSN	滇藏路	1988 年	家庭富裕,享受生活
17	DZ	滇藏路	1940 年	家庭富裕,享受生活
18	DXY2	朝珠小区	2010 年	家庭富裕,享受生活
19	DXN2	朝珠小区	2010 年	家庭富裕,享受生活
20	DXB	朝珠小区	2010 年	家庭富裕,享受生活
21	DXP	朝珠小区	2010 年	家庭富裕,享受生活

表 4-5 中 21 户次搬迁有如下四个原因:一是因贫穷由土改分房的有 1 户;二是纯粹因家族分支住房拥挤搬迁的有 9 户;三是既因住房拥

---

① "1" 表示第一次搬迁,"2" 表示第二次搬迁。

挤更为了家庭经济发展而搬迁的有5户；四是因家庭已经很富裕进而追求高质量的生活水准而搬迁的有6户，其中有两户是第二次搬迁。①

因为周城是一个开放性的村庄，在村外工作亦应计入地域性搬迁的范围，这有两种情况：一是在外地安家落户；二是举家在外地工作或打工而定居。我统计了第17代至第19代该家族55户中，有18人迁出村外，如表4-6所示。②

表4-6　　　　　　　段氏家族第二支的村外搬迁情况

代际	迁出人	迁出地	迁出原因	备注
第17代	DJM	外省	军人	妻在本村
	DJY	本省	全家在外地做裁缝	
	DJS	本省	全家在外地做裁缝	
	DJE	本省	全家在外地做裁缝	
第18代	DSG	大理市	医生	
	DH	西安	西安有色金属研究院工作	
	DMY	在外	招郎为非农户口	妻在本村
	DST	昆明	云南大学毕业工作	
	DSG	昆明	昆明理工大学毕业工作	
	DSM	昆明	云南电视机厂厂长	
	DSJ	丽江	夫妻在丽江开铺子做裁缝	
	DSR	喜洲镇	非农，在镇政府工作	妻在本村
	DSJ	大理	公安干警	
	DSH	下关	在下关餐馆当厨师	妻在本村
	DKH	昆明	与丈夫在昆明做珠宝生意	
第19代	DYG	大理市	在大理开餐馆	
	DXS	花甸坝	非农，教师	妻在本村
	DXY	喜洲镇	喜洲信用社主任	妻在本村
合计			18人	

---

① 这里还有一个情况需要说明：当搬迁以后最近二十年中又在新址重新翻造房屋建造楼房的不在少数，但在这个统计数据中未显示，因为它不属于搬迁至别处。

② 此表为2006年调查所得数据。

段氏家族第二支三代村外搬迁的情况是：在 18 个例证中，其中本镇之内 3 例，占 17%；本镇之外本市之内 4 例，占 22%；本市之外本省之内 8 例，占 44%；省外 2 例，占 11%；未详 1 例。与摩哈苴相比，周城村外搬迁的特点是：第一，镇内、市内、省内、省外的迁出的比例为 17%、22%、44%、11%，呈现"◇"而非"△"（▽）状。第二，散居于村外的周城人以核心家庭在城市居住为特点，他们的第二代往往又搬迁至其他城市工作或生活。第三，一部分在村外工作的男性，其妻往往依然在村内生活，该男子退休以后又回到本村，老死故里，葬入苍山上的家族墓地。

总之，周城家族的裂变分支的搬迁范围依旧在一个大的自然村落内，尽管迁出村外的个人或家庭为数不少，但是村外搬迁已经不具有继嗣群搬迁的性质，不呈差序格局状的由大到小地递减，而是以个人或核心家庭为单位融入现代国家之中，这些核心家庭或个人散落在现代国家的各个地区，呈星点状分布，其范围也广大得多，与地域社会无结构性联系。

第三节 "内卷"与"外扩"

摩哈苴与周城村的田野材料呈现了继嗣群活动的如下几个重要现象：

第一，继嗣群并不是集中居住，即使此一地域环境与自然条件并不限制继嗣群分支的发展，继嗣群也习惯于散布到地域范围内的其他村落。这是一个重要的颇有意味的特征。这就是等于说，继嗣群并不是在一个单独的村落内独立发展，形成强大的可与别的继嗣群竞争的态势，它更愿意与其他继嗣群共同居住，协作发展，进而形成各继嗣群之间具有亲密关系和紧密关系的结构。一个继嗣群在一个村落之内较早地占据了地盘，它为什么能够容忍别的继嗣群迁入？一个可能的解释是：他们将与具有亲属关系的其他继嗣群之间的协作关系看得与继嗣群内部各分支的协作关系同等重要。各个继嗣群在地域村范围内自由地搬迁不仅不被排斥，而是被允许乃至被鼓励，这样就形成了同一个村落有多个继嗣群居住，同一个继嗣群居住在不同的村落的情形。而且摩哈苴的经验显示，在继嗣群的协作关系之中，有一条"助弱"原则。这一原则包括两个内涵：首先，如果两个具有通婚关系的继嗣群同居一个村落之中并且生存空间因为人员增多受到环境挤压时，较强的继嗣群并不将较弱的继嗣群挤兑出该村落，反而用削弱自己的方式来处理这一矛盾，即将自己的某个分支搬迁出去。竹根鲁是一个典型例证。当该家族经过早期四代的分支发展后超越山白草杞家族，并当老虎山的资源受限时，它就将本家族的大支与二支搬迁到条件艰苦的背阴地。其次，当继嗣群分支为兄与弟两个小支时，较强兄支总是帮助较弱的弟支。这是非常普遍的现象。还是以竹根鲁为例：竹根鲁大支二支搬迁至条件艰苦且需要重新拓荒的背阴地，而留下条件较好的老虎山给小支；而在经过四代繁衍之后，竹根鲁大支又将已经辟出的地盘留给较弱的二支发展，自己又搬迁到迤头上村去另谋发展。①

第二，在继嗣群从原先的聚落向外搬迁时，绝大部分只要达到地域村的边界就立即出现"内卷"的趋向。摩哈苴的村内搬迁的比例极高，周城因其是一个开放性的村庄，在外工作的人员较多，但也不存在继嗣群分支搬迁至村外发展的情况，而只是个体或核心家庭揳入周边社会乃至现代国家之中。这说明，地域村的边界是一种"硬壳"，它将继嗣群的组织限定在自身的范围之内，使地域村具有明显的"独立性"特征，进而使其成为一个稳定的结构单位，一个具有生命的有机体组织。

第三，当极少数继嗣群②或个人有着更为强大的动因突破"硬壳"而"外扩"时，搬迁出去的家户或个人已经脱离了原来的继嗣群组织，它与原先的地域村不成为具有空间连续性的安排，失去了紧密的结构性联系。这些搬迁出村的家户或个人，要么是作为独立的家户融入另一个地域社会空间之中，要么成为国家的一个居民户籍单位，个体则作为现代国家的一个公民。至于搬迁至异地若干年以后又

---

① 摩哈苴和周城兄弟分家的房屋分配原则也同样可以说明这一点，总是将原先的现有住房留给最小的弟弟，而哥哥们则搬至别处安家。

② 这里说的"继嗣群"开头只是某些家户。

发展成为新的较大继嗣群组织，这种组织与原先的"母体"的联系是松散的、非有机性的。

第四，继嗣群并不按照行政村的范围"内卷"，而是以地域村为界形成继嗣群之间密集活动的范围。因为行政村是一个"次生性"的对地域社会组织的人为分割，它不具有有机性和原生性。它变动不居，特别在现代国家内更是如此。而地域村则历时久远，相对固定不变。摩哈苴在新中国成立前被称为摩哈苴庄，新中国成立以后一部分被划归"小村"，大部分被组织进"干龙潭村"，但地域关系上却是一个围绕横写的"U"形山布局的不同继嗣群构成的整体。周城作为地域村的位置千百年未变，而行政单位却多次分合。如新中国成立前就分为三保、四保两个行政单位，在人民公社化时代，有时是一个公社，有时是两个公社，现在又成为一个村。地域村和行政村有时是吻合的，有时并不吻合。当地人所认同的是"周城"这一地域村概念，并将其作为稳定的社会生存空间。

最后要说明的一点是，继嗣群虽然对于地域社会的构建具有重要功能，但是这种功能不能被扩大。尤为重要的是：它在大部分时间内无法组织起地域社会内部的全部经济生活，它不是一个经济共同体，即使在传统社会中具有"族产"的家族亦如此。同时它在相当多的场合也不是一个宗教共同体。甚至在亲属关系的范围之内，它也不是一个"种的繁衍"的自足体，因为继嗣群的不断繁衍扩大，需要"联姻"的加入。因此，继嗣群虽然是地域社会内一种重要的社会组织，是构成地域社会的一个重要的因素，但它不能组织起全部的地域社会生活，不能单独构成地域社会。它只是人类诸多实践方式中的一种，这种实践形成的组织只能作为地域社会内的一种组织而存在，作为地域社会构成的一种要素与力量而存在，但它并非唯一的组织形式、要素与力量。林耀华和弗里德曼所说的"在福建和广东两省，家族和村落明显地重叠在一起，以致许多村落只有单个家族"，出现了"继嗣和地方社区的重叠"[①] 的情况，这应该被看作是一种局部的、

[①] ［英］莫里斯·弗里德曼：《中国东南的家族组织》，刘晓春译，上海人民出版社2000年版，第1页。

特殊的情况，并非继嗣群居住的常态，更不能证明地域社会仅由继嗣群构成。即便如普里查德研究的非洲"无国家社会"中的努尔人家族在地域社会构成中举足轻重，那也仅仅是以血缘结合地缘及其他要素的一种构建社会的方式，而非由继嗣群单独构成地域性社会。

第五章　近娶与远嫁：通婚圈的地域交集

在亲属关系领域内，除了继嗣以外，还有联姻问题。本章讨论村庄联姻实践所形成的空间范围、特点及其对地域社会构建的功能性关系。为避免行文重复，摩哈苴重在村内通婚圈的呈现，观察通婚怎样将地域社会内部各个集团联结起来从而使它们之间具有紧密的不可分割的结构性关系；周城重在村外通婚圈的呈现，观察通婚怎样将地域社会与周边社会乃至国家建立起某种关联。两个村庄存在一种"互文见义"的关系，即对其中一个村庄的分析同样适用于另一个村庄。

第一节　摩哈苴的呈现

现在，散居于摩哈苴的各个不同婚姻集团之间相互开亲，本民族志称之为"散点交换"。所谓"散点交换"指在一定的地域范围之内，各婚姻集团之间非定向的、非选择性的婚姻交换形态。它区别于定向的、有选择性的"有限交换"和"一般交换"形态。[①] 只有在通婚形成"散点交换"形态下，那么联姻方能与地域社会构成的话题相关，因为地域范围内有些集团与另一些集团之间如果互不通婚，普

[①] 列维-斯特劳斯在 1949 年出版的《亲属关系的基本结构》一书中，把婚姻中的交换女性区分为两种形态。一为有限交换（Restricted Exchange），指在两个集团之间直接交换女性的形态；一为一般交换（Generalized Exchange），指女性在集团之间只沿着一定方向移动的形态（相当于荷兰结构主义中所说的循环婚）。参见 Levi-Strauss, *The Elementary Structure of Kinship*, Boston, Beacon Press, 1969, pp. 27, 231。

遍性的社会联系就无法建立起来。

摩哈苴村的早期通婚方式是一种"有限交换",这里并不是指表兄弟姐妹通婚,而是指通婚限定在两个集团之间。竹根鲁与山白草杞同时从南华县英武乡五街搬来,住进了老虎山,结成了摩哈苴最早的两个通婚集团,形成一种"有限交换"。后一些迁入的属于"密洒巴"的大白花何与大白花张,其祖籍皆为蒙化人,它们也是实行"有限交换"的两个封闭的通婚集团。

在摩哈苴最初的婚姻集团之间实行"有限交换"时,族群分支认同显然起着重要作用,不同族群之间互不通婚。竹根鲁和山白草杞同属于"罗罗颇",有着高度的族群(分支)认同;而大白花何和大白花张二家族都属于"密洒巴",亦有着高度的族群(分支)认同。何、张二家族搬进摩哈苴后,并没有加入杞、鲁通婚集团,而是在"密洒巴"这个小族群内部进行通婚。然而先于何、张二家族搬进的松树李家族,因为亦属于当地的"罗罗颇",搬入后立即加入了杞、鲁通婚集团。而就通婚范围来看,横写的"U"字形山南的老虎山居住着竹根鲁和山白草杞,"U"字形山北的何家村居住着大白花何、龙树山居住着大白花张,二者互不相关。松树李所居迤头村虽然与何、张居住村庄较近,但也不大来往。这就是说,这时的地域性联系尚未建立起来。而当"密洒巴"用了半个世纪左右学会了当地的彝语方言,沟通了与村内其他彝族的交往,便很快地由族群认同上升为民族(同为彝族)认同,在文化上认同了杞、鲁、李三家族,在此基础上互通婚姻。以大白花何为例,第一代何氏总祖、第二代两位男性、第三代4位男性全部娶张氏为妻。第四代的情况有所变化,5位男性所娶7位妻子中,"大白花张"3人,其余4人从其他集团中娶妻。这说明两个"有限交换"集团的格局在社会变迁中被打破了。从第五代开始出现明显变化,14位男性,除一人痴呆终身未娶外,在其余13人共娶的18位妻子中,2人无调查资料,其余16人中有松树李5人、竹根鲁5人、大白花张4人、葫芦李1人、外地沙姓汉族1人。可见,此时何氏家族已与5个集团通婚,从传统的张姓通婚集团中择妻仅占总数的16.7%,而与其他集团的通婚率却高达83.3%,

第五章　近娶与远嫁：通婚圈的地域交集 | 83

有限交换的格局从根本上被打破了，大白花何家族已经从族群认同上升为普遍性的民族认同。此时，与外村的沙姓汉族通婚只能算作一个特例，还不能作为普遍趋向。

摩哈苴村有马姓汉族杂居，如果马氏家族不加入通婚集团，摩哈苴地域性的散点交换就不能形成。马氏家族与何、张两家族同时迁入摩哈苴，开头数代皆不与彝族通婚。田野调查材料显示，彝、汉之间的民族区别主要表现为文化上的区别：第一，语言不通，无法交流。第二，生产方式不同：马氏家族从事造纸，当地彝族主要从事采集狩猎生产和农业生产。第三，风俗与信仰不同：当地彝族信仰猎神、树神、土主等，并定期举行祭祀；马姓汉族从江西迁入，无此风俗。在随后的相互接触与交流中，彝族向马氏家族学会了造纸技术也办起了纸厂并且在竞争中取得优势，马氏家族也就逐步改事农业。而且在语言上彝、汉两个民族也相互学习，可以进行交流。并且，马姓汉族也逐渐参与社区公共仪式，尊重并接受了当地彝族的大部分风俗。当马姓汉族对彝族文化作出适应性的应对时，当地彝、汉二族就不再互相排斥，由民族认同上升到地域间彝汉两个民族的族际认同。"大白花何"到了第七代，就已经增至 8 个与普撒村、长梁子、大石坊等地的汉族通婚的例证。虽然尚无村内马姓汉族的例证，但足以说明通婚的民族界限被打破了。而从马姓汉族来说，从第五代到第七代也完成了从族内通婚到族际通婚的过渡。

表 5-1　　　　　马氏宗族第五代至第七代通婚情况

代别	姓名	性别	嫁娶类型	配偶族别	祖灵质料
5	MDB	男	早夭		
5	MRB	男	娶二妻	汉族 汉族	大灵牌 大灵牌
5	MSJ	男	娶	彝族	
5	MSY	男	娶	汉族	大灵牌
5	MSN	男	娶	回族	
5	MSC	男	娶	汉族	大灵牌

续表

代别	姓名	性别	嫁娶类型	配偶族别	祖灵质料
5	MGX	男	娶	汉族	大灵牌
5	LGN	女	嫁	汉族	大灵牌
6	MYL	男	娶	汉族	大灵牌
6	MYQ	男	娶	汉族	大灵牌
6	MYZ	男	娶	汉族	大灵牌
6	MYS	男	娶	汉族	大灵牌
6	MKB	男	娶	汉族	大灵牌
6	MXB	男	娶	汉族	大灵牌
6	MYK	男	娶二妻	汉族 汉族	大灵牌 大灵牌
6	MYF	男	娶	汉族	大灵牌
6	MYZ	男	娶	汉族	大灵牌
6	MYU	男	娶	汉族	大灵牌
6	MYQ	男	娶	汉族	大灵牌
6	MRG	女	招郎	汉族	大灵牌
6	MG	女	招郎	汉族	大灵牌
6	MXN	女	嫁	彝根①	
6	MXY	女	嫁	汉族	大灵牌
6	M1G	女	嫁	汉族	大灵牌
6	M2G	女	嫁	汉族	大灵牌
6	M3G	女	嫁	汉族	大灵牌
6	M4G	女	嫁	汉族	大灵牌
6	M5G	女	嫁	汉族	大灵牌
6	M6G	女	嫁	汉族	大灵牌
6	M7G	女	嫁	彝根	
6	M8G	女	嫁	汉族	大灵牌
6	XSD	女	嫁	汉族	大灵牌
6	XZD	女	嫁	汉族	大灵牌
6	XS	女	嫁	汉族	大灵牌

① "彝根"指具有彝族血统的汉族。

续表

代别	姓名	性别	嫁娶类型	配偶族别	祖灵质料
7	MYM	男	娶	彝族	
7	MYC	男	娶二妻	汉族 彝族	大灵牌
7	MXB	男	娶	汉族	大灵牌
7	MRS	男	娶二妻	汉族	大灵牌
7	MYX	男	娶	汉族	大灵牌
7	MTZ	男	娶	汉族	大灵牌
7	MYS	男	娶	彝族	
7	MYS	男	娶二妻	彝根 彝族	
7	MYY	男	娶二妻	汉族 汉族	大灵牌 大灵牌
7	MYZ	男	娶	汉族	大灵牌
7	MYF	男	娶	汉族	大灵牌
7	MYQ	男	娶	汉族	大灵牌
7	XZC	男	娶	汉族	大灵牌
7	MYF	男	娶	汉族	大灵牌
7	MJB	男	娶二妻	汉族 彝族	大灵牌
7	MYN	男	娶	汉族	大灵牌
7	MYX	男	娶	彝根	
7	MYL	男	娶	汉族	大灵牌
7	MYH	男	娶	汉族	大灵牌
7	MYT	男	娶	汉族	大灵牌
7	MXY	女	嫁		
7	MG	女	招郎	汉族	大灵牌
7	XCD	女	嫁		
7	XX	女	嫁		
7	XSM	女	嫁		
7	XXU	女	嫁	汉族	大灵牌

续表

代别	姓名	性别	嫁娶类型	配偶族别	祖灵质料
7	XLZ	女	嫁	汉族	大灵牌
7	XMD	女	嫁	汉族	大灵牌
7	XM	女	嫁	汉族	大灵牌
7	XBD	女	早夭		
7	XMY	女	嫁	汉族	大灵牌
7	XYZ	女	嫁	汉族	大灵牌
7	XLY	女	嫁	汉族	大灵牌
7	XHY	女	嫁	彝根	
7	XRY	女	嫁	彝根	
7	XZD	女	嫁	汉族	大灵牌
7	XMN	女	嫁	汉族	大灵牌
7	MYN	女	嫁	汉族	大灵牌
7	MYY	女	嫁	彝根	
7	MSY	女	嫁	汉族	大灵牌

从表5-1可以看到，马氏家族到了第五代的6位男性中，除一位早夭外，其余5位共娶妻6位，有4位汉族，1位彝族，1位回族。到了第六代11位男子（两位男子上门未计），除1位无法调查外，其余10名男子中无人娶彝女为妻。只是到了第七代才有恢复和发展：23名男子除3名早夭外，20名男子所娶25名妻子中，除1名无族别资料外，24名女子中已有6名彝族女子，占25%。马氏家族第五—七代出嫁的统计数据只有36个，有5人嫁给了"彝根"即具有彝族血统的汉族。从此，马氏家族与彝族的通婚趋于普遍，摩哈苴"散点交换"的通婚形态也真正形成了，围绕"U"字形山的一个完整的通婚地域空间也随之形成。

在族群认同、民族认同与族际交融过程中，地域认同对散点交换起到限定作用，绝大部分婚姻交换内敛于"U"字形山内，使其成为一个独立的整体。摩哈苴人对地域认同主要表现为村内通婚上。据楚雄彝族文化研究所普珍研究员1982年的调查统计数据显示，几个主要家族的通婚地域村内通婚占80%左右。① 村庄内部婚姻交换的高密集度，是与摩哈苴人对地域的认同程度成正比的。

可见，摩哈苴的通婚从"有限交换"到"散点交换"所经历的是一个同一族群之间的通婚到同一民族不同族群之间的通婚，再到不同民族之间的通婚的过程，这一历时性建构的结果便形成地域社会的共时性结构的散点通婚形态。此时，地域内的各通婚集团从理论上说，与任何其他集团之间都已经形成了通婚关系。而地域认同则对通婚范围起到限定作用，于此，地域内的联姻关系不仅构建了社会结构关系，而且也限定了这种结构关系的空间范围。

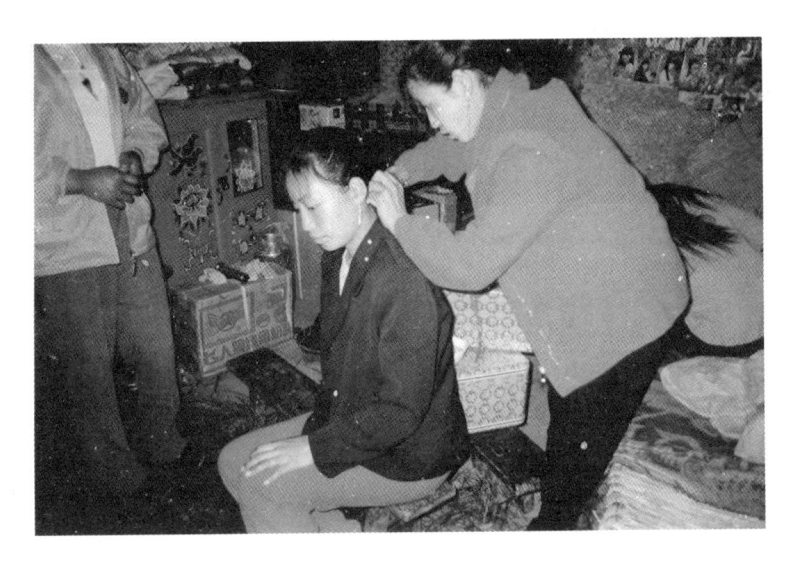

图 5-1 摩哈苴的新娘（朱炳祥摄）

第二节 周城的呈现

对于周城通婚圈的地域空间安排的呈现，我们按通婚地域距离本

---

① 这里省略了具体的数据，这些数据是根据楚雄彝族文化研究所普珍研究员做的具体细致的工作，即将各家族的从世祖到当时（1982年）通婚情况逐个名单列出，制作了《各家族通婚圈名录》。这本来可引用作为实证，但是我根据田野经验，考虑到在当地人关于通婚的长时间的历史记忆往往遗漏极多，与现实情况差距较大，故而将这些统计数据删除了。不过，有一点可以肯定，遗漏部分与记忆部分关于村内与村外通婚的比例是大致相同的。

村的远近划分为五个层级：（1）村内通婚；（2）镇内通婚；（3）市内通婚；（4）省内通婚；（5）外省通婚。

图 5-2　周城的新娘（朱炳祥摄）

一　村内通婚

周城共有 16 个村民小组，人口近万人，我无法对全村的每一个家族的通婚圈进行逐个了解，但我在田野工作中收集了第 6、7、8 三个村民小组的通婚圈的详细数据，[①] 它们可以代表周城的一般情况。这三个村民小组共有 1253 个通婚数据，[②] 其中有 32 个数据无法调查清楚通婚地域，故实际有效数据为 1221 个，其中村内通婚情况如下表所示：

[①] 此三个村民小组的材料由我与我的研究生何菊、李娟、李滔 2007 年寒假共同调查。

[②] 我的统计数据根据 1997 年常住户口表上的姓名，并将嫁出的姐妹和丧偶的补入后得出的数据。这是一份"结构面"的统计数据，下一节则显示摩哈苴"历史面"的统计数据。

表 5-2　　　　　　　　周城村内通婚情况

村民小组	全部通婚数据	其中村内通婚数据			
		娶妻数	嫁女数	招赘数	合计
6	371	138	114	22	274
7	433	200	129	26	355
8	449	198	123	28	349
合计	1253①	536	366	76	978

在三个村民小组 1221 个有效统计数据中，其中村内通婚 978 例，占总数的 80.1%；非村内通婚 243 例，占总数的 19.9%。村内通婚的高比例说明这种类型的决定性意义。非村内通婚的 243 个例证中，喜洲 89 个，大理市 47 个，省内 82 个，外省 25 个。下面依次进行呈现。

二　喜洲镇内通婚

表 5-3　　　　　　　　喜洲镇内通婚情况

地区	通婚地域	娶妻数	嫁女数	招赘数	合计
邻村	桃源（北）	20	3	3	26
	仁里邑（南）	9	7	1	17
次邻村	上关（北）	10	1	4	15
	永兴（南）	5	5	1	11
镇所在地	喜洲	6	2	3	11
远村	文阁	3	1		4
	庆洞	2	1		3
	花甸坝	2			2
	合计	57	20	12	89

我们将 6、7、8 三个村民小组的非村内但属镇内通婚范围按地域

---

① 此数据包含无法调查地域的 32 个例证。

远近又分为四个小层级：第一层级是邻村；第二层级是次邻村；第三层级为远村；第四层级为周城所属喜洲镇政府机关所在地。周城因西边背靠苍山，东边面临洱海，村庄被夹于山海之内，故相邻村只有南北两个方向。北边相邻村为桃源村，南边相邻村为仁里邑。周城与这两个邻村的通婚总数为 43 人，占镇内通婚总数的 48%。周城与次邻村上关（北）和永兴（南）的通婚数据为 26 人，占镇内通婚总数的 29%。喜洲镇政府所在地，自古以来都是商业及交通发达之地，周城与之通婚数为 11 人，占镇内通婚总数的 12%。庆洞、文阁与花甸坝距离周城较之喜洲镇远，周城与这三个村的通婚数为 9 人，占镇内通婚总数的 10%。这个趋向直观地表明周城的通婚圈呈差序格局由内向外漾开并逐步递减。如果按照某一固定方向距离周城远近的通婚数据来看，这种差序格局亦异常明显。由于周城与上关村皆处喜洲镇的北端，故我们在此处只计算周城南边的村庄。按距离远近顺序为：仁里邑、永兴、喜洲、文阁、庆洞，[①] 其通婚数据依次为：17、11、11、4、3，占镇内通婚总数依次为：19%、12%、12%、4%、3%。

三 大理市[②]内通婚

表 5-4　　　　　　　　　　大理市内通婚情况

地区	通婚地域	娶妻数	嫁女数	招赘数	合计
市政府所在地	大理市区	11	15	5	31
其他地区	湾桥镇	6	2	3	11
	海东乡	3			3
	双廊乡	1			1
	炼铁乡			1	1
合计		21	17	9	47

[①] 花甸坝未列入，因其较为特殊，它是周城村民段继模 50 年代带领周城人到苍山深处 4000 多米的高山开辟，地处周城村西边。

[②] 大理市为县级市。

三个村民小组在大理市范围内（不包括喜洲镇）的通婚例证共47例。表中的海东乡、双廊乡和炼铁乡都是洱海东边的乡，周城居洱海西、苍山脚，所以去海东的活动较少。湾桥镇是喜洲南边的一个镇，有11个通婚例证。如果按乡镇计，也符合距离越远通婚数量越少的差序格局原则：湾桥最近，海东次之，双廊与炼铁乡最远，分别为：11例、3例、1例、1例。大理市为政府所在地，通婚则较为集中，有31例，占总数的66%。这是由于它是经济、政治和文化的中心地，已经不再服从差序格局的规则了。

四　省内通婚

表5-5　　　　　　　　云南省内通婚情况

地区	通婚地域	娶妻数	嫁女数	招赘数	合计
邻县	洱源县①	18	4	10	32
	宾川县				
	祥云县				
	弥渡县				
	巍山县				
	漾濞县			1（彝）	1
省城与邻县之间的广大中间地域	鹤庆	10	1		11
	剑川	3		4	7
	西双版纳	3	1		4
	永胜			1	1
	临沧	2			2
	云龙	1			1
	楚雄	3			3
	凤仪		1		1
	保山	1（傣）		1	2
	盐津			1	1

① 洱源县的通婚数据共有32个例证，数量较大，这是因为周城处大理市北端，北接洱源县。

续表

地区	通婚地域	娶妻数	嫁女数	招赘数	合计
省城与邻县之间的广大中间地域	云县	1			1
	玉龙	1			1
	江度	1			1
	巍山	1			1
	个旧	1			1
	丽江	1			1
	昌宁	1			1
	凤庆		1		1
	文山		1		1
	维西	2			2
省城	昆明	3	2		5
合计		53	11	18	82

通过比较以上诸表的数据，可以显示通婚圈的某些规律性。周城以东（跨过洱海）通婚的仅5例（海东乡3例、双廊乡1例、炼铁乡1例）；周城以西（越过苍山）仅3例（花甸坝2例、漾濞1例）；周城以南共88例（仁里17例、永兴11例、文阁4例、庆洞3例、喜洲11例、湾桥11例、大理31例）；周城以北共73例（桃源26例、上关15例、洱源县32例）。这些数据给予我们如下几种思考：

第一，通婚圈地域与行政区划之间的关系不密切。周城是大理市109个村中的最北端的村庄之一，距离洱源县界只隔了桃源和上关两个行政村。南北两边的通婚数据为88∶73，基本上是均衡的。这说明通婚圈受距离本村远近的地域影响较大而受行政区划的影响较小。这与家族裂变分支的地域性搬迁的范围分析所得出的结论是一致的。

第二，地理条件对通婚圈影响较大。与大理市相邻的县有6个：洱源、宾川、祥云、漾濞、巍山、弥渡。周城通婚圈受到西有苍山、东有洱海的夹击，于是只能向南北两个方向延伸。洱源因无山水拦截，通婚数据较多，其余5县总共只有漾濞县1个通婚例证。

第三，经济发展对通婚圈的影响较弱，不足以超越地域性的制约。周城南边总体要比北边富裕得多，著名的大理市和喜洲镇都在南边，北边的洱源则是大理州的一个贫困县。然而，通婚圈南北两个方面的延伸却基本上是均衡的，南边的通婚总数为81（仁里邑17，永兴11，喜洲11，湾桥11，大理市区31）；北边为73（桃园26，上关15，洱源32）。

五　外省通婚

表5-6　　　　　　　　云南省外通婚情况

影响因素	通婚地域	嫁娶类别	数据	年代	备注
打工认识	四川	招赘	1	90年代	
	四川	嫁	1	70年代	
	贵州	招赘	1	90年代	
	江西	娶	1	00年代	
	黑龙江	娶	1	00年代	
	山东	嫁	1	80年代	
	外地	娶	1	90年代	
	外地	娶	1	90年代	离婚
	外地	娶	1	90年代	离婚
	浙江	招赘	1	90年代	
	外地	招赘	1	00年代	
在贵州工作	贵州	娶	1	70年代	非农
在下关工作	外地	娶	1	90年代	非农
在下关工作	外地	娶	1	90年代	非农
在大理工作	外地	招赘	1	90年代	非农
在大理工作	外地	娶	1	80年代	非农
在昆明工作	外地	娶	1	90年代	非农
在外地工作	外地	娶	1	00年代	非农
在外地工作	外地	娶	1	60年代	非农
在外地工作	外地	嫁	1	70年代	非农

续表

影响因素	通婚地域	嫁娶类别	数据	年代	备注
熟人介绍	宁波	嫁	1	00 年代	
熟人介绍	山东	嫁	1	80 年代	
被带出	山东	嫁	1	80 年代	
婚后再嫁	宁波	嫁	1	90 年代	先嫁永兴后嫁宁波
网恋	浙江	娶	1	2006 年	
合　计				25 人	

三个村民小组外省通婚共有 25 人，其中仅有 4 人属于传统意义上的正常嫁娶，其余的例证有三种情况：一是打工认识。随着改革大潮之中打工族的兴起，村庄的男人出外打工、包工以及外省人到周城来打工，都可以因相识生情而导致婚姻，在三个小村中有 11 例属于这种情况。二是非农人口在外娶妻或外嫁。三个小组中在国家机构内的工作人员并在外成家的有 9 名。三是网恋。随着现代生活的开放性，网恋这一类现象也已经发生，有 1 个例证。这几种情况都表明现代国家的发展及全球化对周城通婚状况的深刻影响。但就目前的情况而言，周城的外省通婚还是凤毛麟角，稀疏地、点状地散落在各处，它是一种个人的、偶然的、非固定的通婚现象。

总之，虽然周城的通婚圈主要在村内，村内通婚较之非村内通婚不仅具有数量上的绝对优势，而且也具有性质上的区别；但是村外通婚也建立起了周城与其他地区的联系。这种联系由村庄延伸到"本镇""本市""本省""国家（外省）"。① 由于苍山洱海相夹，周城通婚范围呈现出了一种逐次递减的"△"（向北方）和"▽"（向南方）尖角形态势，较近距离的较为密集②，较远距离的较为稀疏，更远的距离则呈散布状态，遥远的距离只是星星点点而已。

---

① 从理论上说，周城由于其开放性，亦具有跨国婚姻的可能。如果是这样，这个通婚范围可以延伸至"全球"。

② 这里所说的"密集"只是就村外通婚的各个地域层级的比较而言，它不能与村内通婚那种密集度相比较。

第三节 "里圈"与"外圈"

两个村庄的田野观察的直接数据都显示村内通婚较之非村内通婚占绝对优势。当地文化习俗亦可说明村内通婚的主导地位。喜洲地区一直存在着"好女不出村"的传统。2004年8月8日周城村民段绍升（时年66岁）讲述道：

> 过去说："好女不出村"，首先嫁给本村的人。周城婚姻范围90%在本村，10%才是七到八处了。我的妹妹虽在外面工作，但嫁给本村。我哥哥开始找的也是本村人，父母包办，他在外面读书，不适应了，后来把婚退了。他现在找的这个，虽然是同行，但基本上接近本乡本土，她也是喜洲人。我的五个儿子，没有一个娶外村的，都是周城人。

2004年8月13日上午喜洲镇村民张天伦（时年81岁）讲述"小喜洲"[①]这样的商业发达的地方，同样十分注重村内通婚：

> 好女不出村，婚姻大多是隔壁几个村子（小村），外面很少。除了个别做生意讨回来的有，个别跑运输讨回来的有，其余绝大部分都在本村。讨回来的、嫁出去的就是底下几个村子，其他没得。很多人不喜欢外出，不喜欢讨外地的人。
>
> 翔龙村的婚姻并不一定在本村（小村），但都是在小喜洲（大村）这个范围内。本村人符合条件的人少。小喜洲有16个村子（小村）：翔龙村（上洪坪）、中和邑、寺上村、寺下村、坡头村、市上街、市下街、染衣巷、彩云街、寺户街、沙村、城北、城东、富春里、官中，加上喜洲镇。过去婚姻就在这范围之内。

[①] "小喜洲"指喜洲镇政府所在地的"喜洲"村民委员会，辖16个镇区或镇郊的小村。

过去90%在16个村之内,也有在16个村范围之外。他在学校读书,在学校谈恋爱,加上工作在外面,就在外面找了。比如我的外祖母是湾桥人,怎么嫁到喜洲的呢?因为我外祖父的父亲与外祖母的父亲都是同科秀才,都是做官,这样才攀亲。除了这些读书、工作在外面的,从16个村之外娶的不会多,大约1%—2%,可能比1%—2%多一点,但不会很多。

虽然"好女不出村"的说法对男性娶妻未作限制,但因为各村女子不外嫁,实际上也就限定了男性娶妻的村内范围。

我们将村内通婚称为通婚圈的"里圈",非村内通婚称为"外圈"。"里圈"呈现出各通婚集团频繁活动的密集的网络结构形式,是最重要的通婚地域;"外圈"则显示出递减式"差序格局"。里圈是稳固的、持久的、不变的通婚圈,外圈则是不稳固的、松散的、可变的。"里圈"与"外圈"性质不同,"里圈"具有地域社会结构功能,"外圈"则无此功能。

关于通婚与地域社会结构之关系,还有一个值得注意但总是被忽略的现象就是"招郎"[①]。这种"招郎"婚出现的背景是:当某些家庭缺乏男性继嗣的时候,便运用这种调节性的措施,即在父系社会中由女性完成继嗣任务,并接受另一群体的上门男子来繁衍后代。本民族志将此称作"女性的继嗣与男性的交换"。"男性的交换"不被理论家们重视,可能是他们认为这在父系社会中并非普遍现象,仅是女性交换在特殊情况下的补充而已。然而,在本民族志中,我们将男性的交换与女性的交换放到同一个位置上,将其看作平行的、具有同等意义的文化现象。它是普遍存在的,不容忽视的。它并非一种补充,而是缺此不可。人类学家(特别是莫斯和列维-斯特劳斯)说及"女性的交换"时,是将"女人"作为"物"来看待的,显然是"白种欧洲男性"性别歧视的偏见。在性别平等、女性解放的意义上,我们需要另外一种目光。"男性的交换"这一概念具有解构意义。"男

---

① 从女性视角看为"招郎",从男性视角看则为"上门"。

性的交换"之所以不被重视，除了人类学所形成的欧洲话语传统外，还因为它具有双重的隐秘性：第一，"女性的交换"在最初的"有限交换"的交表婚中，A集团出具一名女性给B集团，B集团在第二代即回报给A集团一名女子。"男性的交换"的性质与此相同，只不过接受男子的B集团并非在第二代立即回报，而是要等到将来A集团需要男子的时候才回报。这种历时性的延宕造成了男性交换中"回报的隐秘性"，不易被人发觉和重视。第二，从共时性的维度上说，非定向的、非对称的"散点交换"并非仅仅发生在两个集团之间，而是发生在某地域范围内各个集团之间，故而其"交换"性质不易被发觉，这造成了"交换的隐秘性"。由于任何一个婚姻集团都无法在生物学上保证自己的家族中的每一个家庭永远都有男孩出生，所以从根本上说，只要外婚制存在，那么，同"男性的继嗣"与"女性的交换"一样，"女性的继嗣"与"男性的交换"便是永远存在的。两种性别的社会交换虽然在数量上有多寡之分，但在性质与功能上则是完全相同的。在一定的社区内，通过这种双重交换而不是单一的交换，可以使各通婚集团在性别出生比例失衡的情况下，保持地域性社区内诸集团的均衡发展，同时也进一步加固了地域社会内各婚姻集团之间的联盟。因此，两种继嗣方式和两种交换方式具有同等重要的地位和意义。

在摩哈苴和周城，"男性的交换"有"三代还宗"和"改换姓氏"的规则。所谓"三代还宗"是指上门男子在妻族繁衍三代后，其子孙的一部分即可以回到自己原先的家族，即所谓"长子立嗣，次子归宗"。但这条规则有着很大的变通余地：在"还宗"的时间问题上，有的是第三代还宗，有的是过了三代的第四代还宗，有的甚至第二代就还宗，有的干脆不还宗；在"还宗"的人员问题上，有的是一部分还宗，有的则是全部还宗。如此等等。这些全凭当事人的约定。所谓"改换姓氏"是指上门的男子必须改姓妻族的姓氏。"三代还宗"习俗造成了各家族之间边界的暂时性模糊。在"女性的交换"中，出嫁女子永远不变归属于她丈夫的家族，她的子女也永远属于这一家族，各家族之间的边界是清晰的。然而在"男性的交换"中，上门男子的后代一分为二，一部分留在妻族；另一部分回归原来的家族。对于上门男子的子孙，就存在着当地人称之为"两边认本家"①的现象，这就造成了局部性的家族边界的模糊。他在妻族繁衍的子孙以及他在原先家族的子孙之间因为同一家族而不能相互开亲。

但是，在摩哈苴与周城，对于改换姓氏也有变通规则。在周城，男子可以"上门不改姓"，而在摩哈苴则存在着"改灵不改姓"的复杂习俗。所谓"改灵不改姓"，是指上门男子只将灵牌改为他妻族的灵牌，而不改变他原先家族的姓氏。摩哈苴各家族的"灵牌"既是作为家族图腾祖先的象征，也作为一个人家族身份的标志。正常的规则是：一个女子出嫁以后，她就背她的夫族的灵牌，她已经属于她丈夫家族的一名成员；一个娶妻生子的男子则终身不更换他的灵牌。而上门就亲的男子，则背他的妻族的灵牌，同时改为妻族的姓，他们的子女背母族的灵牌而不背父族的灵牌。而"改灵不改姓"的习俗，则从上门就亲的这位男子起，就已经"两边认本家"。它在"名"与"实"两个方面都造成了家族之间的界限模糊。首先，就"名"而言，"改灵不改姓"造成了同一灵牌同一姓氏却是两个不同的家族。如竹根鲁家族的一位男子上门麦地平掌的松树李家族就亲未改姓但又需背松树灵牌，故被称为"松树鲁"，在我2002年调查时已发展到4户，而这4户"松树鲁"与原先居逦头上村的"松树鲁"名称相同，却不是同一个家族。其次，就"实"而言，"改灵不改姓"破坏了家族的同一性。不同的家族本来是用图腾祖灵加姓氏来确定，而两边认本家，则形成了亦此亦彼的新家族。"大白花鲁""葫芦鲁""松树鲁"就是这种亦此亦彼的群体。于是，它们就成了三个颠覆性群体，颠覆了夫族与妻族的边界。表面看来，这种家族集团之间的边界模糊是暂时现象，因为三代以后，他们的子孙又回到原来的家族中去了；但他们的族别性质因为"两边认本家"而与原本自己所属的家族有所不同。这种颠覆性所带来的一个积极的后果是，促使各家族之间的融合度增强。因此，"男性的交换"对于地域社会空间的建构不仅具

---

① "本家"即家族。

有"女性的交换"所具有的使两个婚姻集团相互结盟的意义，而且因为"三代还宗"与"改灵不改姓"习俗的对于家族边界的局部颠覆功能，还具有进一步强化婚姻集团内部的联结的特殊功能。

与"里圈"的功能相反，"外圈"因其是不稳固的、松散的、可变的，它的维系力度远不够强大，也不够严密，更不具有整体性和弥漫性，故而对地域社会不具有构建功能。然而，如继嗣群的"外扩"的功能一样，我们注意"外圈"的重要性，是因为它建立起了本地域与相邻地域之间的关系，并进一步延伸到更大的区域范围之内乃至整个民族国家甚至全球性范围。

第六章　索取与生产：物质生产的地域边界

物质生产活动（第一种生产）因为关乎人的生存问题，所以是人类最基础、最重要的生产实践活动之一，也是地域社会内部活动频率最高的活动。人类的物质生产活动包括生产、分配、交换、消费四个部分，其中，分配活动与消费活动附属于生产与交换活动。因此，对于"第一种生产"领域我们只讨论生产和交换两种活动。本章讨论生产活动。

就"生产"活动类型而言，可细分为采集、狩猎、畜业、牧业、农业、手工业、工业以及现代社会发展起来的"第三产业"（服务业）[1]共八种类型。在本民族志的两个村庄中，摩哈苴采集、狩猎、畜业、牧业与农业、手工业生产方式并存，以农业为主导；周城采集、狩猎、农业、畜业、牧业、手工业、工业、服务业并存，1980年以前以农业为主导，1980年以后以工业为主导，近年来以服务业为主导。

第一节　摩哈苴的物质生产活动

依据国家统计局《农村基层统计综合报表》（1994年254号文件）1994年摩哈苴村上报的材料，[2] 摩哈苴11个自然村与物质生活

---

[1]　"服务业"（第三产业）并不直接生产物质产品，是一种间接的生产活动。
[2]　此材料为1995年我在摩哈苴进行田野工作时收集，其中干龙潭村公所文书李忠德提供了干龙潭村公所所属的9个小村的资料，小村村公所文书彭开正提供了老虎山和背阴地两个小村的资料。我原表抄录。原表中"其中"诸项并未列入全部内容。

第六章 索取与生产：物质生产的地域边界

资料生产相关的数据如下：

表号：A301表 农村基本情况及农业生产条件：乡村户数：229。乡村人口：1149。乡村年末实有劳动力：654人，其中：工业劳动力0，建筑生产劳动力0，交通邮电运输1（在兔街乡邮电所工作），批发零售贸易业0，饮食业劳动力0，金融、保险业劳动力0，其他非农行业劳动力6（村长1，文书1，乡村医生1，代课教师和民办教师2，在外村当书记1）。耕地面积：1050亩（水田面积72亩，旱地面积978亩）。

表号：A302表 农业主要产品情况：全年农作物总播种面积：2409亩。（一）粮食作物总面积：2313亩。①夏收粮食合计面积：1092亩，其中：小麦852亩，蚕豆145亩，杂粮95亩。②秋收粮食合计面积：2122亩，其中：稻谷69亩，苞谷1046亩，薯类35亩，杂粮61亩。（二）经济作物合计面积：48亩。（三）其他农作物面积：48亩。

表号：A302表附表 采集野生植物及农民家庭兼营商品性工业统计调查表：（一）采集野生菌类（鸡枞）200公斤。（二）采集副食用野生植物（梅子）500公斤。（三）采砍烧柴318500公斤。农民家庭兼营商品性工业：（一）稻草席：55床。（二）竹制农具：85件。（三）棕衣：176件。

表号：A303表 蚕茧、茶叶和水果生产情况：（一）茶叶：243亩，总产4700公斤。其中实际出售商品产量2125公斤。（二）水果总产量：17130公斤，其中出售1500公斤。①梨：8700公斤，②桃子：8200公斤。

表号：A304表 林业生产情况：（一）主要林产品产量（包括自用部分）：①棕片：1480公斤，其中商品量980公斤；②核桃：年末实有面积570亩，当年实际结果面积203亩。实收总产量14100公斤，其中商品产量12780公斤；③花椒：年内全部实有面积18亩，当年实际结椒面积1.5亩，实收60公斤。（二）农民采伐竹木：①当年木材总采伐量：239立方米，其中商品无；

②全年竹材总采伐量：975根（大龙竹），其中商品无。

表号：A305表　畜牧业主要产品生产情况：（一）大牲畜总头数（包括牛与驴）：①当年出栏数7头，其中出售数7头；②期末实有存栏数366头。（二）猪：①当年出栏头数464头；②期末实有存栏头数1470头。（三）羊：①当年出栏数48只，其中出售0只；②期末实有存栏只数1418。（四）家禽出栏只数：当年鸡鸭出栏总数1432。（五）养兔：期末实有存栏只数100。（六）养蜜蜂：期末养蜜蜂群数（箱、窝）163。

1994年楚雄州农村经济情况统计年报（汇总表）

一、总收入：495270元

其中乡办企业收入：0，村办企业收入：0，全为农民家庭经营收入。

其中出售产品收入合计：102152元。出售种植业产品收入：14224元，出售林产品收入：57400元，出售畜产品收入：28415元，出售渔业产品收入：80元，出售手工业产品收入：500元，出售其他产品收入：1533元。

二、总收入按收入来源分：种植业收入232145元，采集野生植物收入3000元，林业收入76428元，牧业收入168175元，渔业收入80元，手工业收入1500元，建筑业收入3800元，交通运输收入0元，商业饮食业收入1500元，服务业收入0元，其他收入8650元。

以上数据显示摩哈苴物质生产方式主要有如下类型：

第一，种植业。包括农业、茶业和水果种植，这是摩哈苴人最主要的生产方式，其收入为232145元/年，占全村年总收入495270元的47%。而种植业产品多用于农民自食，出售种植业产品收入14224元，仅占种植业收入的6%。

第二，牧业。对于牲口而言，畜为圈养，牧为放养。摩哈苴的主要牲口猪、牛、羊全为放养，故统计表中"总收入"只列出牧业。此项收入为168175元，占全村总收入的34%。这些产品出售28415

元，占总数不到20%。也就是说大部分为自用。牛、驴等大牲畜出售了7头，没有自食的。猪也仅出售了122头，而自宰数高达308头，是出售数的近3倍。鸡用于自食更多。

第三，林业。林业收入76428元，占总收入的15.4%。

第四，采集。从统计表上看，采集野生植物收入为3000元，数量不多，占0.6%。但这个数字不包括农民采集到的用于自食的野菌野果之类。

这里，我提供一份摩哈苴老虎山村民QZX在2002年2月8日向我讲述的家庭生计的口述材料，以观这个贫困村庄一般的家庭生产活动及所涉物类：

（一）基本情况

1. 家庭人口：5人。QZX，40岁，属虎，小学三年级。妻：LWZ，39岁，属兔，读早班3个月，生二女一子。大女儿17岁，属鼠，楚雄卫校读书。二女儿15岁，属虎，小学六年级毕业，已与小村人订婚。儿子13岁，属蛇，小学六年级在校。

2. 牲畜饲养：水牛（力牛）一条，黄牛一条，猪4头，羊16只，鸡50只。

3. 经济林木：核桃3棵，收入60元。茶叶300棵，收入100元，留吃5斤，卖出一公斤6元。棕树10多棵，剥30多斤棕，4角一斤，卖20斤，留10斤。凤尾竹一棚，自编大小篮、背笼，编小篮10个，自用。苹果一棵自食。梨3棵自食。桃子6棵自食。

4. 田地农产：田5分，种苞谷150斤，小麦150斤。地2亩3分，大春800斤，小春500斤。自留地种苞谷50斤，种小麦35斤，洋芋1分100斤。菜地有葱、蒜、芹菜、白菜、青菜、萝卜、洋花菜等。山荒地5—6亩，这几年政策不许种了，1999年开始不许种山荒荞，2001年6月改种树。

（二）收入项目：肥猪卖两头500斤，收入1000元。牛卖一头，收入800元。羊平均每年卖10只，一只100元，共收入

1000元。养3年才能卖。鸡200市斤，收入1200元，一斤6元。每只鸡3斤以上才出售。鸡蛋卖1000个，1角4分一个，收入400元。木工收入一年600元。香菌2公斤自食。

（三）支出项目：①生活费用：米，一年1000斤，800元。衣，一年每人150元，5口人，开支750元。酒，自己烤吃，全年一次烤20斤，共100斤，自吃不卖。烟，一年30条，一条5元，开支150元，金沙江牌。盐，200斤，开支100元。糖，30斤。姜，50斤，一斤3角。调料开支50元（酱油、味精）。生活用品，电费120度，每度9角至1元。彩色电视2001年买了一个21寸的，1000元，长虹牌，在寅街买的。锅盖天线600元。电池一年20对。医药费开支2000元（因用火药喂鸡而自伤，但用火药拌料喂鸡后整个老虎山的鸡都瘟了，只有他家的未瘟）。学费，读中专半学期3800元，读三年24000元，护理专业。香纸开支6元。②生产费用：复合肥4袋200元。尿素3袋210元。普钙4包，120元。农药，敌敌畏1公斤，健壮素一年5支，2元一支。锄一把。斧子一把。镰刀两把。砍刀。雨帽一年3顶，共3元。

（四）借款情况：2001年借3000元，供孩子读书。2002年1月贷款1500元，兔街信用社贷，供孩子读书。向私人借钱1000元。

以上只是一证，我在1995—2004年共六次在摩哈苴的田野调查的资料显示，农户家庭经济生活中有数百种物品，它们包括了如下七类生产活动：

第一类是种植业生产活动产品，包括苞谷、洋芋、小麦、豌豆、黄豆、金豆、蚕豆、荞、水稻、葱、蒜、芹菜、白菜、青菜、萝卜、洋花菜、瓜、黄豆、四季豆、麻、辣子、姜、泡核桃、梨、苹果、茶、棕树、凤尾竹、大龙竹、桃树、蟠桃，等等。

第二类为牧业活动产品，包括猪、羊、黄牛、水牛、驴，等等。

第三类为畜业活动产品，包括鸡、鸭、鹅、狗，等等。

第四类为手工业活动产品，包括各种竹木器、草席、蓑衣、编篮、背笼、锄头、斧子、镰刀、犁头、砍刀，等等。

第五类为采集活动物品，包括野生铁核桃、木耳、香菌、龙胆（药材）、各种野果、野草，等等。

第六类为狩猎活动物品，包括野猪、豹、熊、麂子、马鹿、各种鸟类，等等。

第七类为林业产品，包括各种木材。

摩哈苴的七类物质生产活动所涉及的地域空间是不同的。

采集具有游走性质，并不限定于地域村界范围之内。以人类学研究中的采集社会来参照，它的社会组织具有流动的特点，其活动没有固定的范围，并且依据季节的不同而变换着居住地点。[1] 摩哈苴的采集狩猎生产方式同样是越出了地域村边界的。任何人都可以到任何山岭去采集野果野菌。因为这些山果并不是人工种植，而是自然生长的。割野草也没有地域限制。

狩猎在摩哈苴传统社会中是一种重要的生产活动，由于猎物是游走的，所以狩猎活动没有村庄边界的概念，野兽不属于某村庄固有资源。而且在大型的狩猎活动中，超越村庄界限的诸村共同参与被认为是必须的。特别是捕猎虎豹熊等猛兽或成群的猎物（如马鹿或麂子）的"追山"活动，就需要各个村庄的狩猎高手们密切协作。当某个村民发现大型野兽或大群猎物时，就吹起号角，于是附近村庄的男子就背上猎枪赶往所在地集结，其他男性村民也跟来。"追山"活动大体分为"围、追、堵、截"四个部分。"围"是对某一野兽所在的森林进行包围，人员要多，声势要大。"追"是数名猎手从边缘开始为着驱赶野兽到某一设置好的出口进行虚张声势地追击。"堵"是指一部分猎手在周边一些野兽可能逃脱的缺口进行拦堵，一般情况并不射击。"截"则是在某一最重要的缺口处埋伏

---

[1] 参阅［法］列维-斯特劳斯《忧郁的热带》第八部，王志明译，生活·读书·新知三联书店2000年版；［法］马歇尔·莫斯《论爱斯基摩社会的季节性变化：社会形态学研究》，载莫斯《社会学与人类学》，佘碧平译，上海译文出版社2003年版；［美］马歇尔·萨林斯《石器时代经济学》，张经纬等译，生活·读书·新知三联书店2009年版等。

数名技术高超的猎手，当野兽被围堵追击行进到这个缺口时，猎手便数枪齐发，击中猎物，将其截获。然后，狩猎队伍兴奋地抬着猎物到某一固定地点进行分配，见者有份。① 迤头上村猎人鲁学森讲到"追山"时说：

图 6-1 猎神（朱炳祥摄）

那个时候，条件也好，到农闲时间，约好村子爱好打猎的，哪个在哪个口子，有个部署。老熊什么地方，麂子什么地方，有个规律。枪要打响，子弹装够。要吃肉。妇女不去。有枪就带枪，不有（没有）枪，有杆子，有棒棒。追山有50—60人，妇女不去。有波罗的，景东的。② 但有个规定，不管多少，大家分。打一枪的就分多一点。（野兽）吃着粮食就认得了，吹牛角，就自动自发地去了，不需要约。计划好，进去一部分，堵一部分，看一部分，有几部分人呢。打嘛打得多呢，就是分得吃，皮子换枪药，卖掉买那个枪药。骨头敷敷当药。骨头可以熬胶。反正就是吃了，生活嘛。

---

① 1998年国家对当地枪支进行了收缴，同时由于对野生动物的保护政策，使狩猎不再成为经常性的活动，但猎取小型动物始终存在于摩哈苴的生产活动之中。

② 波罗为外村，景东为外县，因摩哈苴村处于南华县与景东县的交界处，故"追山"邀请景东县的男子参与。

第六章　索取与生产：物质生产的地域边界 | 107

图6-2　猎匠张寿昌（朱炳祥摄）

除了集体活动，他还说到个体狩猎活动，这种活动也是哪里有野兽就追随到哪里，没有村的边界概念。

> 过去国家不干涉，打猎的品种就多了，老熊、野猪、马鹿、豪猪、麂子，多了。老虎没有见着，豹子有呢。1965年。（我）20多岁，豹子也认不得，就望见了。有两个呢。那什么东西嘛？放了一枪，没放着，跑掉了。第二个又上来了，打了一枪打着了。拖不动。我回去叫人，来了两个人，拖回去，才发现是豹子。
>
> 打老熊两次。（一次是）中秋节这一天，它在树上搞树角角吃。我吃着纸烟，它就闻着火烟头，就叫起来。我就望见老熊，就打了一枪，它就追上来，像狗一样汪汪叫着追上来。（我）看情况不对，药装不起来，我就跑。它追上来。我跑出去了，躲进树丛里装药，对头打一枪。打中了，就叫人抬回来，抬回来剥剥大家分吃。那时不卖，做药，一家要一点。那时粮食少。
>
> （我）打了一只豹子，一只熊，两只野猪。一二十只麂子，马鹿一条，"文化大革命"我在马街农具厂回来路上打到的。打

了五十个生命，后悔了。鸟有四五百。唯心的也想想，唯物的也想想。打猎打了二十多年。唯心的说法是打多了，唯物的说法是不注意，吃大意的亏。①

农业生产活动具有严格的边界限定。农业生产实践的根本性特点是附着于土地，即"直接向土里去讨生活"。因为土地的固定性，故而"以农为生的人，世代定居是常态，迁移是变态"②。这就划分出各个村庄的土地范围，他们各自种植与守护着自己的土地。由于土地可以"春种一粒粟，秋收万颗籽"，且种植物不会游走，种植对象易被控制，故而形成了一家一户的生产单位。但农民又需要协作，故而聚村而居。费孝通先生说："中国农民聚村而居的原因大致说来有下列几点：一、每家所耕的面积小，所谓小农经营，所以聚在一起住，住宅和农场不会距离得过分远。二、需要水利的地方，他们有合作的需要，在一起住，合作起来比较方便。三、为了安全，人多了容易保卫。四、土地平等继承的原则下，兄弟分别继承祖上的遗业，使人口在一地方一代一代地积起来，成为相当大的村落。"③只要在一定程度上满足了自给自足的生活，农民就会祖祖辈辈在这块土地上生活。生产资料（土地）固定，生产工具（犁、锄头、镰刀、水车等）固定，生产者固定，生产过程固定，地域活动空间也是固定的。一个村庄的地界与农民的实际利益具有绝对的相关性。土地是显示村庄地域整体范围的最鲜明的界限，不能越出半步，如果越出了地界，就会发生纠纷。

畜业的地界范围只能是在村庄内部的农户内，鸡鸭之类的饲养都在农家的院子里，更不会走出村庄。牧业则不同，摩哈苴的猪牛羊都采取放牧的方式，并无限定的地域边界。放牧人一般都要走出十几里乃至几十里的路程，到一些有着牧草的地方才停下来。摩哈苴的放牧不在外过夜，一般是早出晚归，远的大约30多里，要留出充分的时

---

① 讲述时间为2001年8月10日上午。鲁学森之手被猎枪误伤，认为是鸟兽报复。
② 费孝通：《乡土中国 生育制度》，北京大学出版社1998年版，第6—7页。
③ 同上书，第9页。费孝通第四点说继嗣群发展为村落的情况不具有普遍性。

第六章　索取与生产：物质生产的地域边界 | 109

图6-3　一边放牛一边准备嫁妆（朱炳祥摄）

图6-4　与放牧老人聊天（当地人摄）

间来保证牲口吃草。1995年暑假，我经常跟着他们去放牧。在寻找到合适的地方以后，牛羊猪自由地在山坡上吃草，放牧者便用自制的棕衣铺在草地上，老人们坐着喝酒、躺着晒太阳睡大觉，年轻的姑娘们则是忙着做针线。中午饭是带去吃的，到傍晚时，一群一群的牲畜被赶着回家。

手工业和林业都不出村界。摩哈苴的编筐编篮编棕衣都是农业之余进行的，原料是自家生产的，不容许到别家别村去砍伐。林中的树是土地上生产出来的，土地之所属即林木之所属。

第二节 周城的物质生产活动

周城1990年和2012年两个年度统计报表的相关数据如下：

1. 1995年周城统计报表数据（1995年12月31日上报）

户数：1909户。人口：8818人。劳动力：5741人，其中农林牧渔业劳动力：1856人，工业劳动力：1341人，建筑业劳动力：1386人，交通运输业劳动力：143人，批发、零售贸易餐饮业劳动力：422人。耕地面积：3078.60亩。

总收入：6310.93万元。其中：种植业收入712万元，林业收入0，畜牧业收入485.93万元，采集野生植物收入0，渔业收入45万元，工业收入2645万元，交通运输业收入209万元，建筑业收入1520万元，餐饮业收入429万元，服务业收入265万元，其他收入0。

2. 2012年周城村统计报表数据（2012年12月17日上报）

户数：2292户。人口：9592人。劳动力：6169个，从事第一产业：2697人，常年在外劳动力：272人，县外省内：252人，省外：20人。土地面积：2455亩。

农村经济总收入：62843万元（其中出售产品收入37712万元）。其中农民家庭经营收入：62782万元，农民专业合作社经营收入：61万元。其中：农业收入2023万元，牧业收入562万元，工业收入16496万元，建筑业收入5514万元，运输业收入3509万元，餐饮业收入22460万元，服务业收入12015万元，其他收入264万元。

从1978—2012年的30多年中，周城的第一产业（农业）、第二产业（工业，包括建筑业和运输业）、第三产业（旅游业和服务业）

的比例出现重大的变化。

表6-1　　　　　　　　周城农业收入变化情况

年份 项目	1978	1984	1986	1988	1990	1992	1998	1999	2012
总收入（万元）						1515	13081	16228	62843
农业（万元）	64.2	123.8	96.65	209	250	252	699	657	2023
所占比重（%）	74	38	14	22	22	17	5	4	3

表6-2　　　　　　　周城第二产业收入变化情况

年份 项目	1991	1992	1993	1997	1998	1999	2012
总收入（万元）	1281	1515	2005	11328	13081	16228	62843
第二产业（万元）	804	1075	1117	7551	10879	11151	25519
所占比重（%）	63	71	56	67	83	69	41

表6-3　　　　　　　周城第三产业收入变化情况

年份 项目	1991	1992	1993	1997	1998	1999	2012
总收入（万元）	1281	1515	2005	11328	13081	16228	62843
第三产业（万元）	177	131	200	2900	1428	4210	34475
所占比重（%）	14	9	10	26	11	26	55

上述诸表显示：周城的物质生产活动在传统社会中以第一产业为主的状态持续到20世纪80年代，此后让位于工业，而在30年以后的2010年，第三产业则又上升到主导地位。另外，周城人到苍山采集野生物的生产方式仍然存在于现实生活中，只是因其在总收入中的比重极低，故而未列入上述诸表中。手工业、畜牧业在以上诸表中也未单列。如果算上这些，周城的物质生产活动的方式应该包括采集、狩猎、农业、手工业、畜业、牧业（周城的马、羊、骡也有少量在苍山上放养）、工业、第三产业八种类型。

在传统社会中周城农业生产活动边界特别明显,这是由于土地面积小,人均耕地少。周城与南边的村庄仁里邑曾发生多次边界纠纷,如1932年的土地纠纷就请官衙断案立石并刻有碑记,全文如下:

雪坡岭山场碑记①

署理口口县县长何为

勒石遵守事。查此案前据绅民董绍纾等以越界侵略擅夺主客情具呈仁里邑,仁里邑赵鞏鹤等二案到府,当经苏前县长批交建设局前局长李人英查勘,且复去后旋据该局长复称查其四至,西南两至均合,惟"东至山脚"杨桂林指至玉皇阁坡脚,周城则指至水井山脚。"东北至段姓坟",周城村指在上台,而仁里邑则指至下台。又"北至乾沟",周城村指至乾山神沟底,系在雪坡岭之南干;仁里邑则指至大涧口,已将雪坡岭完全指完。所谓乾沟者即无水涧漕之称。仁里邑所指乾沟内有涧水长流,何谓乾沟未免指鹿为马,不惟将周城山场完全指完,即周城所葬之坟地亦完全认去。又查东南山脚,仁里邑指至玉皇阁坡脚,则十八年内有周城段玉云偷葬坟於玉皇阁大殿地址上,时有该村董绍魁出而与之兴讼,至前县长断令起迁,发有判本。何以仁里邑村不来干涉?又查"东北至段姓坟",仁里邑指至下台,周城村则指至上台,上下两台相距不远,无甚关系。查两造所指,究以周城所指为实等情呈复前来,嗣经本县长传案审讯,又据赵鞏鹤等供称该局长所认定之东北界址尚有错误,应请亲临复勘等语,复经本县长於上年十一月十八日传集两造会同勘明。两造控争雪坡岭山场。该周城系居雪坡岭山脚,而仁里邑则远居海滨,除雪坡岭在西南两至尚无争议外,其东北两至就山形之观察及所葬之坟地而论,即应以该局长所认定之界址为当。以理论上说,周城地居山麓,其山场固宜宽阔;仁里邑地接海滨,其山形无须过大,如将山场划多对于种植管理均多不便。本县长为息争起见,特令由上

---

① 此碑现亦存周城村民委员会,我于2000年抄录。

乡分局长张映授传集两造前往系争地点。先将仁里邑山场查明实有若干，如该仁里邑山均过小，即由雪坡岭之上台於老胖坟之左酌划数十丈归仁里邑种植管理，以息纷争。去后复据该分局长呈称已遵令指老胖坟左则划拨六十丈归仁里邑管种。惟仁里邑呈出碑文，指定四至要求详查而健争全部。当即权宜调处，将所争雪坡岭全部照上下台划分为二，两造各缪执己见，势不相下，徒焦唇舌，终无和平之局等情呈复前来。查仁里邑控争各点理由均欠充分，不能完全认为有效。本县长为息事宁人，计特酌理衡情，将老胖坟左侧乾沟以南并上至瀑布泉路址下至乾沟尾底周围约一百余丈完全判归仁里邑管有，点种松株。其乾沟以北雪坡一扇完全判归周城村管有。似此划分以地形方面言之亦属天然界限。两造应无再争之余地，仰即取领判本具结完案，以息讼争，切切特此堂谕。除给判收执外，合行勒石永远遵守存照。

初级学校教员张文源书丹

民国二十一年岁载玄口涒滩　无射月上浣良旦阖周右士民等同　立石

原告人：董绍魁　董绍舒　杨文燮　杨朝栋　杨　暖　董钟秀　杨意培　杨春禧　董荫浓　董渝文　董汝汉　杨春旭　杨温　杨芳池　杨青山　杨文清　张大书　杨锡智　段振家　杨实德　董承谟　杨荫池　董冠南　杨宏德

被告人：杨桂林　赵翬鹤　杨纯和　杨文翰

在农业生产中，光有土地还不行，"水利是农业的命脉"。水利资源亦鲜明地体现村庄整体的界限。1933年周城与其北边邻村仁和村为水例争执起讼事件经官府判断也曾立下一座碑刻①：

周城仁和两村山场水例争执起讼原因解决和约叙言

窃维山为民之主，水乃田之母；民无山则生活受困，无水则

---

① 此碑现存周城村民委员会，我于2000年抄录。

灌溉无资。周城人户田亩太多，山场水例按照人户田亩管由明至今无有异议。仁和人户田亩较少，其山场水例当然不能与周城比肩。不料该村绅民不知分量，先辈有赵金镕等及后辈杨廉金等屡与周城山场水例每兴讼端。迨至壬申六月，该村无理取闹，以本村霸占水例等情具控县政府，蒙何县长踏勘判决。该村不服上控，第一审法院踏勘判决，双方不允，该村又上控。法院第二审因山场水例案件应归县政府裁判，二审着为无效。本村照章具控，该村于县政府刘辱蒙刘县长亲委本区区长杨君立程、区团长段鹤鸣按照古规毫无偏袒秉公解决，两造遵依永敦和好，两村绅民盖章签押立有和约壹张。县长盖印永作万世之箴规，两村世世子孙山场水例遵守和约永不得翻异等情在案，倘有翻异，此为铁证。特将以上始末录之于前，两村和约列之于后，是为叙。

立遵依和息合同文约人：村长张守鉴　绅耆杨廉金　陈福海　张绅　杨诗　村长桂一枝　水总管段明礼　桂殿侯　绅耆杨缉熙　桂殿勋　段润　杨登堂　杨煌堂　杨德士　段霭云　段士奇　倪席珍　杨光祥　段明炬等均在大理县第二区周城村居住。今立合同文约为因两村争神摩涧水例，屡起讼端，上告官府，未得解决，兹幸蒙大理县县长刘委令第二区杨区长立程会同段区团长鹤鸣传集两村绅耆田主秉公调解，以田亩多寡着分为水班分配。查周城之柳树坝水碓门军沟头武将军桃园等坝计田为较多，分获通年水例六天内有五天五夜，仁和村之石山坝北山脚上下二坝五保坟田亩较少，分获通年水例六天内有一天一夜。每逢放秧田水日期，各用各水，两村不得占霸相挖。两造均已依允。自此山场水例一幸解决清楚，不得争执，以息讼端，而敦和好，自立和息之后，各依以上水例照管挖用，不得翻悔，再事争端。如若反口破坏情事，任随执约理处，送官究治，此系二比情愿，中间并无逼勒相强等情。恐后无凭，立此遵依和息合同文约为据。

周城绅民：段　润　段凌云　杨缉熙　桂殿勋　杨辉堂　苏占斌　杨名士　杨煌堂　张漾普　杨登堂　张立朝　段鑫云　张立猷　杨光烈　杨熙春　张立德　段正昌

第六章　索取与生产：物质生产的地域边界 | 115

　　水总管：段明礼　桂殿侯

　　原讼人：段霭云　倪席珍　杨光祥　段明炬　段学礼　杨学士　段士奇

　　辅助人：杨泗泽　苏凤杨　杨光华　苏　藩　段双铭　段澍　张良铭　张之臣　陈有忠　苏占垠

　　仁和村绅民：杨尚锦　张珍渠　杨绍文　赵　谦　杨　诗　张正宇　陈继扬　杨汝能　张上品　张　锡　杨本先　杨圭茂　赵克定

　　被讼人：杨廉金　陈福海　张　绅　赵克勤　杨树森　杨福谦　张守鉴　杨本善

　　　　民国二十二年夏历七月初四日立遵依和息合同文约人
　　　　周城村村长桂一枝、仁和村村长张守鉴

周城的养殖业大部分是畜业，养猪、养牛、养鸡、养鸭都是圈养，不超越村域的地界。

然而，工业生产方式及第三产业与农业有着较大的不同。因为涉及原料与产品的销售等问题具有跨越地域性特征，所以工业生产没有固定的地域性结构。周城扎染手工业的原料在传统社会中来自村内土地种植的板兰，布匹通过市场购买或自己织布，而现在早已与现代工业紧密相连，原料都是从外地采购的，制作与销售的其他环节也全都超越了地域社会。

图6-5　周城与邻村的分水闸（朱炳祥摄）

周城的扎染厂和奶粉厂从原料到市场都已经延伸到现代国家的城市之中，乃至产品远销多个国家。第三产业更是如此，其生产（如提供宾馆服务、餐饮服务）则完全依托于外来客也服务于外来客。每天都有国内外游客到来，到了节假日更是不计其数。每年正月份的本主节和六月份的火把节，周城的游客每天都有数万人。在工业与旅游业兴盛的背景下，"地域"甚至已经与"地球"联结了起来，地域社会的工业只是属于全球化整体工业的一个组成部分。

第三节 "有界"与"无界"

以上八种物质生产方式本民族志将其概括为三种经济形态：一是"索取"型经济，包括采集、狩猎。"索取"型经济，是指从自然界直接索取生活资源的生产类型。二是"生产"型经济，包括农业、畜业、牧业、手工业。"生产"型经济是指通过人的创造性劳动"生产"出自然界不具备的生活资料的生产类型。三是"消费"型经济，这是指第三产业的旅游业和服务业。这种类型不直接生产物质资料，只是把消费的方式化为动力与杠杆，拉动物质生产的一种间接生产方式。工业生产方式介于"生产"型与"消费"型之间，它既为农业生产提供动力支持，也为第三产业提供动力支持。这三种类型的生产活动占据的地域空间不同，它们对于地域社会的结构功能亦不同。

第一，采集狩猎在两个村庄中已经不占主导地位，但就其性质而言，它的"越界"是被允许与认可的，无论是此处或彼处的资源都可以共享。边界意识或许只有居住点那么一小点空间。这种生产活动一部分活动是单独活动；另一部分是共同活动。[①] 这种大型的活动所建立起来的组织仅仅是具有松散性、临时性、不固定性等特征，它不能单独构建起一种地域性的、坚固的组织结构。

第二，农业生产方式（手工业、畜牧业为其附庸）有着固定的生产资料、土地，固定的聚落居住地将这一地域上生活的人群既进行了

---

① 除了上述摩哈苴的"追山"外，传统的洱海地区撒大网捕鱼亦是一种大型的协作生产活动，它需要几十名男子合力共同拉网。

边界的限定，又进行了边界内部的结构化。从时间化的结构力量来看，农业生产就是一种依据时令节候的循环的重复性活动，而时间中的有节奏的重复活动是最伟大的结构化力量。首先，以"年"为最大的时间结构单位。每一年的农事劳作是相同的，摩哈苴与周城小春作物种植小麦与蚕豆，大春作物种植水稻与洋芋，年复一年，毫无变化。其次，"春夏秋冬"四季是较大的结构单位。"春耕""夏耘""秋收""冬藏"之间的顺序是固定的同一循环，永远不会倒错。再次，"二十四节令"是较小的结构单位。农民们需要不违农时、节令，使农业劳动程序化，这是一个千年不变、万年不变的超稳定的程序，不能有任何改变。最后，农民每日的劳作是最小的结构单位。这种劳作成为一种文化习惯，是农业社会结构稳定的基础。从空间化结构力量来看，"土地"与"水利"可以将其看作是最重要的两个因素。自从形成聚落居住地以后，土地就被各个群体瓜分完毕。而村庄作为整体是以某一固定的土地为单位，它既不容许被别的群体侵占，也不容许侵占别的群体的土地。而水利协作总是以"村庄"为单位，不仅因为村庄可以作为对抗别的村庄的结构化组织，上述周城与仁和的水利争端即是证明；而且因为村庄本身的形成就是被建于有充足水源之处，在历史进程中形成与水的天然性联系。在集体化年代，乡村总是以大队为单位来确定土地的排灌系统的。每一个大队有着一个统一的电灌站，有固定的打水员，负责农田的灌溉工作。[①] 各个生产队则派出放水员。水像血液流淌过的地方形成某种"生命体"意义的整体，它将地域人群紧密地联系在一起，并将其凝固化为结构。地域内部的协作也同样是一种结构化力量。农业生产活动也有单独（以家庭为单位）的和共同（以生产队为单位甚至以大队为单位）的两种方式。但与采集狩猎生产相较，即使以家庭为劳动单位，地域性的协作特别是水利协作要重要得多。

第三，工业、服务业则又是无边界的。其越界行为不仅是被允许的，被邀请的，乃至作为必需的生产条件，高度依赖地域的外部。地

[①] 我在1968年当知青的时候，就被大队派去当电灌站打水员，负责一个村（大队）的8个生产队的农田灌溉。

域村看起来是一个生产单位，但是原料与市场都与外部世界有着千丝万缕的联系。即使是周城最具特色的传统手工业扎染，现在已经不再用自己种植的板蓝根，而是运用工业产品的化工原料，各种工序及器械都包含着现代工业的贡献。其他如奶粉厂，只是奶牛产奶可以完全看作是周城自产，其他各种加工方法、加工器械、销售市场、交通运输等则完全属于现代工业与服务业的领域。更不用说周城的第三产业，完全依赖于外地游客的到来，才能使其运转。工业与服务业不能划定边界，有边界则是封闭式的自我保护主义。然而奇妙的是：地域外部的一种"解构"力量同时也成为地域内部的"结构"力量。因为"外部"拉动使不同行业线性"条状"化，但这些线性的"条状"又有序地被组织在"周城"村的"块状"结构之中，保持某种地域性特色，其内外的张力关系是平衡的，使其保持着村域内部结构性的协作。

总而言之，三种经济生产就其活动的地域空间而言存在着两种状态：一种是"有界"的状态，地域村边界意识强烈，这一类生产实践只在地域村内部活动，不能越出边界，只要越出边界就会发生地域社会之间的激烈冲突。农业生产方式是最为典型，因为涉及所种植土地的归属权。因此可以说，是农业生产方式固化了地域生产空间。手工业和畜牧业附属于农业生产，也是在村界内活动。另一种是"无界"的状态，没有地域村的边界意识，此一地域的人与彼一地域的人可以相互交通，采集、狩猎、工业、服务业都属于此种类型。这种生产实践活动组织起了更大的社会协作单位，但是在采集狩猎经济中这种协作单位并非结构化的，而在工业与第三产业中，这种协作所造成的"条状"却被地域内部的"块状"结构化，在张力关系中依然保持了地域社会的稳定性。

第七章 生存与发展：市场交换的地域范围

本章承接上一章，讨论"第一种生产"活动领域内的"交换"问题。市场交换与经济类型密切相关，在农业社会中，基层地域社会的市场表现为集市，在工（商）业社会中，基层的集市继续存在，但更大区域乃至国家与全球范围内的市场经济体系起着越来越大的作用。

第一节 何为市场？为何市场？

物质生产之所以重要，是因为它关乎人的生存问题，如果没有这种生产，每一个个体都不能存活。现在的问题是：如果不进行市场交换，一个封闭性的地域村庄内的人们能否存活？如果能够存活，为何要市场呢？市场又是一种什么东西呢？由于摩哈苴社会分工并非高度分化，本节以此来说明"何为市场，为何市场"。

施坚雅的市场理论认为中国农村的社会生活不在村庄而在市场圈之内，中国农民生活的所谓自给自足的社会不是村庄而是基层市场社区。照此看法，是因为农民不能在村内满足自给自足的需要才需要进行市场交换的，而在实际生活中并非如此。如果不进行市场交换，一个封闭性的地域村庄内的人们是可以存活下去的。市场并非构成地域社会的必要条件。

我在摩哈苴的田野工作中所调查的老虎山村民 QZX 的口述资料显示，他到集市去出售的物品有：牛、羊、猪、鸡、鸡蛋、油料、粮食、茶、核桃、木耳、香菌、草席、篾箩；购买的物品有：衣服、酒、粮食、盐、肉、烟、姜、电池、灯油、药、香纸、尿素、普钙、农药、健壮素、雨帽、蓑衣、糖、酱油、味精、彩电、锅盖天线、香纸。摩哈苴小学教师 HYG 到集市去出售的物品有：核桃、茶叶、梨；购买的物品有：米（白粮）、油、饲料、肉、酒、烟、盐、糖、姜、香纸、衣、皮鞋、针线、老人帽子、电池、电视机、收录机、尿素、磷肥、复合肥、普钙、农药、锄头、镰刀、犁头、雨帽。迤头上村村民 LFQ 到集市出售的物品有：生猪、粮食、油料、核桃、茶叶、棕、药材、编箩；购回的物品有：衣服、盐、酒、咸菜、咸肉、糖、烟、辣子、电池、灯油、镰刀、锄头、犁头、砍刀、香纸、碗、盆。何家村村民 HYL 出售的物品有：牛、生猪、油料、粮食、鸡、核桃、茶叶、豆腐、棕；购回的物品有：衣服、腊肉、粮食（米）、酒、盐、烟、糖、被盖、棕叶（做蓑衣）、席子、灯油、文具、香纸、年画、普钙、尿素、农药（六六六）、锄头、镰刀、犁头、砍刀、斧头、雨帽、雨伞、姜、电视机、录音机。

图 7-1 水磨房（朱炳祥摄）

我们将这四个农户出售的物品和购回的物品进行同类项合并，得到的是：

表 7–1　　　　　　　村民出售产品与购进产品情况

出售产品	购进产品	
	本村生产的物品	本地不生产的物品
牛、羊、猪、鸡、鸡蛋、油料、粮食、核桃、茶叶、木耳、香菌、草席、篾箩、药材、棕叶、梨、豆腐	衣服、酒、米（白粮）、肉、糖、油、烟、姜、咸菜、咸肉、腊肉、辣子、镰刀、锄头、犁头、砍刀、斧头、针线、被盖、棕叶、席子、灯油、蓑衣、碗、盆、香纸、饲料	盐、酱油、味精、电池、化肥、农药、电视机、收录机、锅盖天线、皮鞋、老人帽子、文具、年画、雨帽、雨伞。

在表 7–1 中，从市场购回的"本村生产的物品"，这些物品与生存并没有相关度，因为自己可以生产；关键是"本地不生产的物品"对于生存的相关程度。如果具有生存相关性，那么可以判断市场的存在是关乎人类生存问题而起源的，必定具有极大的重要性，是构成地域社会的必不可少的因素。但事情并非如此。在摩哈苴人那里，没有电池不影响人的存活，摩哈苴人大多没有手电筒一类的电器产品。没有化肥并不影响生存，可用农家肥替代，传统社会是没有化肥的。QZX 家虽然买了化肥，但 LFQ 家就没有买，而是用的农家肥。农药和电器用品在传统社会中也是没有的，此两项也不影响人的生存。摩哈苴大部分人家都没有电视机、收录机、锅盖天线和皮鞋，只有当教师的 HYG 和家庭经济状况较好的 HYL 家才买这些东西。雨伞、雨帽在传统社会中可以用棕衣替代。医药也同样，摩哈苴麦地平掌 LWD、何家村 HYI、龙树山 ZDC 都是巫医，既会巫术，又会用当地山中采来的草药看病。年画是审美的，不是生活必需品。文具是为了提高人们文化素质的，摩哈苴人以前都不读书。老人帽子本可以自己织制，只是因为市场上的样式好看才买的。味精传统生活中没有，酱油也并非生活必需品。最后只有一项"盐"，这一生活必需品摩哈苴不能生产，非买不可。然而，人类是在长期的自然界提供了丰富食盐的生活过程中才形成了对盐的依赖，盐才成为人的生活必需品。人体需要盐只是与肌体的发展史相关，而与市场起源无关。另有一层，即使摩哈

苴离不开盐,也并非一定要在市场交换中获得,通过互惠性交换即可获得。在摩哈苴一带,互惠性交换是普遍现象。互惠性交换不求等价,只是相互需要。迤头上村松树李一村民用3斤重的鸡换了一斤盐,按市场价他的鸡的价值高于盐3倍,但他并不感觉吃亏。①

没有市场交换,封闭式村庄也可以存活下去,这是一方面;另一方面,市场——即使是所谓"大街"也不提供更多的本村所无的新东西。摩哈苴最重要的街子是寅街,而"立秋街"是一年中最重要的街子,属于"大街"。2001年8月7日(农历立秋日)是立秋街。这一天,我沿着市场摊位的顺序挨个询问(遇有重复的则略过),全部用于交换的物品列单如下:

本地土产有:豆角、鸡蛋、瓜子、花红(一种水果)、石榴、苹果、杏仁、桃子、黄瓜、葱、油香、蕨菜、花椒、防风(一种药材)、松子、苞谷、辣子、葱、梨子、火把梨、稀世果、酸木瓜、奶江菌、甜笋、花生、洋芋、大米、田豆、黄豆、葡萄、李子、龙骨风、红花、针尖草(草药)、草烟、蜂窝、灵芝、杏仁、马牙菌、干菌、鱼。

本地手工制品:小提篓、草席、米糕、荞子糕、油香、豆腐、苞谷糖、米花糖、麻辣豆、凉粉、糯米粑粑、草帽、草鞋、小背篓、豆

图7-2 捣核桃(朱炳祥摄)

---

① 我去凉山彝族参加学术会议时,了解到当地有用一只羊换一根针的互惠性交换例证。

第七章　生存与发展：市场交换的地域范围 | 123

腐、筛子、大筛子、中型的筛子、刷子。

外地：大蒜（从景东来）、蜂窝、枣、菠萝（从景洪来）、烟丝、包麦糖（从祥云来）、米花糖（从祥云来）、芒果（从景东来）、清香（从龙街来）、松明（从龙街来）。

从这一天的集市交换可以看到，绝大部分的物品都是本地可以自产的，即使是从外地来的如大蒜、蜂窝、枣、烟丝、包麦糖、米花糖、清香、松明也都是本地能够生产的。只有菠萝和芒果本地不能生产，但这些并非摩哈苴及其周围村庄人们的生活必需品。

那么为什么摩哈苴人还要耗费大量时间经常去赶街呢？第一种情况是：自己卖出的与买进的是同一产品。何家村的 HYL 自己卖出粮食却又购回粮食，老虎山的 QZX 卖了生猪又买回猪肉，为何如此行事？在这里市场执行的是储存功能：我将多余的产品放到市场上，我需要的时候再将其买回。产品放在那里永远不会腐烂变质，市场是一种"不朽的仓廪"，也似冰箱一样具有保鲜功能。第二种情况是：市场购买较之自己生产要"上算"①。在农业社会中各种农业劳动特别是手工业和畜牧业劳作都有一个技术熟练程度问题，市场上的物品的价格是按照社会必要劳动时间（价值）上下浮动的，如果某人从市场上交换到的东西的价格低于本村生产这种东西的个人劳动时间，他当然就更愿意进行交换而不是自己生产。这样在社会的交换中个人能力的长处得到发挥，短处得到抑制。迤头上村的 LFQ

图 7-3　摩哈苴人所铸犁头
（朱炳祥摄）

---

① "上算"即"合算"。

自己会酿酒，在 2001 年他却花了 51 元去市场买酒 50 斤，他认为这比较方便，省时间、省劳力、成本低。镰刀、斧头、犁头、砍刀，这些产品当然带有专业性，村里有几个会制作的，但是他们的不如市场上的好。① 第三种情况是：追求生活的高质量。何家村的 HYG 卖出粗粮，又购回"白粮"（大米），是因为他当教师有条件吃好一点的白米饭，他想让生活过得更好一些。不穿自制的棕衣而去买把好看的雨伞是因为穿棕衣看着像一头老熊，不好看，打着伞比较优雅。衣服本也可以自制，HYL 家就有"织麻布"机。我 1995 年进村时，有很多家都有纺纱机和织布机，还有赶羊毛毡的，可用作床上铺垫。可是自己织的布不如市场上买来的好看。买味精与酱油是使菜肴更有滋味，买双皮鞋显得更漂亮更有风度也更有地位，买电视机和录音机是模仿城里人过上有品位的生活，看看外面的世界、听听外面的声音。这些物品，并不是生活之"必需"，而是满足了"基本需要"之上的"提高的需要""发展的需要"。于此，人们为了"发展"的需要而进行市场交换从而舍弃了为了"生存"需要的互惠性交换。由于地域性的村庄以及市场在地理上的稳定性特点，反过来使地域村依赖于它，并促进分工专门化程度的提高或技术专门化程度的提高。某一农户对某一种农产品有着专门的兴趣和技术，便使他愿意多多种植这种农产品乃至专门种植这种农产品进行市场交换以换回他需要的物品。上述这一切，就使得原本可以在本村内完成的直接的互惠性交换转变成了通过运用货币进行的间接性市场交换。

　　以上三个方面可以说明：市场并非相关于地域社会内部的人群的"生存"问题而是相关于"发展"问题。人类开头采用以物易物的"互惠性交换"方式，即使是两个互不来往的群体，也可以进行这样的交换，一方把拿出的货物放在习惯的贸易地点，离去后过一阵再返回看看对方给了什么作报偿。如果对此交易感到心满意足，则取上货物扬长而去；如果嫌对方给得不够，他们就把对方的东西留在那里直

---

① 摩哈苴外厂就有铸犁的，而那些小的镰刀、斧头、砍刀之类，一般村内的铁匠都可以打制。甚至他们还可以自制猎枪。1995 年摩哈苴一位业余造枪能手 LZD 的哥哥，当我去访问他时，他在院子里摆出了 100 多种零件让我观赏。

图 7-4　纺纱（朱炳祥摄）

到添上份额才作罢。[1] 云南地区乡村社会普遍存在的集市交换体系直至元代才产生。据《云南文化史》中记述："商业，日中为市，乃蒙人交易之法，滇自元、明时，此法已渐输入，于是有街子之设。"这也说明市场交换并不相关于人的"生存"问题。在元、明之前，没有设置集市，民众之间的主要交换形式应该是"互惠性交换"。市场是为了满足人们"发展的需要"而起源的，而不是为了施坚雅所谓的"自给自足"的生存需要而起源的。这是本民族志对于市场性质的基本认识。

这种"发展的需要"在现代化的进程中表现得尤为突出。周城固然不必说，依仗着天时地利的区位优势使经济发展得很好，富裕的程度很高；即使如贫困地区的摩哈苴，也是千方百计地谋求这种"发展"。我这里有一则摩哈苴周边的兔街的集市扩展街面的材料，无论是否存在着人为式的揠苗助长，但充分显示出那种迫不及待改变现状的"发展"愿望与欲望。我以田野实践进程中的目光所及来叙事。

---

[1] ［美］罗伯特·墨菲：《文化与社会人类学引论》，王卓君、吕乃基译，商务印书馆1991 年版，第 167 页。

126 | 地域社会的构成

图7-5 赶街（朱炳祥摄）

2002年2月10日跟随摩哈苴人赶兔街。一进兔街，要经过两道彩门，第一道彩门是整个兔街乡的彩门，上书对联"夯实愚公精神旧貌换新颜，加快集镇建设招商促发展"，横批是"欢迎您到兔街来"。第二道彩门是为新建市场新搭建的彩门，上书对联"筑巢引凤迎四方客商，青山秀水再添新景观"，横批也是"欢迎您到兔街来"。一种急切的发展集市的强烈愿望跃然见之。进门以后，接下来我看到的是一则"公告"：

南华县兔街乡国有土地使用权拍卖公告

兔街乡人民政府为了促进地方经济发展，进一步规范完善市场功能，"小集镇建设"项目已得到列项补助建设，第一期200米大街即将竣工，将于2002年1月20日交付使用，能有效推动兔街集市贸易快速健康发展。根据《国有土地使用权出让暂行条例》和《云南省城镇国有土地使用权出让和转让实施办法》的规定，经南华县人民政府批准，对兔街新集市东西两侧的国有土地使用权采取拍卖的方式进行出让。现将拍卖具体事宜公告如下：一、拍卖标的：乡政府驻地新集市东西两侧的国有土地使用权，土地性质为综合用地，出让年限为70年。二、本次共拍卖10宗土地，面积为795.57平方米。三、拍卖底价：每平方米238元。四、拍卖时间：2002年1月30日14—17点。五、拍卖地点：兔街乡政府会议室。六、土地使用权竞投获得者，必须服从兔街乡小集镇建设规划的要求。七、参加竞买者应办理的手续：1.报告办法：报告时应交50元报告费，以便领取竞投牌号和有关资料。2.登记手续：个人参加竞买者，登记时应出具个人身份证复印件；单位参加竞买的应出具单位证明及资格复印件；代理人参加竞买的须出具委托代理授权书及代理人身份证复印件，交付保证金5000元。保证金不成交则退还，成交则抵出让金，竞投获胜者不签合同不退保证金。3.报名时间：2002年1月6日—30日12点。报名地点：兔街乡土地管理所。联系人：罗兴光、许富贵、彭明，联系电话：0878-7371011。欢迎社会各团体、企业、公民前来参加竞买。特此公告。

南华县土地管理局兔街乡人民政府
2001年1月5日

图7-6　兔街的彩门（朱炳祥摄）

这次土地拍卖，是在我到兔街的四天之前拍卖完毕，我了解到的事实是：这是第二期拍卖，价格近30万元。有13个竞投，土地10宗，起价238元一平方米，最高到418元一平方米。最后是刘氏兄弟两个竞争，哥哥得胜。第一期拍卖的情况是：土地1宗，起价每平方米200元。此次亦为刘氏兄弟中的一人买得，他是一个开车司机。

为了宣传街市的功能，还进行了仪式性的庆典活动。我又看到开街的彩门上书"兔街乡小集镇建设第一期工程竣工验收暨开街庆典"，两旁的对联为"与时俱进谋发展创兔街新纪元　建市活商促流通加快经济繁荣"。庆典也发了"通告"：

关于开街庆典活动安排的通告

经过近三个月的紧张施工，兔街乡小集镇一期工程已竣工。在取得县委、县政府的批准后，定于2002年1月29日进行开街庆典。有关活动安排如下。12点至2点：开街庆典及剪彩；2点至3点：县文工团在新市场作第一场广场演出；3点30分至4点30分：在小学举行男篮友谊赛，兔街乡政府对马街乡政府；3点30分至晚上12点：组织广场跳歌；晚上8点至9点30分：县文工团在新市场又作第二场广场演出。欢迎广大群众光临！特此通告。

兔街乡人民政府
2002年1月22日

配合开街庆典的是供销部门的销售商品的"广告"：

为迎接兔街乡新市场开街庆典，我社在开街庆典之日，将处理大批正品商品（品种繁多），实行让利优惠价。低于原价20%以上，让利销售。欢迎广大顾客前来选购。

兔街供销社
2002年1月26日

第七章　生存与发展：市场交换的地域范围 | 129

有了新市场，需要加强管理，旁边有一则规范集市的"通告"又出现在我的眼前：

关于规范兔街集市的通告

为认真搞好兔街新集市开街庆典活动，加快我乡小集市建设步伐，繁荣集市经济，经乡人民政府研究决定，在兔街新市场开街期间，规范兔街集市粮所至建筑队路段及街道管理，现将有关事项通告如下：一、粮所至建筑队路段、路面、街道堆放的杂物，其有关单位、农户务必于2002年1月27日下午5点钟之前各自清除干净，不得以任何借口和理由占道堆放，逾期将予强行清除。二、该路段所涉及建设单位及个人，2002年1

图7-7　开街通告（朱炳祥摄）

月28日至29日两天应停工歇业，并清理好堆放物及施工工具。三、2002年1月29日进入兔街集市的所有车辆必须于上午11点钟前退出兔街集市，下午3点半钟后方能进入市场，车辆须停放在中学操场和粮所院内。违者按有关交通法规处理。四、2002年1月29日进入兔街集市的所有大牲畜，一律进入大牲畜市场管理，不得沿街乱放，违者将进行处罚。以上通告请有关单位、农户、经营者相互转告并遵照执行。特此通告。

兔街乡人民政府
2002年1月25日

就在这则通告的又一边，贴着工商管理部门一个对个体摆摊户的"通知"：

> 为了进一步发展经济繁荣兔街市场，建立健全市场功能，充分发挥兔街乡的区位优势，为广大经营者创造一个良好的环境，经政府多方努力新建市场即将投入使用，凡原旧市场公路沿线及供销社前面的所有个体摆摊户，必须全部迁入新市场内进行交易。为了便于安排，请各摆摊户提前到工商所报告登记，报告时间：1月17日至23日，上午8点30—11点；下午2点—5点。
>
> 望相互转告，超过期限将不予安排。
>
> 兔街工商行政管理所
2002年1月17日

我用了几个小时的时间，将这些重重叠叠的通知、通告、广告、公告、对联抄录了下来并呈现于此，希望说明当市场的"发展"性质被认识以后，其人为推动的力量是何等巨大。它有似原子的"裂变"机制，具有爆发力。

第二节　市场结构及分布地域

我想特别指出的是：人类社会的基本动力的"原型"只有"生存""繁衍"和"精神活动"三个方面，"发展的需要"是"生存的需要"派生出来的，它只能作为地域社会内部群体实践的次生动力而存在，这一点往往容易被忽视。人们往往看不到"发展"在一定的科学技术条件之下，很容易失去控制，成为一种加速度的前行，从而造成人性的异化，也就是将"人"异化为永远不会满足的动物，对于自然资源与环境永远抱着一种无尽占有的态度。但是这种"异化"因为是次生动力，它必然受到原生动力的制约。在本民族志所述的两个村庄中，我们可以清晰地看到"生存的需要"与"发展的需要"二者之间在实践上的均衡，正是这种均衡，决定了两个村庄市场的地域分布以及村民们"赶街"的市场实践。

一 摩哈苴的市场结构及地域分布

哀牢山地区记街方法是"以十二地支所属为街期"。摩哈苴本村及周边的街子共 19 个，其分布情况如表 7-2 所示。

表 7-2　　　　　　　摩哈苴的市场结构及地域分布

序号	十二地支	街子名称	地点	赶街日期	与本村距离	备注
1	子	鼠街	景东安定	鼠日	80 里	
2	丑	牛街	弥渡地界	牛日	70 里	
3	寅	虎街	南涧县地界	虎日	不明	偶尔赶，人较少
4	寅（申）	寅街	小村河底	猴日、虎日	24 里	街面 1300 人
5	卯（酉）	兔街	兔街乡政府	兔日、鸡日	36 里	
6	辰	龙街	五顶山草盖	龙日	70 里	街面 400 人
7	午	马街	马街乡政府	马日	50 里	
8	未	羊街	马街关上	羊日	36 里	街面 200—250 人
9	申	猴街	马街罗波江边	猴日	65 里	街面 200—300 人
10	戌（辰）	狗龙街	弥渡地界	狗日、龙日	70 里	
11	酉（卯）	小寅街①	彭家村	鸡日、兔日	15 里	
12		杨梅街	戈瓦村	农历 4 月 16 日	30 里	
13		端午街	摩哈苴村	端午日	0 里	
14		火把节街	寅街所在地	农历六月廿四	24 里	此为大街②
15		秋街③	寅街所在地	每年立秋日	24 里	此为大街
16		秀水塘街	秀水塘	立秋日	40 里	此为大街
17		中秋街	寅街所在地	农历八月十五	24 里	此为大街
18		五顶山街	五顶山	逢五、逢十赶街	70 里	
19		消地街	楚雄		120 里	仅商贩往来

① 彭家村的小寅街是比照寅街的规模较小而命名，并非十二地支中的称谓。
② 大街异常热闹，不但本地赶街人数众多，而且景东县、祥云县、大理市、弥渡县、楚雄市等好多商人也来赶街。
③ 秋街为立秋日那天的街子。

就摩哈苴19个市场所呈现出来的空间结构而言，它们散布于摩哈苴的东西南北各个方位，呈现的空间距离不等，可以分为三种类型：第一类是本村的街子，即每年一次的端午街。端午街是干龙潭村民委员会的干部们于2001年人为设置的，表明村委会在改革开放大潮中搞市场经济的实绩，其具体目的在于引起乡领导的重视，以便能够将村公所的旧房子进行翻建。[①] 这个街子设在2200多米的高山之上，没有传统市场的基础，其规模很小。每逢街期，白天除了一些小商品的零售以外，几乎没有任何市场的功能；晚上则有邻近几个村庄中的一些青年人来跳歌[②]。第二类是距离在50里（25公里）之内的街子，这些街子当天皆可以赶个来回。这类的有寅街、小寅街、兔街、马街、羊街、杨梅街。第三类是超过50里（25公里）的街子，有鼠街、牛街、龙街、猴街、狗龙街、五顶山街、消地街等。在这里，即使去除山区地形的因素，从理论上来说，也并不构成施坚雅所说的正六边形的理想形态。

就摩哈苴市场所呈现出来的时间结构而言，显示的是大体均匀分布状态。五顶山街（五顶山供销社所在地）和消地街（在楚雄）不是传统意义上的街子，除去这两个街子以外，摩哈苴周围的17个街子的开街时间则是按两个原则安排的。第一个原则是按照十二地支循环排列，有鼠街、牛街、虎街、兔街、龙街、马街、羊街、猴街、狗街共9个。虎日、龙日和猴日皆有两处街子可赶。鸡日虽无街子，但兔街逢兔、鸡两日开街弥补了此不足，彭家村的小寅街也可补之。十二地支中只有猪日和蛇日轮空。[③] 这些街子在一定的地域范围内以十二地支为周期形成了时间上的循环圈。如图所示：

---

① 我自1995—2004年对摩哈苴村的跟踪研究中，村民委员会的房子一直没有新建。该房除房顶用瓦外，其余墙壁、梁柱、地面完全为木质结构，无砖无土。我住在一间大约6—8平方米的房内，平时非常潮湿。1995年暑假时我睡的被子是湿的，房内虱子、跳蚤、老鼠极多，老鼠晚上甚至肆无忌惮地从我的脸上经过。后几年木头墙壁用报纸糊住，情况略有改善。

② 跳歌为彝族青年男女的交友歌舞娱乐活动。参加者一边跳脚，一边弹三弦（由男青年操作），一边唱歌（男女青年合唱或轮唱），故名之为"跳歌"。

③ 就我调查所及，在云南的一些地区，猪街与蛇街较少，不知何因。

第七章 生存与发展：市场交换的地域范围 | 133

```
        子
    (亥)     丑
   戌          寅
   酉          卯
   申          辰
     未   (巳)
        午
```

第二个原则是按照年度重要节日排列。有杨梅街（四月）、端午街（五月）、火把街（六月）、立秋街（七月）、中秋街（八月）共5个。这5个街子以年度为周期，亦形成了时间上的循环周期。如图所示：

```
年头─┼────┼────┼────┼────┼──── 年底
    四月  五月  六月  七月  八月
   杨梅街 端午街 火把街 立秋街 中秋街
```

在19个街子中，摩哈苴人通常只赶寅街，兔街次之，其他街子大部分人几乎从来不去。

二 周城的市场分布及特点

周城村及四邻的街子亦为19个，分布情况如表7-3所示。

表7-3　　　　　　　　周城的市场分布及特点

序号	街子名称	地点	赶街日期	与本村距离	功能
1	龙街	喜洲镇作邑乡	初二，初九，十六，二十三		买卖大牲畜、木料
2	狗街				买卖大牲畜、木料
3	大理街	大理古城	初二，初九，十六，廿三		买卖大牲畜
4	上关街	上关村			
5	三月街	大理古城	三月十五至二十四		买卖大牲畜

续表

序号	街子名称	地点	赶街日期	与本村距离	功能
6	沙坪街	沙坪	星期一		
7	沙坝街	沙坝	星期三		
8	凤仪街	凤仪	逢五，逢十		很少赶
9	右所街	洱源右所	星期五		买卖大牲畜
10	牛街		星期三		很少赶
11	洱源街	洱源县城	星期天		
12	海东街	海东	逢五		
13	渔潭街		八月十五		买卖大牲畜
14	湾桥街	湾桥			
15	银桥街	银桥			
16	喜洲街	喜洲镇	天天街		
17	江尾街	江尾	星期六		
18	小街子	周城北广场	天天街	0 距离	
19	南广场	周城南广场	火把节、本主节等	0 距离	

与摩哈苴相比，周城村内及四邻的街子呈现如下特点：

第一，周城最重要的街子在村内。周城村内街有两个：一是"小街子"；二是"南广场"。由于周城社会分工专门化，农业地位下降，很多农户已经不再从事农业生产，村民们日常生活必需品无法自产，如果没有市场，他们将无法满足衣食需要，必须依赖村内的"小街子"的集市交换方能得到满足。"小街子"为"天天街"，位于村中心的两棵大青树下，周围为固定的粮食及小百货店面，中间为蔬菜鱼肉水果市场，每天的交易额 3 万元左右，从早到晚经营。与摩哈苴不同的是，市场交换已经成为周城村民生存的"必要条件"，也是地域社会构成的必要条件。

第二，周城四邻街子的重要性有所增加。由于周城是一个开放性的村庄，交通发达，214 国道穿村而过，大丽路（大理—丽江）亦经过周城的田地，加之傍近著名旅游景点蝴蝶泉，特别是作为"扎染之乡",周城的商业活动频繁,村民们赶街的频率较高。不仅如此,周城村民的市场实践活动远扩到本省的丽江、剑川、鹤庆各个县市场,更大的范围是上海、广州、北京等全国许多省市。而且,周城所生产的扎染布,最远的已经越出国界,销往美国、日本以及澳大利亚等国家。但是这些村外的商业活动并不是两千多户的日常实践活动。在分工多样化的周城,不同于农业社会的劳作的一致与统一,每家每户的活动方式都不尽相同。市场交换活动并不是对于每一户每个人都同等密集与重要,因此,它并不成为群体活动。

第三,周城的街子周期密集,打破了摩哈苴按十二生肖设街,每天大多数情况下只有一处开街的格局。即使按十二生肖命名的龙街、牛街等,也已经徒有其名。为了观察周城街子的密度,就以我修改此段文字初稿的农历辛卯年农历十一月(公历为 2011 年 11 月 25 日—12 月 24 日)为例,其街期如表 7-4 所示。

表 7-4　　　　　　　　周城的街子周期

星期日	星期一	星期二	星期三	星期四	星期五	星期六
初一,(3)	初二,(5)	初三,(2)	初四,(5)	初五,(5)	初六,(3)	初七,(3)
初八,(3)	初九,(5)	初十,(3)	十一,(5)	十二,(2)	十三,(4)	十四,(3)
十五,(5)	十六,(2)	十七,(2)	十八,(5)	十九,(2)	二十,(5)	廿一,(3)
廿二,(3)	廿三,(5)	廿四,(2)	廿五,(6)	廿六,(3)	廿七,(3)	廿八,(4)
廿九,(3)	三十,(4)					

表中的"初一"指农历十一月初一,依此类推。括号内是当天可赶的市场数。最少的是十一月十二和十一月十九,只有喜洲街和小街子两处开街;最多的是十一月廿五,有小街子、喜洲街、凤仪街、海东街、沙坝街和牛街 6 处开街。由于每天都有两处以上开街,故而每个具体市场虽然有着自身的周期,但就 19 个市场整体而言,已经没有周期,也就是说,形成了一种无时间的结构。这说明周城的市场活动频率很高。另外,村内街除"小街子"以外,还有"南广场",此为节日街。每逢火把节、本主节等重大节日,周城村民委员会都要在

这里开辟出商品展销市场，国内外商户都有到来。如2000年商品展销持续了11天时间，缅甸、泰国、尼泊尔等国以及国内的一些商家都搭起上百个展销台，摆出各种各样奇异的商品，琳琅满目，美不胜收。每天都有成千上万的游客前来购物、观看、游玩。这一市场满足了周城村民的各种特殊需要。

第三节 "核心"与"外围"

摩哈苴和周城的市场，如果从表象上看，似乎形成了一个完整的市场结构体系。但是，每一个具体的街子对于基层社会内部的人们的重要性并不等同，其中只有一个街子最重要、最经常、赶街频率最高，这一个街子具有最基本的意义，我们将之称为"核心市场"。摩哈苴的核心市场是"寅街"，周城的核心市场则是村内的"小街子"。除核心市场之外的其他所有的街子则是非经常的，只是对一部分人有着特殊意义，这类市场我们称为"外围市场"。核心市场与外围市场有着性质与意义上的巨大区别，并且这种性质与意义在两个村庄有所不同。

在讨论核心市场对于社会结构的意义的时候，我们首先看到的是：核心市场对于两个村庄都具有重要性，这种重要性可以通过如下的事实见之：如果交换的需要量增加，解决的办法不是去赶其他街子而是增加核心市场的街期。寅街在传统社会里，只是虎日（寅日）赶街。自20世纪80年代开街以后，由于交换的增多，就改为逢猴日、虎日两天赶街。周城的小街子在传统社会中并不天天开街，后来随着交换需要量增多也只是每天下午开街两个小时左右，现在则是每天从早上到晚上都可以进行交换。但我们强调的是，核心市场对于两个村庄具有不同的性质，因而也构成了不同的社会关系。在一个自足性的社会里，交换主要表现为互惠性交换，这种互惠性交换已经在"生存"的意义上满足了基层社会结构内部人们的基本需要。而在这种情况下的市场交换的实践活动并不是发挥满足人们的日常的物质生活的"生存的需要"功能，而是发挥着满足在基本需要之上的"发展了的需要"的功能。对于摩哈苴人来说，即使寅街不存在，他们也可以依靠村内的互惠性交换达到一种"自给自足"。因此，赶街活动并不是摩哈苴人每日进行的群体的日常实践活动。核心市场对于摩哈苴人来说，不是社会构成"必要条件"，但有了核心市场，摩哈苴的社会发育更充分，因此它只能作为"充分条件"而存在。而在周城则相反，村内的核心市场"小街子"对于满足"生存需要"具有根本性意义，它是一种"必要条件"，非"小街子"这个市场不能生存，当然地域社会也就无从谈起。这是由于周城村民分工的专门化所致，周城许多村民已经不再种地而专门从事餐饮、扎染、缝纫、建筑、旅店、行医、食品加工、铁木器生产、运输等行业，已经不生产粮食，承包时分得的土地也都让给了亲戚朋友，他们需要去小街子购买粮食才能维持其生存。核心市场的交换活动成为日常的、高频率的、每日必需的群体实践活动。从周城的经验看，满足生存需要的核心市场设在村内；从摩哈苴的经验看，满足发展需要的核心市场设在村外。村内的核心市场对于基层社会结构具有结构性意义，村外的核心市场对于基层社会不具有结构性意义。不过，周城并不构成摩哈苴的反证，而只是起到补充说明作用，即补充说明在现代工商业社会中，市场的地位较之传统农业社会有着显著的提升。

外围市场对于摩哈苴，是为了满足"发展需要"，即个别村户为了做生意而去这些地方，也有的是作为点缀生活而去赶街。以在立秋日开街的秀水塘街为例。摩哈苴一部分青年人光顾的目的是去那里跳歌并寻找异性朋友玩乐。我1995年跟随摩哈苴青年去过一次。这里并不像通常意义上的街子，只是一片平坦的开阔地，构成十几个大型的跳歌场，男女青年跳歌队伍庞大。有一些骡马市场设在周围山上的小树林中。过去的社会习俗允许当天晚上男女青年可以自由谈情说爱不回家。这一年一次的男女佳会，那一天摩哈苴只去了12位青年，包括3名女青年。而且当天全部回村，未有人留宿。对于周城来说，外围市场同样是发展的需要，村民们为了达到富裕的目的，穿梭在各街子之间。但这种活动同样不能成为全社区日常的、高频率的、群体的实践活动，各家赶街的目的不同。赶沙坪街是为了买蚕豆，因为沙坪生产蚕豆，价格便宜；赶喜洲街则是为了购买日用品，因为喜洲是镇政府所在地，日用百货品种多样，价格便宜；赶大理街是为了出售扎染制品；赶三月街是为了买卖大牲畜，如此等等。在利益最大化的谋算下，交换以致富为目的。

当然，出于生存需要的交换与出于发展需要的交换会产生互动性影响。在从传统到现代的社会转型过程中，乡村社会的核心市场与外围市场产生两个不同的趋势：核心市场"内敛"，外围市场"外扩"。摩哈苴的端午街设在村委会旁边的一块小广场，开始只有一家小店铺，几年后聚敛了3家小商店，这两年村庄已通公路，将来有可能发展为类似周城小街子的那种街子，以便替代寅街的功能。摩哈苴外扩倾向目前只限于几个生意人，将来会有更多人参与。周城的内敛已经完成，它们的外扩正向全球化发展。

摩哈苴与周城的周边市场，都是19个，在地理上颇似施坚雅的18个市场的空间分布，在时间上又是有节律的重复，如果不深入当地人的意识，很容易造成一种错解，进入一个颇具诱惑力的"迷阵"。应该清楚地认识到：所谓18个也好，19个也好，都是民族志者用客位的眼光观察到的市场现象。而对当地人来说，这种周期性的密集循环的排列对于摩哈苴人没有任何意义，最根本的原因在于摩哈苴绝大部分人的市场实践并不遍及所有的街子，而只涉及寅街，最多加一个兔街，这两处，也仅仅这两处才对于摩哈苴人具有重要性。人们只有在自己实践的"手电光"照亮之处，才能"看见"事物，除此之外，其上无物，其下亦无物！无论是按十二地支排列的街子，还是按年度重要节日排列的街子，只有寅街开街的寅日和申日对于摩哈苴人才有意义，才能被摩哈苴人"看见"。甚至本村的端午街对于摩哈苴人来说也总是"视而不见"。周城的情况也一样，尽管赶街的密度远超摩哈苴，但是所有街子对于村庄上的所有人不都具有同样的意义。施坚雅的正六边形也好，一个村庄周边18个街子也好，从视觉的客观上说，这些街子是"存在"的，但是这种"存在"只是对施坚雅建立他的所谓市场理论以及可以到学术会议上去作报告而言的"存在"，对于当地人毫无价值。这里所显示的就是主位视角与客位视角的巨大错位：施坚雅从客位视角"看见"了众多市场，而当地从主位视角根本"看不见"这些市场。[①] 他将一个村庄与周围 6 个乃至 18 个市场均等地联结起来，建立某种结构体系，这完全忽略了市场对于具体村庄重要程度的不均衡性这个最根本性的问题。摩哈苴与周城的 19 个市场，根本不具备"体系"的性质。将具有不同重要性的各种市场放到一个均衡的结构中去，并且构建出某种规则，在方法上的重大失误是白种欧洲男性民族志者将自己的思维中的"逻辑形式"当作了当地人的"实践形态"。市场是促进中国农村基层社会构成与发展的重要因素，但不一定是必要的因素，更不是唯一的因素。施坚雅的"中国农民生活的所谓自给自足的社会不是村庄而是基层市场社区"的结论没有说服力。

---

① 这里举出另一个"看见"与"看不见"的参照性例证：普里查德在努尔人那里看到的是按谱系排列的宗族结构，但在当地人那里这种精致结构并不存在。当地人所画出的宗族系统则是一个从一点向四周发射的系统图，这个系统图既包含了共时性的结构，又包含了历时性的结构。参见［英］埃文思－普里查德《努尔人》，褚建芳等译，华夏出版社 2002 年版，第 221—232 页。

第八章　祭祀与信仰：宗教生活的地域空间

在以上四章中，我们讨论的都是现世的生活与世俗的事务，在继嗣、联姻以及物质生产与交换等活动中，人们都是有理性的。然而，人类又创造出一个不可见的存在物和力量，即超自然的存在，与其所直接感觉的世界相互平行，或者隐藏在其背后。在这里，人显示出非理性的特征。本章我们呈现宗教祭祀活动的社会空间及其构建功能。"祭祀圈"与"信仰圈"是一些学者常用的两个概念。就祭祀圈而言，摩哈苴与周城的集体祭祀仪式是一个包含着家庭、家族、村落、村庄的多层结构体系。[①] 就信仰圈而言，摩哈苴只信仰少数几个村外神，而周城由于存在着数个宗教组织，信仰佛、道、儒诸神，朝圣地亦遍及大理地区。

第一节　家族祭祀仪式

摩哈苴的彝族没有发现族谱，也没有祖庙和祖祠。摩哈苴的家庭祭祖表现为祭祀神龛前的祖灵神位以及每年七月十四的祖公节。家族祭祀仪式主要是清明节祭坟，传统社会中全家族聚在一起，后来分支多了，坟地分散，便以分支为祭祀单位。现在则多为单家独户或以联合家庭为祭坟单位，仪式并不隆重，祭品很少，程序简单。而周城每个家族则都有完整而详备的族谱，每年都有全家族在一起的祭祖活

[①] 家庭是最小的仪式单位，它在空间上虽然占据了某些地理面积，但它不是一个地域性单位，故而不作单独讨论。

动。本节以段氏家族（下段）2001年祭祀祖先的段氏龙王节为例来呈现家族祭祀空间。

段氏龙王节是每年农历六月十五日在苍山脚下的祖庙祭祀二世祖段隆的重大的家族公祭活动，据说这一天是段隆的生日。段隆有一个神话传说，最早见于1435年明代段氏家族四世祖段福的墓志铭："（段）隆，性乐善，至诚感神，天锡（赐）神泉，即谓之曰：龙淇公①。公则靠天石（赐）之田，得以灌溉。祖妣氏，身怀有孕，难以临盆，因神人锡（赐）以菩提子，使含口内，果应。于是下咽，乳儿双手捧出。先祖将菩提子送还，神人遂驾祥云而去。先祖于是将菩提种于周城之北教场，遂名之曰'上关花'。此先祖善果栽培之力也。"② 段隆因感神、被神所赐而自己也成为神，被当地人认为是"治水龙王"。2001年的农历六月十五（公历8月4日）当天的仪式过程如下：

早晨8点左右，下段65户陆续出发上山。我与下段家族的家族长段仕景、段继高等长者同行。段仕景告诉我说："今年祭龙本来要请苏法师③来念经的，80元钱。后来洞经会主动要求参加，说他们不要钱，且伙食费自备，大家一起玩一玩、乐一乐。我们家族就没有请苏法师了。"一路上看到一些洞经会会员背着二胡等乐器有说有笑上山。

段氏龙王庙在1998年重建，庙内塑有段隆神像，两边的对联为"而中神主宰，以下润生民"。当摆堂④工作完成以后，10点半开始焚香⑤、点烛、烧纸，洞经会李会长宣布仪式开始，接着敲鼓、敲锣、敲叮当、吹喇叭、弹奏洞经古乐一曲。然后李会长跪在段隆像前念祭文，敲锣、弹奏洞经古乐数曲，族中长老段仕景、段仕宇、段继高等

---

① "龙淇公"段氏家族称为"龙淇公公"，俗称"我们的老公公"，或直接称"龙王"。在苍山上有一座段氏龙王庙，内塑段隆像，段福墓志铭被砌入西边的墙壁。有股苍山泉水从庙下流出。
② 段福墓志铭镶嵌在苍山脚下的段氏龙王庙的后墙壁上，2000年4月6日（农历三月三）我在龙王庙中抄录。
③ 村中最有权威的法师。
④ 摆堂工作的主要内容有：在段隆神像前摆上了两个盘子，内装红糖、水果糖、水果，一对红蜡烛，还有一个香罗，里边放着柴火。
⑤ 焚香的功能是通神。

人行三跪九叩礼。随后李会长又念裱文，念完后烧化裱文，放鞭炮，洞经会诵经，一边弹奏洞经古乐。11点半钟仪式结束，有几名男子在龙王庙段隆神像两侧的墙壁上贴了两副新对联"心诚志坚动天地，勤劳美行憾乾坤"，"山高水长千古颂，子孙兴旺万代传"。

12点半开始聚餐。这天参与仪式的洞经古乐会共有27人，他们不取报酬，段氏家族给他们每人发了一包价值两元多的美登牌香烟，他们作为沟通人与神的宗教人员享受先吃饭的特权。他们吃完以后，全体参与人员聚餐，分出了三种不同层次的聚餐圈：第一圈为中心圈，地点在龙王庙内，参加人员有下段家族长4位、上段家族长5位①以及作为外来客人的我。第二圈为中间圈，地点在龙王庙前的一片小广场上，蹲围了7个聚餐群体，由65户每户一男性成员参加，不分支系随意组合。第三圈为外围圈，地点散布在稀稀朗朗的小树林内，这是除男性成员以外的其他成员。每家都在小树林中寻找出一片可供生火做饭的空地，然后掘地为灶，举火野炊。有的家庭只有母女二人，也有的三五人，还有一些家庭因邀请了亲戚朋友，人数较多也较热闹。亲戚朋友只参加聚餐，不参加仪式活动。

吃完中午饭后，一点半钟开始议事。下段长者共21人参加，上

图8-1 "治水龙王"段隆（朱炳祥摄）

---

① 上段家族共来了7位家长，其中2人为洞经会成员，参加洞经会聚餐，故此处只有5人。

第八章 祭祀与信仰：宗教生活的地域空间 | 143

段7位家族长参加，我是旁听者。议事内容是对段氏祠堂的归属问题统一认识。此前下段与上段关于宗祠的归属和使用问题产生了矛盾。上段认为历史上两个家族联过宗，祠堂应该属于两个家族。而下段家族长老则有两种意见：一部分人认为祠堂是因下段家族五世祖段德贤捐献军费有功而被朝廷赐予的，理应属于下段；另一部分人认为，既然在历史上两个家族联过宗，从团结和谐出发，上段也可以在宗祠内活动。下段已经在三天前召开了家族长会，统一了认识，决定接纳上段家族共用祠堂，故而这次龙王节请了上段7位家族长来参与龙王节，同时说明此事。于是议事的主调就成为"两个家族的团结"。下段有5位家族精英发言，一致赞成两个家族共用祠堂；上段家族的几位代表说这个意见很好。对于上下二段的议事，段氏家族认为具有历史意义，又重新排演了一下，并录了像，然后，28位长者兴高采烈地长时间鼓掌。①

图 8-2 家族议事（朱炳祥摄）

---

① 在下山的时候，我与上段的几位老人一起走，他们没有说联宗的事，而是将段隆故事演绎出另一个版本。说是上段下段，本是一个老公公的两个兄弟。老大是上段，老二是下段。

图 8-3 分餐（朱炳祥摄）

下午 4 点半，则是分餐仪式。将余下的菜肴按 65 户平分。每一个容器内，都是均等的一份生肉，一份萝卜丝，还有一串用棕树叶穿起来的熟肉。乳扇、冰糖、果子、水果糖等供品也是每家平均分发。晚上各户再进行一次包括没有上山的老年人与小孩全家所有成员的聚餐。可见，仪式不遗漏任何一个家族成员，包括当日未参加上山仪式者。

从整个祭祖的仪式来看，段氏龙王节的主题是：敬奉祖先，团结内部，谐和近邻，尊重外客。这些主题是家族内部的一种结构化力量，以及家族外部的一种关系性联结。由于家族并非聚族而居，所以家族祭祀空间并无地域性关怀，家族集体仪式空间与地域空间缺乏对应性；但这只是一个表面现象，因为交错杂居中的家族散居于地域村的范围之内，不越地域边界，故而各家族祭祀仪式空间与仪式的地域空间相重叠，也与地域的仪式空间相重叠。

第二节 村落祭祀仪式

村落祭祀不是血缘性的而是地缘性的，无论是形式与内容都与地域直接关联。

摩哈苴村落这一级祭祀活动是"出行"，即每年正月初一以村落为单位的祭山神仪式。摩哈苴的山神就是山林中的土地神，一方山

第八章　祭祀与信仰：宗教生活的地域空间 ▎145

神管一方山林土地。摩哈苴有一则谚语说，"山神老爷不开口，老虎豹子不咬羊"，意为山林之兽是隶属于山神管束的。摩哈苴20世纪70年代有的山神庙上还画有一幅画，将一虎一豹用绳索系于山神庙前的木桩上，这充分说明了山神的功能。摩哈苴地处高山深林，在农业传入之前，主要是采集狩猎生活，与山林关系密切；农业传入以后，饲养牲畜也采取在群山之间放养的方式，且农用梯田亦为开垦山林所得。山神的重要性根源于山林对于所居之人生存问题的重要性，故摩哈苴人将祭祀山神的"出行"活动置于岁首第一日。土地是以小村为单位划分的，各小村所祭山神都是固定的，具有地域性。但由于村民们经常活动的范围遍及诸多山林，所以这些山林的山神都要去祭拜。摩哈苴的山神并无层级体系与主次隶属关系，山神庙往往设置在村民放牧、割草、砍柴、狩猎①、采集山珍等生产劳动所及之地。摩哈苴的山神庙极为简朴：立一石（无论形状及大小），前插三叉松毛，② 再由朵西（巫师）作一仪式，即已造成。较正规的山神庙也只是用三块石头围起，内置三叉松毛，上盖一石板，前加木栅，大小及外形颇似一般农家的鸡窝状。

从我2003年所观察到的"出行"群体看③，摩哈苴的"出行"单位可以设置为六个层级的祭祀单位：第一个层级为家庭。第二个层级为联合家庭。第三个层级是地域性的家族群体，它们是居住在同一个村落之中的不同的位置上，因为存在着血缘关系的亲密，所以正月初一共同"出行"。第四个层级是情谊群体，这是几个平日相处较好的家庭联合出行，他们是同村人，其中很多是邻居。第五个层级是村落，这是一个地域共同体。需要将村落与小村作出区别，摩哈苴有35个自然村落，有的自然村只有两户人家。一般说来，聚落户数较多的如白草山5户就会形成一个单独的"出行"群体，而两户人家大

---

① 笔者1995年至摩哈苴做田野工作时，狩猎虎豹熊野猪等大型动物的生产方式依然局部存在，且有自制猎枪的专业技术人员。自1998年国家下达收缴枪支的通令以后，摩哈苴不再狩猎大型动物。

② "三叉松毛"是指从马尾松上截取的三叉松枝经过"朵西"（巫师）的仪式后具有神性之物。

③ 对2003年正月初一"出行"群体的详细记录参见第九章第三节。

146 | 地域社会的构成

图 8-4　山神庙（朱炳祥摄）

多参与就近的大一些的聚居村落一起"出行"。第六个层级是小村。小村本是行政单位，但在摩哈苴当小村与村落重合时，有的小村便共同出行。

周城的村落祭祀仪式可以火把节为例。每年农历六月二十五日的火把节是白族地区的一个重大节日，在周城，这是以充道（房屋间较为宽阔的路径，每个充道相当于摩哈苴的村落）为祭祀单位的仪式活动。关于这个节日的来源，有着一个动人的故事。南诏时期，蒙舍诏想吞没其他五诏，借"星回节"祭祖机会，建松明楼，宴请各诏主，登赕诏主之妻柏洁夫人识破奸计，又知其势不得不从，特将自己的一只玉钏戴在丈夫手上，蒙舍诏主趁各诏主酒酣之时，点燃了松明楼，五诏主俱被焚，尸骨难辨，只有柏洁夫人赶来凭玉钏收回丈夫尸骨。蒙舍诏主想强娶柏洁夫人，她伪应，运回夫骨安埋后，即起兵与蒙舍诏决战，不胜而壮烈身亡。火把节就是后人为纪念柏洁夫人的节日。火把节这天一早，每个聚居区的全部人员都忙碌起来。妇女们早早地起来帮忙准备扎火把的材料。上午开始扎火把之前，由一位社区长者磕头烧香，烧纸钱，拜祭。祭拜完后开始扎火把，扎火把由火把居住

第八章　祭祀与信仰：宗教生活的地域空间 | 147

区内所有男子全部参加合作完成。他们将细竹、麦秸、稻草紧紧捆扎在一根直径大约半米多、长约 10 多米的事先砍好的树干上，火把扎成十二节，象征一年的十二个月，闰年扎成十三节，还在篾片上穿缀着许多火把梨。火把扎好后，所属区内的所有家庭的大人、小孩都要来拜火把。拜完火把开始竖火把，火把区内的全部青壮年共同努力，将一个毛茸茸的直径已达 1 米开外的大火把用绳索合力拉拽着竖立起来，场面颇为壮观。然后再插上"升斗"。到了傍晚，还有点火把、绕火把等仪式活动。

周城的房屋鳞次栉比，密密匝匝，充道是一种以居住地的划分单位。火把节是一种区域性的大型群体祭祀仪式，其地域性的社会结构功能，从如下三个方面可以得到说明：

第一，火把不以行政社区为单位，而是以居住地为单位，它们分割了不同的小村（即村民小组，在周城称为"社"）。自 2001—2007 年我逐个统计了周城的火把，皆为 10 处，其火把区与行政小村的交错关系如下表：

表 8-1　　　　　　　周城各社火把的地域分布

社别\地点	龙泉寺	南本主庙	北本主庙	南登路	石佛路	南广场	北广场	镇北路上段	镇北路下段	朝珠广场
1	△							△	△	△
2	△							△	△	
3	△					△	△			
4	△	△					△			
5						△	△			
6						△	△			
7			△				△			
8			△				△		△	
9		△								△
10		△								△
11					△	△				△
12						△				△

续表

社别 \ 地点	龙泉寺	南本主庙	北本主庙	南登路	石佛路	南广场	北广场	镇北路上段	镇北路下段	朝珠广场
13		△								△
14					△					△
15				△	△					△
16					△					△

龙泉寺、南本主庙、北本主庙是村内三所著名的寺庙。龙泉寺居于村的中央，现有玉皇阁和龙泉寺两座寺宇合成。据当地人说，玉皇阁是周城的第一座寺宇，建于唐太宗贞观（公元627—649年）年间，现龙泉寺大殿二层是玉皇阁，供奉玉皇大帝。龙泉寺则是明清时期分三期建设而成。南本主庙也称为景帝庙，庙中供奉三位本主：大黑天神（居中）、景帝（居左）、赵木郎（居右）。该庙在唐肃宗至德（公元756年）年间建成。景帝是南诏第十一世国王世隆景庄皇帝，"景帝庙"即以其命名，他是大理地区的共同本主。大黑天神则是一位对大理地区作出牺牲的天神，也是大理坝区的共同本主。赵木郎则是周城村第一位本主。周城人将三者合一并且起了一个特别长的圣号："赵木郎感应土主大黑天神天郎文明新官景帝"。北本主庙也称灵帝庙，是周城村的第二座本主庙，位于村北。据当地人说建于清康熙五年（公元1666年），供奉的本主是为周城人杀蟒的永胜人杜朝选。这三座寺庙在火把节中的功能也是地域性的，即围绕着寺庙的村户构成一个火把单位。从上表来看，这与摩哈苴继嗣群的地域分布颇为相似，同一个"社"（村民小组）的家户由于居住位置不同而分属于不同的火把区，而同一个火把区也由不同的"社"而居住位置相同的家户构成。

第二，村民居住地域的变化带来了参与火把祭祀场所的变化。在周城只要村民搬迁，居住地域发生变化，他们参与的火把祭祀就会立即发生变化。这有两种情况，第一种情况是如果原住房拆迁搬迁新区，他就参加新居住地的火把祭祀，不再参加原先居住区的火把祭祀。当然如果他有怀旧情怀，他也可以在新搬走那一年同时参加两处

第八章 祭祀与信仰：宗教生活的地域空间 | 149

图 8-5 高高的火把（朱炳祥摄）

图 8-6 外国人在周城玩火把（周城村民委员会提供）

火把的祭祀活动，但一般也只限于当年。第二种情况是如果某户村民搬迁至新地，但原地仍有住房，那么在火把节的时候就必须参与两处火把的祭祀活动。例如段氏家族的 DXY 开头居住在村南的南广场火把区，他一直都参加这一火把区的祭祀活动；后来他在朝珠广场新建了别墅，但原来的住宅仍然保留，所以每年他都要同时参加这两个火把区的祭祀。

第三，新建社区就会增加新的火把。据报道人说，原来周城只有三个火把，后来随着村庄的不断发展与扩大，也就不断增设了新火把。在上表中，镇北路的两个火把和朝珠广场的火把最能说明问题。随着周城的经济发展，人口不断扩展，镇北路东段靠近洱海这一边的一片空地都成为新的住宅区，于是就增设了"镇北路下段"的火把。后来新的搬迁户不断到来，由于214国道的阻隔已经不能再往东发展，于是就反方向朝着西边向着苍山方向的空地拓展，家户多了，又增设了"镇北路上段"的火把。而朝珠广场的火把则是我在周城做田野工作期间的2001年才增设的。周城为了建设旅游大村，发展经济，于是就在村北傍近蝴蝶泉的一片墓地上专门开辟出以"朝珠花"神话为命名的"朝珠广场"社区，一些富裕户都在这里盖了别墅，并于2001年在这里新设了"朝珠广场火把"。

第三节　村庄祭祀仪式

较之家族仪式与村落（充道）仪式，全村祭祀仪式最为隆重，其地域性的结构力量也最为强大。

摩哈苴全村性的祭祀仪式在传统社会中是每年的二月初七11个小村全部参加的"祭大龙"活动。据当地老人回忆，这是一种极其重要的祭祀活动，杀猪宰羊，场面宏大。11个小村轮流主祭，持续数日。仪式由村中最有威望的神职人员"老赵"主持，在龙树山一棵几百年的"大龙树"下进行，所有家庭都必须参加，并以开渠挖沟、引水灌溉迎接春耕作为仪式的尾声。但祭大龙活动在"文化大革命"中被认为是封建迷信活动而被禁止，而"大龙树"也突然神秘地死亡，"老赵"亦随之去世，自此"祭大龙"仪式不再举行，故无法对其进行田野呈现。

周城的全村祭祀活动则是每年正月十四至正月十七举行的本主

节，我多次参与了这一活动。本主节是以"周城"村作为整体单位的重大庆典活动。本主神是地域村的保护神，本主节仪式的组织者是代表全村的，参与者是全村的村民，在仪式的各种活动及话语中，都是以"周城"作为整体单位。

经费是支撑仪式的保证。周城本主节的经费来源是全村性的，既包括了村庄内部各种组织与个人的捐献，也包括了外单位对村庄的赞助。我在2006年和2007年参加本主节时抄录了当年节后公布的红榜，2006年呈现的经费有五个来源：（一）村委会出资8000元。（二）村内各种组织的赞助："餐饮分会300元；民族扎染厂10000元；金花奶粉厂10000元；老年人协会600元；老人协会洞经古乐队1500元；南片方广莲池会1500元；北片方广莲池会1500元；周城卫生所300元；九年制学校200元；周城供销社200元。水电管理所以工代捐，负责水、电费、搭人工台。"（三）个人赞助有："周城邮电政所杨武鸿100元；张仁堂大药房周城分店100元；大理喜洲信用社杨炳辉50元；杨志来100元；董寿乾200元。"（四）外单位赞助，主要是上级单位或周边单位："喜洲信用社500元；大理古城电信公司周城点200元；云南网络公司大理分公司周城点100元。"（五）周城各户村民向"功德箱"的捐款，在节日拜本主时每家每户都自觉捐款，一般每家捐款50—100元，也有多些的，小学生有的5元，有的10元。该年"周城民族节组委会"公布了全部的经费收支账目：

图8-7 "大龙树"之子小龙树
（朱炳祥摄）

收入：老人协会组收交功德20150元，……①杨云先交2004年民族节余款350元，民族节伙食收入5310元（其中南片：182人×5元＝910元；北片：337人×5元＝1685元；洞经古乐队：70人×5元＝350元；新郎：29人×55元＝1595元；来宾贺礼：590元；老人协会：50元；张镇武及零星功德：19元。合计：46421.1元）。

支出：伙食支出12691.7元，其他支出30477.1元（其中：搭设戏台及层板988元；购篷布、修扩音器528元；购灯具、铁丝193.5元；制作奖牌、彩旗1848元；赠送来宾纪念品863元；文艺联欢奖金1300元，……）两相抵结余：3252元，由老年协会存入信用社。

周城民族节组委会
2006年2月15日

图8-8 周城本主（朱炳祥摄）

2007年"周城本主节组委会"3月2日公布的捐款大红榜为：

---

① 此处红榜的纸张被风吹坏，有数字不知其详。

第八章　祭祀与信仰：宗教生活的地域空间 | 153

图 8-9　新郎抬本主彩轿（朱炳祥摄）

"村委会 5000 元；大理市文化局 5000 元；大理市民族宗教事务局 4000 元；大理州旅游协会周城餐饮分会 5000 元；大理市农村合作银行喜洲分行周城分理处 1000 元；周城水电管理所无偿供电及搭撤戏台工作；华鹏实业有限公司杨胜华 3000 元。个人：张善本 10000 元；张镇云 10000 元；张群金 10000 元；杨育富 2000 元；董继荣 2000 元；段义忠 1000 元；桂丕栋 1000 元；张若军 1000 元；倪树伟 1000 元；段鹏举 1000 元；段万雄 1000 元；杨志成 1000 元；杨云 1000 元；段兆全 1000 元；杨兴亮 1000 元；杨光 1000 元；杨朝树 1000 元；桂丕良 1000 元；张达 600 元；李天忠 600 元；总计：712000 元。"旁边又有一榜补充："再榜公布：农户赞助张骞 600 元；李天才 200 元；杨仕先 200 元；桂再清 200 元；董飞跃 100 元。"

本主节的仪式过程盛大而热烈，它以大规模的人群、高强度的祭祀活动、欢腾激动的宗教热情、绚丽斑斓的各种色彩，全方位地将整个村庄的人员聚合在一起，创造出紧密的地域社会关系。对于仪式的结构化功能的观察，我选择了三个视角。

图8-10 莲池会老妈妈接本主(朱炳祥摄)

图8-11 "十供样"童女和背印的童男(朱炳祥摄)

第一，仪式中各种色彩的结构化呈现。

在本主节的仪式中，最先感染人的是一种鲜美的视听感觉，呈现在民族志者面前的是各种色彩的纷呈、各种音响的律动、各种特殊标志的节日事物的展示，无法细致描述。民族志者只能注意到他感兴趣的、感受最为强烈的一些事物。在这里我选择"色彩"来分析给人造成的感受及其结构力量。首先是红色，接本主的队伍以红旗开头，那种鲜明的色彩最引人注目。红旗高高地飘扬在空中，颇为张扬地向周围的一切宣告本主节的到来。而当日从庙中接出的本主的身上也被"挂红"[①]，且接本主的轿子也有着红色彩带的装饰，三者相互辉映，相互说明。还有一部分年轻白族女性的红色着装，接本主使用的红色的鞭炮、红色的大鼓，龙狮队中"龙"与"狮"身上的红色的斑纹，各种红色布标，红色的贡品干那[②]，各种乐器的红色坠饰，书童所背书印上的红色扎带，等等。这些红色汇聚一体，相互呼应，使人兴奋、激动、热烈。其次是黑色，这是方广莲池会的老妈妈们衣服颜色的主色调。本主节的接本主队伍主要由她们构成。周城的方广莲池会2005年统计人数为1360人，其中女性成员为1340人。从理论上说，所有参加方广莲池会的成员都要来参加接本主。她们是接送本主的基本队伍，一边行进一边诵经，其服装庄严肃穆。再次是白色，这种颜色在背"书印"的童男和"十供样"的童女的服饰上得到最显著的体现，他们身着白色的衣服，纯洁而天真，在巡行的队伍中异常醒目。同时，迎神队伍中也多有年轻女性着白色服饰，给人纯洁无瑕的感觉。近处白族房屋白色主调，鲜亮的白色照壁，远处苍山顶峰的白色积雪，也构成了一种接本主队伍中的白色映衬。最后是黄色。这是高贵的颜色，高贵的颜色理所当然地赋予了神：装饰得金碧辉煌的接神的五顶彩轿[③]主色调是黄色的。而在接本主的队伍中，黄色调的"龙"则是一种热烈的呼应。"龙"与"本主"都是神，而今日，杜

---

① 在接本主时，方广莲池会的段继仁会长给本主身上披挂上一条红色的带子，称为"挂红"。
② "干那"为一种油炸乳制食品。
③ 五顶彩轿抬的是本主赵木郎、景帝、杜朝选以及他的两位妻子——大娘娘、二娘娘。

朝选等诸位本主神灵静静地坐在轿中，"龙"则一路欢欣地舞动。另外，佛伞、香炉中的香、供品中的黄干那都是黄色的，也起到辉映效果。除了这四种颜色之外，还有两种自然颜色的大背景，即蓝色和绿色。蓝色是天空的颜色，绿色是大地上庄稼的颜色；蓝色是洱海的颜色，绿色则是苍山树林的颜色。周城在苍洱之间，下关之风、上关之花、苍山之雪、洱海之月所构成的"风花雪月"美景，是周城人的生命所依，情感所托。在本主节的仪式中，它们同样在场，使人开阔、使人遐想，使人心旷神怡。这些自然的和人工的颜色在宗教仪式中有力地烘托进而强化了集体欢腾的氛围，给人的感官各种强烈而复杂的刺激与感受，具有鼓舞、推动、激发、唤起人们情绪与精神的巨大力量。四种颜色同时也是一种有机的关系结构。黄色是统帅，红色是一种加强说明的色彩，宣示着"今天是节日"的语意，红色服从于黄色。黑色也是为黄色服务的，因为方广莲池会的老妈妈们今日是迎神的主体，她们的虔诚与庄严是对本主神的虔诚与庄严。白色同样是为黄色服务的，童男的工作是为本主背"书印"，而"十供样"的童女是为本主供奉食物的。

第二，仪式过程的时间结构化显示。

周城本主节的组织机构是"周城本主节组委会"，是由周城老年协会来组织的。这个机构是周城村民委员会的派出机构，它起到沟通行政与宗教组织之间的桥梁作用。老年协会、村委会、宗教组织三者之间的结构性关系为：村委会与老年协会是领导与被领导的关系，老年协会与三个宗教组织是指导与被指导的关系。在宗教组织不违犯有关国家政策法令的前提下，行政组织不干预宗教事务。行政组织对于宗教问题的意见通过老年协会与宗教组织协调解决，故老年协会一般由退休的村治行政干部担任。周城本主节持续三天半，即正月十四至正月十七上午。正月十四"接本主"的仪式最为隆重。2007年接本主是公历3月3日这一天，接本主出发地点在龙泉寺。上午10点30分，村党总支书记段晓云、村委会主任杨彪、分管文化工作的副主任董根全三位核心人物西装革履，以一种非常正式的、庄严的，以及抖擞的精神穿过大充路准时到达龙泉寺。接本主的队伍即由洞经会李永

第八章　祭祀与信仰：宗教生活的地域空间 ▍157

正会长宣布出发。

这一年接本主的队伍的序列，我抄录了洞经会李永正会长在其书写的文本上的序列如下："（1）放火炮（2）净火盆（3）两面红旗（4）龙队布标（5）龙狮吹打乐队（6）龙狮队（7）大锣大鼓（吹师傅配）（8）南北片方广莲池会霸王鞭（9）南北片善信女全体（10）莲池南北片后班经母全体（11）南北片前班经母全体（12）洞经古乐队布标（13）细打细吹队（14）洞经古乐队会员全体（15）洞经古乐队细乐组（16）书印6人（17）方广古乐会领导全体（18）十供样（19）莲池会花瓶二人（20）莲池会香一人（21）莲池会茶二人（22）莲池会酒二人（23）供糖供果三人（24）大经母16人（25）打米二人（26）香炉一人（27）佛伞一人（28）佛轿5台：新空太子，二娘娘，大娘娘，新官景帝，杜朝选。"而那天我观察的实际的序列与此吻合，没有错位。这里再补充一些细节：（1）净火盆由两人抬着，内置燃着的柏枝。（2）龙狮队由一位村民小组长舞龙头，19位中老年妇女参加舞龙。（3）当日方广莲池会参加者共494人（南片202人，北片292人）。（4）"细吹细打队"是由几个女子敲叮当。(5) 背印的是6个10岁左右的小男孩。（6）"十供样"往年我观察都是由10名10岁左右的小女孩手中捧着"花""酒""茶"等供品，2007年改由方广莲池会成员代替。（7）"方广古乐会领导全体"这一天有洞经会李永正会长、苏法师、南方广莲池会会长董文奎、北方广莲池会会长段继仁，还有一个文书。他们是仪式的执行者。（8）接本主的5抬轿子由当年结婚的新郎抬着，新郎8人一组，每组轮流抬。每年有80个左右。[①] 队伍到达本主庙后，由新郎将本主从神龛上背入彩轿内。（9）本主节家家户户在门口都点了大香和柏枝，本主巡行经过之时，各家各户燃放鞭炮，孩童们也开始嬉闹。

12点多钟，迎神队伍回到北广场（小街子），村里已在正月十三的下午在北广场设好神堂。人们把五位神像按本主庙里的顺序安放在

---

① 2000年有79个新郎，2007年的新郎我未曾收集到数据。给本主抬彩轿是新郎一生中只有一次机会，可以在本主的保佑下生小孩。如果当年结婚后已有小孩，也要参加抬彩轿，因为这是新郎的一种荣誉。

图 8-12　本主节人神共乐（朱炳祥摄）

神堂里，神像面对着戏台，便于本主看戏以及享受着村民们的膜拜。戏台柱联是："周常尚文礼乐宏模新景运，城不名武弦歌雅化应升平"，上下联的第一个字联为"周城"二字。这一年本主节对联是："一元复始贺喜万名父老乡亲温馨如意，万象更新祝愿阖村家族姓氏团结和谐"。此时，仪式权力中心已经转为村庄的政治领导，三位宗教组织会长只是作为村民一员站在台下。仪式由老协会会长张富仁（原村总支书记）主持，时任总支书记的段晓云讲话，显示村治权力的主导作用，也显示了宗教仪式与地域村行政仪式在结构上具有同一性。简短的仪式结束后，开始演出。周城 2007 年本主节因为有众多资助，办得比较隆重，他们请了云南省滇剧院演出一团来村演出，三天中共演出四场。村治领导讲完话后，开始第一场演出。第一个节目是每年都必演的传统戏"跳财神"。"财神"首先登台，祝贺百姓发财、致富、健康、平安。然后开光，接着说十句吉利话。传统说辞的最后一句是：打开宝藏库，遍地撒金银，但 2007 年扮演"财神"的演员还增加了"祝周城电脑科学大发展"的说辞，"神"的福佑也随着"人"的社会变迁而变化。此后,"财神"将准备好的许多硬币撒至戏台下,观众争抢,以求该年发财。后面又演出了《华容道》、《斩三妖》、《杀惜娇》、《鼓滚刘封》四个节目。当天晚上演出的是《血丝玉镯》。正月十五和正月十六亦各有精彩的演出节目。唱戏是给本主看的,但也是人神同乐的,每天的小街子人头攒动,挤着看戏,相当热闹。小街子上还有一些卖货、卖小吃的人。

在本主节期间,洞经会在临时搭起的彩棚里为本主演奏洞经古乐,三天中每天都按照不同的程式弹奏不同的音乐,并举行各种仪式。全村每家每户在三天中络绎不绝地都来拜本主并捐款,捐款投入设在神像前的功德箱内。到了正月十七的上午,则将本主送入本主庙,仪式的程序与接本主相同,只是规模较小。于是,社会生活回到了常态。

上述仪式过程的结构性关系可以从组织形式和参与人员两方面同时得到说明。就组织形式说,仪式由周城三个宗教组织共同组织,显示了一种地域化的整体结构。周城有三个重要的宗教团体:洞经会、南方广莲池会、北方广莲池会。这些会众信仰众多神灵,并有着复杂的、繁多的、年度性的祭祀活动。三个宗教组织几乎涉及每一家户,因为任何一个家户的女性只要到了五十岁左右,从理论上说都要参与方广莲池会。三个宗教团体中的洞经会,是清代流传到大理地区的。据2005年统计数字,洞经会会员146人,皆为男性。其中有53个入席会员,即会弹奏洞经音乐的会员,其余皆为普通会员。146人中,80岁以上的有6人,70多岁的有40多人,50岁左右的有七八个人,40多岁的两三个人,除此以外,其余都是60—70岁之间。洞经会的入会和退会都很简单,愿意入会者只需选一个会期来到龙泉寺,捐点功德钱,带一条烟分给大家,向会长说一声,把名字写在花名册上,即可成为会员。洞经会内部控制不严密。该会每年有26种庆典(会期),会期地点大部分在龙泉寺。方广莲池会于唐代流传到大理地区。传说唐代时观音大士来大理城西门外三元殿教方广经,开头听众皆为男性,且只有十几个人。后观音又教女性莲池经,听众甚多。于是在周城,方广会与莲池会虽同为佛教组织,但却有区别:一是经典的区别，有《方广经》和《莲池经》两部不同的经典；二是拜的祖师爷不同，方广会拜观音老祖，莲池会拜观音老母。周城龙泉寺左侧供有观音老母塑像，正厅则供有观音老祖铜身塑像。由于周城村较大，方广莲池会分为南片与北片两个组织。南方广莲池会共630名会员，其中男性12人，女性618人。就年龄分类，50岁以上的占98%，最高年龄86岁。其中50—60岁占80%；60—86岁占18%；50岁以下占2%。南方广莲池会共有66个经母[1]。北方广莲池会现有730名会员，其中女性722人，男性8人。80岁以上10多人，最大的89岁；70—80岁200多人；60—70岁200多人；50—60岁的有170—180人；40—50岁六七十人。北方广莲池会共有94个经母。南方广莲池会庆典有37个，祭祀地点大部分在南本主庙；北方广莲池会庆典有53个，祭祀地点大部分在北本主庙。以上三个宗教组织总人数为1506人，占周城总人口9425人的16%。而且近几年人数又有较大的提升，起码有2000多人。平时三个宗教组织分头活动，而在本主节期间，三个宗教团体共同组织，因为每一家都有成员参与宗教团体，其所代表的是地域村的整体宗教活动。

就参与人员说，也可看出整体结构的意蕴。本主节是全体村民的仪式。村庄的政治领导参与并在仪式的各个关键"节点"上出现，他们既代表了村庄整体的概念，也体现了一种凝聚性的结构力量。接本主、送本主的队伍都是以"周城村"为单位构成的，各充道、各村民小组、各家各户都有人参加。新郎参加抬本主活动，这是指历年的全部意义上的新郎，所涉及的是全村所有的家庭。给本主背书印的6名童男以及"十供样"的10名童女是从全村选出来的，他们也代表了全村。每家每户在本主巡行经过时，都在门前燃放鞭炮，全村所有的家户都包括在内。本主节家家都过节，请亲戚朋友来聚餐，没有哪一家脱离此习俗。小街子聚满了全村看戏的人。这些都说明了本主节的全民参与特征，全体村民的每一个"村民"在仪式中都作为一个要素被组织在整体结构之中。

---

[1] "经母"为莲池会中地位较高者，熟悉经典，在诵经时能担任领诵的角色。

第八章 祭祀与信仰：宗教生活的地域空间 ▎161

第三，本主巡行路线图的空间结构化表达。

如果仪式过程的结构化是一种时间表达，那么本主巡行路线图则是一种空间的结构化表达。当本主被抬出北本主庙以后，巡行队伍先到了北边的棕树河，这是村庄的最北端的边界。本主在这里停驻片刻，经母们在河边排成两列，念完一段经，然后向南巡行。本主并不是直线行走，而是巡着家户比较多的路线向前。队伍开头走的是 214 国道，到九年制学校门口，便拐到一条街上向南走，经过小街子走到镇南路然后折向东，走到村庄的最南端的边界上又停下来，经母们又开始念经。本主巡行在村中，表示他巡视着自己所主管的地域范围，这个地域范围与相邻的地域社会有着地界上的分隔关系，这从抬本主的轿子不能进入别的村庄可以见之。但是两个地域之间存在着的相互联系则可以通过本主间的关系体现出来。相传周城南边的仁里邑村的本主是位女性，她与周城本主杜朝选有着情人的关系。每年本主节这一天，轿子都要在这里停歇片刻，让这一位风流本主望一望他的情人，满足他的一种心愿。2007 年当队伍巡行到此地时，接本主的队伍就有了变化，原来杜朝选的那顶轿子在五顶轿子的最后，此时被迅速抬到最前面的开阔处，以便这位本主尽情向着仁里邑他的情人所在地张望以寄托情思。当地人笑着说："我们这个本主是个风流本主。"本主巡行线路图如下：

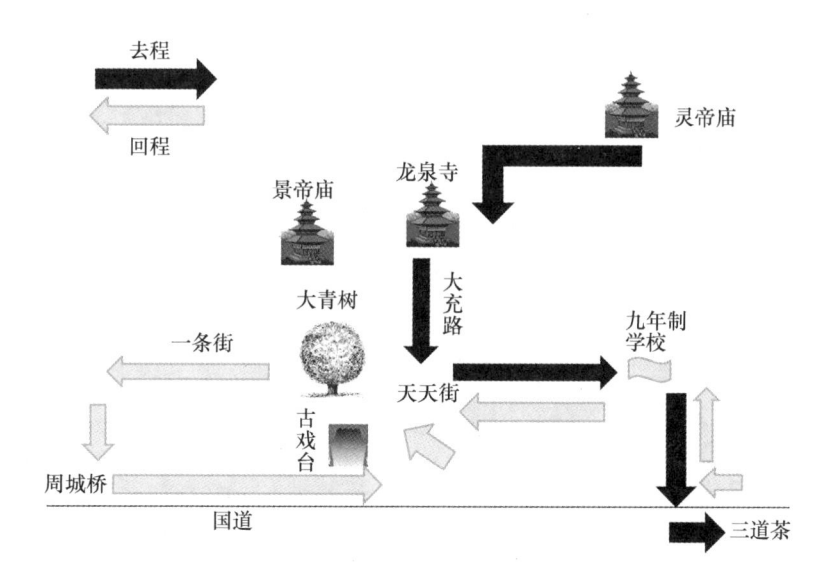

此图是我的硕士研究生陈鑫画出的 2012 年的本主巡行路线图，与我自 2000 年以来多次观察到的本主巡行路线有所不同。但是有一个基本理念不变：本主巡行路线是全村的所有地方，是他所管辖范围。周城有 2000 多户，大小巷道数百条，如果每一个巷道都要经过从实践层面上不易操作，故巡行路线只是一种象征，象征所有的地点。本主"巡行"所到之处（周城所有的地方）都是作为一种结构中的一个空间要素，"巡行"这一行动本身将这些要素都关联起来、统一起来，成为一个不可分割的地域空间单位，即"周城村"。

第四节 "域内"与"域外"

上面我们已经描述了各种祭祀圈所构成的不同的地域层级结构，学术界还有一种所谓"信仰圈"[①] 的概念，指的是部分民众村域之外的信仰及其祭祀活动。"域内"的祭祀与"域外"的信仰其性质有所不同。

摩哈苴涉及信仰圈的重要区域仪式只有一种，即每年二月十五和八月十五的庙会，地点在位于兔街乡与马街乡交界的太山庙，距离摩哈苴 20 里。这种庙会摩哈苴人参与度不高。摩哈苴没有大规模的群体外地朝拜活动。周城则不同，三个宗教团体每年在村外有着一些朝拜活动，遍及村外的一些地区。北方广莲池会会长段继仁在 2000 年的一次讲述中勾勒出了该会成员信仰圈范围，其全部地点都在大理市的范围之内。

表 8-2　　　　　段继仁讲北方广莲池会的信仰圈

序号	地点	参拜神
1	鸡足山（大理市宾川县）	各神佛
2	巍葆山（大理市巍山县）	各神佛
3	将军洞（大理市下关）	李密
4	南海观音观（大理市海东镇）	观音

---

① 这里所说的"信仰圈"，是沿用一些学者的狭义的信仰圈定义，而广义的信仰圈应该包括祭祀圈的信仰在内。

第八章 祭祀与信仰：宗教生活的地域空间 | 163

续表

序号	地点	参拜神
5	感通寺（大理）	各神佛
6	观音堂（大理）	观音
7	下关唐山（大理市下关）	南海龙王
8	城隍庙（大理）	城隍
9	东岳宫（大理）	东岳大帝
10	龙王（大理市洱海边）	龙王
11	沙坪本主庙（大理市洱源县）	外地本主
12	罗刹阁（大理市湾桥镇）	凶神罗刹
13	红山本主庙（大理市海东镇）	外地本主
14	绕三灵（大理市喜洲镇庆洞）	爱民皇帝
15	中央皇帝庙（大理喜洲寺里村）	中央皇帝
16	龙王会（大理市喜洲镇蝴蝶泉）	龙王

图 8-13 喜洲中央祠本主像①

① 此照片为我的博士生余园所摄。

这里，我以周城方广莲池会到喜洲去祭拜中央祠本主为例，来说明"域内"与"域外"关系。喜洲中央祠，在喜洲镇寺里村，位于喜洲镇西南角。本主节是四月十五。正对大门的主殿坐北朝南，正中间供奉的本主神像金面红髯，身穿军服，头戴军帽，端坐于蓝兽之上，右手握大刀，平放双腿之上，目视右前方，威风凛凛。

关于中央祠的本主是谁，庙内碑记有着两种不同的说法。第一个碑记是1992年由当地村民杨绍彭捐资刻碑所记，将中央祠本主说成是元世祖忽必烈：

> 公元一二五二年，蒙古蒙哥汗图灭南宋王朝，派忽必烈率十万铁骑，以包围之势，由宁夏六盘山出发，经甘肃西川潘松进发云南。以跨革裹渡过金沙江到丽江、石鼓，直指大理。于一二五三年灭了以段兴智为首的大理国。忽必烈十分欣赏大理山川及风土人情，明令部下以惩恶扬善不得搅民治理地方。一二六〇年在开平即世祖帝位，国号中统。一二六四年改号为元。一二七一年又改号为元，设都燕京。一二六七年忽必烈封其第五子忽哥赤为云南王，并说朕平定的大理地秀人和，要保民安国。忽哥赤到云南后被云南元帅合宝丁毒害，后人有感于忽必烈的恩德，塑其神像作为当地本主中央皇帝供奉。

第二个版本则是1997年当地文人、云南省文史馆馆员赵汝龙先生的《重建中央祠碑记》中的记载，将本主说成是南诏将军段宗榜：

> 中央祠始建于南诏晚期（公元九世纪）。本主祀神系南诏第十主劝丰祐在位时之清平官大将军段宗榜。公元八五八年西天狮子国（今斯里兰卡）伐骠国（今缅甸），骠王遣使南诏借兵，求助诏王遣段宗榜帅师以援。公元八五九年宗榜凯旋而归，军至腾越闻丰祐薨逝，嵯巅篡王位。宗榜谋计修书致王嵯巅，请远迎亲拜金佛，斩之骠使，与众皆惊恐。宗榜历数嵯巅罪状，回国辅世隆继诏王，改元大礼，次年改元建极。宗榜身为南诏功臣及忠

第八章　祭祀与信仰：宗教生活的地域空间　165

臣，晚年归里，殁后被尊为圣皇帝，谥封一德天心中央皇帝。喜洲七邑建庙祀奉，后世尊为各地本主神中之中央皇帝，亦称五百神王。段宗牓后嗣三传至段思平为大理国开国（公元九三七年）国主。

中央祠供奉的"中央皇帝"，到底是整个中原地区的统治者，还是云南南诏国这个地区的大功臣，当地人对此说法不一。从历史的角度看，段宗牓的时间更前，忽必烈的时期稍晚，这两个人物所代表的政治力量也曾经在历史上有过激烈的碰撞。从资料的记载来看，我们可以推测，鉴于段宗牓的历史功绩，云南七邑均曾建庙供奉，至今仍在庆洞"神都"作为整个地区共同的本主供奉（尽管对此的解释也存在不同的版本）。而忽必烈，甚至元军将领，在白族南诏国时期也曾因其对当时的段氏家族有过助力而被主流政治力量所推崇，将之作为有功之人立庙祭祀也有充分理由。这两种情况并不矛盾，因为所谓本主，其实是当地人将有贡献的英雄人物进行供奉的一种符号，一种象征。从喜洲人对中央祠本主的两种不同的解释以及周城方广莲池会参与喜洲本主祭祀的复杂现象中，我们可以从中解析出两种关系：第一，作为地方政治力量代表的段宗牓与作为中央王朝代表的忽必烈共同被当地人刻入碑记，这表明二者皆已得到当地人的认同，显示当地人对民族的认同与对国家的认同是统一的。第二，周城隶属于喜洲，宗教组织去敬拜喜洲的本主，其意义在于地域（周城）对所属区域（喜洲）的认同，也说明了地域社会（周城）对民族社会（以段宗牓为象征）的认同，还说明了地域社会（周城）对国家（以忽必烈为象征）的认同。这是宗教所建构的地域社会与周边区域社会乃至民族国家关系的一种隐喻。

总之，祭祀圈与信仰圈构成了地域村的"域内"与"域外"的关系："域内"是全部村民的实践所及，"域外"是个体村民或部分群体的实践所及；"域内"是重要的，是文化习俗的，"域外"是次要的，是受外来影响的；"域内"即使不信神也需要参加祭祀实践活动，有一种文化强制力，不接受这种强制力就会受到孤立而被排斥在社会之外，"域外"不强求去参加朝拜与祭祀活动，没有文化强制力；"域内"是全村人普遍参与的仪式活动，具有稳定性、经常性等特征，而"域外"不具备这种特征；"域内"的范围不变化，"域外"的范围不断变化；"域内"所表达的是地域社会内部的结构关系，"域外"则表达地域社会与周边社会乃至民族国家的关系。

附　周城村民杨宗运对该村宗教圣地所供诸神的讲述[①]

一　南本主庙（景帝庙）诸神

南本主庙（景帝庙）中供奉三位本主：大黑天神、景帝、赵木郎。周城的祖先在唐肃宗至德（公元756年）年间，建设了第一座本主庙——景帝庙。庙内正西大殿正堂间供奉的塑像，左边是南诏第十一世国王世隆景庄皇帝——大理多数村庄本主；中间是大黑天神——大理坝区本主；右边是赵木郎——周城村第一位本主。周城庶民对上述三位不同性质本主的圣号尊称是："赵木郎感应土主大黑天神天郎文明新官景帝。"西主殿北堂间内供奉的是云霄、琼霄、碧霄三位子孙娘娘，左右两旁分别有痘哥和痧哥。殿内两旁山墙墙壁上画有判官、牛头马面、猪神和鸡神。景帝庙内所供奉的塑像，有动人的传说。景帝是第十一个皇帝，第十一个国王，这个庙也就称景帝庙。赵木郎是个将军。那个景帝穿的是皇帝的衣服，这个（赵木郎）穿的是将军的衣服。下面把景帝庙塑像的有关传说解释一下：

1. 赵木郎。赵木郎是公元749—779年南诏第五世国王阁罗凤在位期间的下属将领，奉命镇守龙首关——上关。由于赵木郎治军有方，军纪严明，亲爱百姓，组织军民修城墙、筑碉楼，严密、紧凑的防御工事使龙首关固若金汤。公元753年，唐与南诏发生的第一次天

[①] 杨宗运（1934—2017），第一次讲述时间为2012年1月20日—2月14日，我的博士生徐嘉鸿、硕士生李慧、陈鑫访谈录音。第二次讲述时间为2013年2月12日—23日，朱炳祥整理。后来杨宗运又三次给我来信修正了部分讲述材料。杨宗运讲述有一些附会之处与他自己的理解，这是"地方性知识"本身的特征。

宝战争，唐将王天运策划以大理坝子北端的龙首关为突破口攻取大理，因龙首关镇守将领赵木郎防御坚固无法攻打，又转移至苍山背后妄图攻打太和而全军覆没。次年，即公元754年，天宝战争又第二次发起，奉命攻打大理的唐将李宓明知龙首关直攻不了，于是采取从海东乘船到海西登陆攻打大理的战略来进攻，不料，在过海之前被南诏勇将王乐宽猛烈袭击，烧毁战船五百多只，全军覆没，李宓将军死于弥苴河口。两次天宝战争后，赵木郎将军积劳成疾，退转防御二线周城村疗养，因病情逐渐恶化于公元755年病逝。赵木郎将军镇守一方有功，周城村民为感谢赵木郎造福的免遭战争灾难的深厚恩情，将赵木郎将军敬立为周城村本主。

2. 大黑天神。大黑天神相传是玉皇大帝陛下驾前的一员神将。有一天，巡天神将在玉皇大帝临朝议事中出班奏道："小将奉旨出巡于苍山洱海之间，看到大理一带的庶民男不耕，女不织，对上不孝，对下不养，都变懒变坏了。"玉皇大帝闻奏大怒，不假思索地命令大黑天神将瘟药撒向苍洱大地，使大理人来一个断子绝孙。大黑天神奉旨到达大理后，看到这里庶民的天性与巡天神将禀奏的恰恰相反，大理的庶民是孝顺教养、男耕女织、勤劳向善。大黑天神在对上不违抗玉皇大帝圣旨、对下不忍心毒死大理白族人民的两难之时，毅然决然地吞食了瘟药而死。玉皇大帝听到大黑天神服瘟药已死的消息后颇感悔恨，即派遣蛇神去召唤大蛇小蛇以全身吸毒的方式抢救大黑天神，但中毒太深而无法抢救。大黑天神舍己救人的感人事迹传遍大理，成为白族人民最信奉的保护神。

3. 世隆景庄皇帝。世隆是南诏的第十一代国王。相传，世隆的母亲是个渔家之女，有一天在洱海边洗衣服被一根浮木碰击而怀孕，生下了世隆。世隆长到七岁时手掌才伸开，掌上有"通番打汉古宗之战"八个字，人们看了很惊奇，说他是神龙转世。世隆登基后，上书唐王朝请封，由于世隆的"世"字冲犯了唐太宗李世民的名讳，"隆"字又冲犯了唐玄宗李隆基的名讳，故不予册封。唐王朝令他改名，世隆不听，干脆自称景庄皇帝。世隆在位期间，治国有方，使国家强盛；亲爱百姓，使百姓富足。世隆生前老百姓爱戴他、尊重他；

世隆皇帝驾崩后，大理多数村寨尊奉世隆为本主。

4. 子孙娘娘。相传主管凡间育龄妇女怀胎、保胎、注定是男是女的生育，是老百姓求子求孙最为崇敬的送子之神。子孙娘娘三个，云霄、琼霄、碧霄，是封神榜上赵公明的妹妹，赵公明是财神，子孙娘娘就是财神妹妹。这三个人掌着混元金斗。阎王那边打发出来的鬼魂，或者是这个南斗星带来的这个鬼魂，要投生，全部要交给子孙娘娘来掌管。子孙娘娘把人的灵魂放在混元金斗里面转了以后才能投生。怀胎、住胎、保胎、生产，子孙娘娘是全盘负责。吃、穿、用具，病痛全部要子孙娘娘帮我们负责。

5. 痘哥和痧哥。相传是配合子孙娘娘保佑七岁以下患天花、麻疹等疾病儿童康复。小娃娃的病是有四种，痧麻痘疹，七八岁以下，常得这种病，大人就没有这些病了。痘哥，痧哥拿着葫芦，里面有药，负责医治。大人生病，脚疼手疼都好说，小娃娃病了，他只是哭，整晚整晚地哭，说不出来。老百姓有几种解决办法：第一个办法，拿上半碗米，一对香，米上放些茶叶，放些盐巴，在小娃娃头上绕上三圈，把香一折两段，扔出大门外去，这样生病的小孩子就不哭闹了。第二个办法，写上一个纸条，宽3—4公分，长70—80公分，黄纸条，上边写上几个字："天皇皇地绿绿，家中有个小儿哭，过路君子念一念，今夜他不哭。"有的不写"今夜他不哭"，写成"一觉睡到太阳出"，不一样。第三个办法，这些都解决不了，就来上香，敬子孙娘娘，请子孙娘娘、痘哥、痧哥来医治一下。第四个办法，前面所有办法都不灵的话，就住医院了。最后我们才走这一步。一个办法一个办法地试。所以当地百姓生小娃娃，都来敬本主，到结婚的时候也来敬本主，人死了也来敬本主，就是这个意思。

6. 山墙壁画。山墙上一是南北墙面各画一位判官，一位掌握《生死簿》，负责人间生死；另一位把持"善恶分明"警示牌，翔实记录人在阳世间善恶。二是画有牛头马面、猪神和鸡神，是本主的下属差使。

7. 地藏王。地藏王菩萨灵帝庙那边塑了三个，这边（景帝庙）塑了一个。朝鲜有个人名字叫金乔觉，他从朝鲜来到中国，找个地方

第八章　祭祀与信仰：宗教生活的地域空间 ▍169

要修行，他到了九华山，开了一个道场，没有钱，盖不起这个道场，就到处去化缘。当地有一个人，叫闵公，家财万贯，他把钱拿出来，资助这个金乔觉。地藏王菩萨在中间，右边是闵公，左边还有一个叫道明，是闵公的儿子，跟着金乔觉修行。塑了三个就是这个意思。左边是大，右边是小，为什么儿子在左边，父亲在右边，这个搞不清楚。可能古时候是右边大，左边小。也可能是，道明修行道法多一点，所以道明在左边，闵公在右边。

8. 十殿阎王。地藏王菩萨，下设十殿阎王。一殿秦广王；二殿楚江王；三殿宋帝王；四殿五官王；五殿阎罗王；六殿卞成王；七殿泰山王；八殿都市王；九殿平等王；十殿转轮王。地藏王菩萨不愿意成佛，是好心要超度人。

9. 地母。地母就是土地神，称为我们的母亲。

10. 人的生死轮回。南斗、地藏王把鬼魂打发过来以后就交给子孙娘娘，子孙娘娘就负责怀胎、保胎、住胎、生产、衣服、饮食这些事情。七八岁、十岁以后，子孙娘娘就不管了，就由本主来管了。小儿郎要读书，读书的时候，本主来保佑你，叫你好好读，不生病。再长大以后，要考初中、高中、大学，也是本主来保佑你。你上山砍柴，下海捞鱼，都要本主来保佑。要去外面打工，本主也保佑你。各式各样，本主来保佑我们这一生。这一步过了以后，就是判官了，他掌着生死簿，人是什么时候生什么时候死，他来管住了，人的生辰八字什么的他也都来管，他是管出生，出生管了以后，管死亡，人活三十岁、五十岁、七十岁、八十岁，到死的时候，他就来捉拿你，由牛头马面来捉拿。如果是作恶多端，胡作非为的，牛头马面去把人捉拿归案，拿铁索给他套起来拉进来，本主就把这些人收进来了。判官善恶分明，人做的好事全部记下，做的坏事也全部记下，最后，做成一个档案，本主就把这个人交给地藏王菩萨。第一殿，交给秦广王，下有三个部门。第一个是孽镜台。就像电视机一样，人干了什么坏事，都能放出来看。第二个是补经台。指的是和尚帮人念经，偷工减料，到最后，叫你在这边补经，把缺的经全部都补足。第三个是枉死城。枉死的人关在这里面，问题搞清楚了以后，再来处理你。包公是阎罗殿的五殿天王，阎罗王，人有什么罪，怎样处理，阎罗王一点点地全部处理过来。转轮王（十殿）是最后处理了，最后判决了。第一种人，是行善的好人，打发你到西方极乐世界去享福。第二种人，是做了恶事的恶人，打入十八层地狱，永世不得超生。第三种人，是坏人，变为鸡、变成狗、变成牛羊。一般的人，仍然可以超生出去。超生这些人，里面有几等，好人坏人由判官定夺，根据你这一生做过的事情，超生到什么地方。所以鬼魂就交给子孙娘娘，这样一个循环。

二　原银相寺诸神

银相寺建于唐代唐文宗大和八年即公元834年，在大理崇圣寺三塔于公元833年建成竣工之后，因三塔建设工程资金剩余，筹划在大理坝子南端下关和北端周城分别建设金相寺和银相寺，作为崇圣寺三塔下属的金库和银库而启建的。银相寺寺址在周城村老区东北方，就是现在的周城九年制学校校园内的正南面。银相寺寺宇布局由坐西朝东的标准四合院组成，南北房与西大殿相连，并有角房相对称，东房离南北房3.33米，无角房，两边有通道。院东有广场，广场东面矗立着雄伟的白族建筑样式大照壁。照壁的正立面、背立面和财神殿的后墙，分别写有"永镇山川""慈云普被"和"秀接龙关"大墨字。银相寺供奉的塑像，西正殿中间塑有观世音菩萨坐莲台，其左右分别塑有文殊菩萨骑青狮和普贤菩萨骑白象；东房的东厦左间是郑伦，右间是陈奇，哼、哈二将；广场北面的楼阁上层塑有魁神，下层是财神。新中国成立以后，银相寺逐步改用为学校。

三　龙泉寺诸神

玉皇阁是周城的祖先率先建设的第一座寺宇，建于唐太宗贞观（公元627—649年）年间，现龙泉寺大殿二层是玉皇阁，供奉玉皇大帝。龙泉寺是周城村建筑规模较大的寺宇，经考证，它分以下三期建设而成。第一期工程建设于明朝宣德（公元1226—1235年）年间，实施的主体工程为二层三开间"品"字形结构大殿、南北两幢厢房和寺院大门，形成一座三合院寺宇。供奉塑像的组成是代表性的"三教合一"结构。楼上是玉皇大帝；楼下开间内的中开间塑有如来佛祖，左边塑有孔夫子，右边塑有太上老君；左开间内单独塑有大黑天神，右开间塑有达摩祖师；寺大门左右两边分别塑有哼哈二将。第二期工程建设是武庙大殿及大门，建于光绪三年（公元1877年），当时因武庙建设用地面积不够，在启建之前的光绪二年十一月十六日向武庙南邻的赵家有偿征用部分用地，武庙用地才基本完整（征地契约尚存）。武庙正殿供奉的正中为关圣帝，左为关平捧印，右是周仓手持青龙偃月刀。第三期工程是文宫正殿、文宫大门以及周城戏台建设，于光绪乙未年（公元1895年）启建。正殿中间供奉的是天辰张星文昌帝君，左边陪伴的是汉代鸿儒董仲舒，右为82岁才中举的梁颢。龙泉寺第一至三期建设工程结束后，形成了一座雄伟壮观的三院连套的三合院寺院。该寺院先后所取的寺院名称是"玉皇阁""玄灵悟机楼"和"三教同元"等，由于该寺院不断完善，所以以上寺名都不令人满意。就在建设工程结束之后，寺内正主殿神台下流出一股泉水，故取名为"龙泉寺"。

南厢房：一层四角厦壁分别塑有"关云长单刀赴会""桃园三结义""塞翁失马·常枞论刚柔"和"斗母图"。二层西壁框的南框中为财神，其左是招财童子，其右为利市仙官；北框中间紫微大帝（尧），左边有清虚大帝（舜），右边有洞阴大帝（禹）。

北厢房：一层四角厦壁分别塑有"女娲补天""浴佛图""复圣颜回"和"禄马图"。二层西壁框的南框内中为观音，左右分别文殊和普贤；北框中塑有魁神点笔。龙泉寺大门左右分别是哼哈二将。

下面把龙泉寺塑像及壁画有关内容解释一下：

1. 观音老祖。先给你们说这个观音老祖吧，观音老祖在楼上。外族入侵我们白族，观音菩萨要拯救白族人民，但又不能杀生害命，他就变成一个老头子，穿着草鞋，拿根草绳，背了个大石头（房子那么大），敌人一看连普通的老头力气都这么大，赶快退兵，就把敌人吓退了。所以我们白族人民就叫他观音老祖，实际上就是观音老母了。整个大理地区都是这样，有的供的是观音老祖，有的是供的观音老母。这一个（传说中退敌的）大石头现在都还在，在下关北面，大理古城南面，搁在公路西边，作为我们白族的文物古迹被保护着。（我们村）这个观音老祖（形象）是拿木头雕刻而成，这个雕刻得很好看。1953年土改，所有的佛像全部都破坏了，唯独这个观音老祖的雕像，我们把它保存到大队管理委员会藏起来。1953年、1954年的时候，有人出钱要买，他出价3000元，当时是很大一笔钱，我们都不卖。新中国成立以前，一个小偷要来偷这个雕像，他抱了佛像从殿里跑出去，跑出去走不通，在寺庙里转啊转，一晚上都这样转。挨到天明，他转不动了，就把雕像搁回去，天一明他就跑（出去）了。最近又有人要来偷，我们就把这个雕像拿下来了，在门里面又加一道钢门。观音老祖是木头雕的，外饰金粉。（观音像）下面有个狗，狗是白色的，经书上记载，观音老祖带的是白犬，他们涂金粉的时候把狗都涂金粉了，他们不懂。我们1953年（土改）把泥菩萨全部都挖了。1953年当时懂事的人，到了1980年，这些人基本上都死光了。洞经会后来重新组建，原来的会长1983年死了，还剩下一个副会长，九几年死了。现在洞经会是才组织起来，方广莲池，也是才组织起来，人数很多。

2. 三教九流。太上老君和老子是一个人，在我们这里叫太上老君，他是属于道教。三教是儒、释、道。九流是上九流、中九流、下九流。上九流是管理国家的大政方针政策；中九流是我们一般人。偷鸡摸狗这些不正当的叫下九流。三教九流就是这么划分的。上九流嘛称为家。道家、兵家、法家、名家、墨家、农家、纵横家、阴阳家、佛家。这是上九流，管理国家大事。佛家，要求我们全国都要信佛，不要杀生害命，这个对国家的稳定、社会秩序起好的作用，这就是佛家。但是都去拜佛做和尚去了也不成，谁来种地供给粮食？它是矛盾着的，佛家有好的一面，给社会稳定起了好的作用，但是它不能孝敬父母，不能保家卫国，也不能种庄稼、农业生产，也不能当兵，所以还需要其他行当的。阴阳家讲阴阳八卦，社会上相当流行，这是阴阳家。纵横家，苏秦、张仪，合纵连横，这是纵横家。强调国家要以农为本，这是墨家，墨家就是墨翟，他要求不要打仗，你不要打我，我也不打你。名正言顺，言顺则事成，这个是墨家。

法家，它的理论就是夺然后义，杀然后仁，上下易位然后贞。一个国家必须都得有军队，才能保家卫国。道家讲究的是虚。炼仙丹、念咒语，修仙得道，这是道教的事情。道教的祖师是太上老君，道家呢，是老子。道家不等同于道教，这两个有严格的区分。我们说的道家，就是空、虚、无为而治。就是说，什么事情都不管。空，才会有用；虚，才会有个好的结果；无为而治，无为而无不为。一个茶杯，空的它才能装水，碗是空的，它才能装饭，东边的山谷它是空的，它才装了个洱海，空才能有用。虚呢，讲人要虚心，如果不虚心就不行。所以无为而治，无为而无不为。宰相肚里能撑船，讲的就是这个意思。

3. 常枞论刚柔。老子的老师，他的名字叫常枞，有一天，常枞病了，老子去看他，老子就问，老师，您病好了没有，问长问短。老子的名字叫李耳，常枞说，李耳，我已经八十多岁了，活不了多久了，你看看我的牙齿还在不在？老子说，老师，你的牙齿已经一个都没有了，掉完了，毕竟您八十多岁了啊。常枞说，你看看，舌头还在不在？老子说，老师，您的舌头还好好的。常枞说，你懂了没有？老子说，老师，我懂了。柔和走遍天下，刚强寸步难行。柔能克刚，对不对。蚕豆、豌豆人能吃下，牙齿是刚强的。刚强的东西它掉得快，柔软的东西却存在得久远，常枞论刚柔就是这个意思。原先的画是叫常枞睡在铺上，老子跪在床边。后来觉得叫太上老君跪着也不好，所以说叫常枞坐下，老子站在他旁边。

4. 斗母。周城所有的事物都是以这个道教为主。比如盖房子，都得放一个斗，火把节上也得整个斗。天上一颗星，地上一个丁。天上有一颗星星，地上就有一个人。斗母是东汉周御王的王妃，她叫紫光夫人，她三目四首，八臂赤脚。有一个羊的妖怪，一个骆驼的妖怪，这两个妖怪就来杀害紫光夫人，紫光夫人的两个随从就把这两个妖怪杀掉，来保护她。于是她的两个随从就分别叫擒羊、托骆。一个人拿着羊头，一个人拿着骆头。

5. 朝北斗、朝南斗。周城朝九斗是九月初一至初九，这就是"九皇圣会"。道教还是喊它拜九斗。朝、拜这个出入不大。道教用拜，我们周城用朝。道教是朝南斗、朝北斗一起朝拜，我们周城九月是朝北斗，六月初一至初六是朝南九斗。斗父是东汉周御王，圣号：龙汉祖劫，斗父国王天尊；斗母是东汉周御王妃紫光夫人，圣号：洪恩天后，圆明斗母天尊。相传斗母紫光夫人面容为三目四首、八臂赤脚，初生二子为天皇大帝和紫微大帝，后生七子分别是：贪狼、巨门、禄存、文曲、廉贞、武曲和破军，称为北斗七星，加上左辅右弼，称为北九斗，其圣号分别为：北斗天元宫贪狼大道星君、北斗地元宫巨门大道星君、北斗日元宫禄存大道星君、北斗月元宫文曲大道星君、北斗江元宫廉贞大道星君、北斗河元宫武曲大道星君、北斗海元宫破军大道星君、北斗洞明宫左辅大道星君、北斗阴光宫右弼大道星君。南斗呢？南斗是六星，把福禄寿三星加上，才是九斗，南斗圣号分别为：南斗第一天府宫司命星君、南斗第二天相宫司禄星君、南斗第三天梁宫延寿星君、南斗第四天同宫益算星君、南斗第五天枢宫度厄星君、南斗第六天机宫上生星君、上清福星天德星君、上清禄星天佑星君、上清寿星天庆星君。民间习俗中常常必须要有个"九"字。如玉皇大帝是一月初九生，一是阳寿之开头。唐僧取经是经过了多少难，整整八十难，还不够，九九要归真，必须要九，所以又加了一难。一个标准的人要有九孔，九孔或者叫九窍，你如果少了一样就不行，少了一只眼睛你也不好。九窍里面一窍不通，就不是个活人了，必须有个九。道教是九月份南斗北斗一起朝；我们周城是九月朝北斗、六月朝南斗，九月也是朝九斗、六月也是朝九斗。

6. 弥勒佛。所有寺庙都尊敬这个弥勒佛，我们大理很多地方都有这个弥勒佛，人要朝西面要朝东，大门一进来就能看到它。它有一副对联："大肚能容，容天下难容之事；笑脸常笑，笑世间可笑之人。"笑有几种笑，喜笑，欢欢喜喜的笑；嬉笑，嬉皮笑脸的笑；微笑，微微地一笑；冷笑，冷眼相看；憨笑、痴笑、呆笑，笑的种类很多。如果一个人腐败、受贿、搜刮民脂民膏、挖国家的这个仓库，积累了很多很多的钱，弥勒佛冷笑这些人，你搜刮那么多钱财干什么，他把你看成像蚂蚁闻到一股牛肉的膻味、羊肉的膻味，苍蝇闻到血的味，如蚁聚膻，如蝇竞血，把你看成这个样。它就是冷笑，看最终这个人是个什么结果。苍山荒冢无贫富，人都死了，埋起来了，最终结果都是在苍山上的一个坟堆，清风明月冷看人，冷眼相看，所有人都差不多。

7. 陈奇、郑伦——哼哈二将。陈奇打仗的时候就是哼，鼻子里面喷出一口气，就把对方打倒了；郑伦是哈，也是哈出一口气。在《封神演义》里面，就有这两个。《西游记》这本书写出来以后，宣扬佛教至上，佛法无边，佛教第一。道教不服气，写了本《封神演义》，这些神是道教封的，就是这个意思。道比释大，释道两家就是这样（争斗）。

8. 沐佛图①。龙泉寺沐佛图有这样几个意思：（1）下天。佛祖从天上下凡的时候骑着一头白象。（2）入腹。从天上下来以后，从他母亲腹部右边划开一个口进去，就是入胎。（3）住胎。释迦牟尼在她母亲摩耶夫人肚子里面坐了很长时间，还可以给教徒讲经话。（4）出胎。释迦牟尼四月初八日出生，出生地在印度尼泊尔的蓝毗庄园，摩耶夫人的右肋钻出降生。出胎以后，他便会走路，东南西北各走七步，步步生莲花。他左手两根手指指着天，右手两根手指指着地，大吼一声，声音洪亮像狮子吼叫："天上地下，唯我独尊。"然后龙喷香雨，用雨水将他洗净。（5）出家。释迦牟尼二十九岁时于二月初八日出家。（6）成道。释迦牟尼三十五岁时于十二月初八日，也就是中国腊八节那一天修行得道。（7）转法轮。他普度众生。（8）入灭。释迦牟尼圆寂，死时八十岁。沐佛图就是这样设计的，一个男童，两根手指指着天，两根手指指着地，下面有很多莲花，有青狮子，有白象。上面部分有一条龙，龙喷香雨，沐浴着他。右边画着一条船，上面有一个老倌撑着船，是普度众生的意思，这几个现象在经书上记载是"八相成道"。周城人在每年四月初八日，家家用水、大枣、小枣、桂圆、红糖熬一锅粥来敬释迦牟尼，敬后家家都吃这水，希望生孩子的女人吃了粥以后能在不久后怀孕生子。

---

① 以下8—13条为杨宗运2月12日讲述，徐嘉鸿、陈鑫、李慧、张超颖、周璐雪采访，陈鑫整理。

9. 关云长单刀赴会。武庙那里那幅画不是败走麦城，是单刀赴会。关羽是忠勇之士。单刀赴会的故事发生背景是这样的：当初刘备把四川占了，向东吴借荆州。后来东吴叫刘备归还荆州，刘备不肯。周瑜死了以后，鲁肃继任大都督。鲁肃想出个办法，请关羽来赴宴。关羽挂着个宝剑，随从周仓拿着青龙偃月刀，就这样赴宴了。酒过三巡，鲁肃就提起来了："刘备刘皇叔同意把荆州还给我们了，你为什么不还？"关羽说："你来请我赴宴来了，国家的事在酒席上不要乱说。"两个人就吵起来了，周仓这时说："天下土地谁能占有谁就可以占有。"关羽嗔怪说："你只是一个侍卫，休要多言？！"关羽将青龙偃月刀拿过来，牵着鲁肃的手说："我吃醉了，你送我一送吧。"鲁肃拿着一个酒杯，关羽牵着他的左手，这样就来到了江边。早在此埋伏了很多武将士兵要伺机伏击关羽，兵将怕贸然杀出会伤了鲁肃大都督，只能眼看着关羽登船而去。单刀赴会是 5 月 13 日这一天。这个龙泉寺，因为武庙在那边，就以武为主，突出关公。文庙在这边，就以文为主。中间半边是道教，半边是佛教。

10. 白马紫金鞍。东边文昌殿旁有一幅壁画是一匹白马。中国自古以来就有将各种事物划分优劣等级的传统，比如选狗是分优劣等级的：一黄，二黑，三花，四白。同样的，对马的分类也是很有讲究的，马中规格最高有五个等级：上等是"铁青"；其次"爪六"（lù）；再次"银合"；第四种是"海六"（lù）；第五种"五枣"。吕布骑的是赤兔马，赤兔马属于五枣里面的一种。文昌君旁边一般要塑上一匹马，寓意是："禄马嘚嘚跑，官位步步升。"那么要画这五种马中的哪一种马，我们开始没有定论。最后有一句诗："白马紫金鞍，骑出万人看（念 kan，平声）。问到谁家子，读书人做官。"这首诗是我们小时候读书的时候就会背的，最后就根据这首诗决定将这幅壁画设计成一匹白马。

11. 复圣颜回。白马对面画的那个读书人是复圣颜回。孔夫子被尊称为至圣，自古以来就受到读书人和百姓们的崇拜。颜回和他的父亲都是孔子的学生，颜回死的时候只有三十多岁，孔子将人的生死看得很达观，但唯独颜回死时孔子哭了好几回。孔子有"弟子三千,贤者七十二",祭孔子的时候,一般都会将孔子的牌位以及孔子的弟子中"复圣颜回,宗圣曾参,述圣孔极,亚圣孟轲"的牌位一起祭祀。"陪祀"以前只有颜回,现在是四位弟子,画中只以颜回作为代表。

12. 文昌帝传说。文昌帝君是二月初三(神诞),文昌是天辰张星,在神话中,有九十七个化世,他在天上几千年几万年以后,托生到地上一次,有的隔几百年几千年才到地上托生一次,这个叫化世。最后降生于晋代,取名张亚子,居住在四川七曲山。出仕晋朝,最后打仗的时候死了。他的庙在保宁府梓潼县,俗称梓潼帝君。文昌二字,既是星名,也是神名。文昌星称为文曲星,主文运,读书读得好不好,能不能做官,运气如何这些主要由它掌管。文昌宫有六星,上将是威武,次将是正左右,贵相是理文绪,司禄赏功进,司命主灾咎,司中主佐理。

13. 陪侍梁灏。文昌旁边有两个陪侍,一个是梁灏,一个是董仲舒。梁灏八十二岁才中状元,故把梁灏画成了白须皓首的"状元爷爷"模样。其实,这是个误会。历史上的梁灏为北宋太宗时进士,登第时,年方二十三岁,是个小伙子,辽军攻河北时,他上疏请明赏罚,斩懦将,擢用武勇谋略之士。以后梁灏知开封府,暴病而亡,时年四十二岁。民间不察,多用《遁斋闲览》说法。旧时极流行的启蒙读物《三字经》中,即有"若梁灏,八十二"之句,可见其影响之大。梁灏成了"大器晚成"的典型,以他作门神画,显然有勉励老年人进取之意。董仲舒是汉武帝时的宰相,是个大儒,很有学问,就是他树起了孔子。传说陪侍是吕蒙正,实际上历史上没有这个人,神话、神仙传里面也没有。戏曲里面说他家里面很穷,考状元家里也没有钱,有一个员外的姑娘和他相好,结成夫妻,被员外赶出来了,只能街头要饭吃,但就是这样还是考上了状元。董仲舒在中国历史上贡献很大,他树起了孔夫子的儒家思想,"罢黜百家,独尊儒术",就是从他开始。过去老一辈人死掉了,后来有人喜欢讲故事,说这个是吕蒙正,不是董仲舒。我们的祖辈父辈给我说是董仲舒。

附:接国母。就是把南诏国第一世国王细奴罗的王后金姑从巍山接回大理娘家来过节。相传，金姑是白王张乐进求的第三个女儿，嫁给南诏第一世国王细奴罗为王后，生一子名为罗晟，是南诏第二世国王。白族传统习俗，在重大的节日要把嫁出去的女儿接回娘家过节。九月初一至初九是道教最隆重的节日，所以接金姑国母回娘家过节，初一接来初九送回。金姑的牌位尊称是：天蒙涯陇屿山云隐得道金姑之神位。

在接金姑国母回娘家过节的同时，把细奴罗的母亲摩利羌接回一同过节。摩利羌牌位尊称是：大圣西来化导启善圣母之神位。

四　北本主庙（灵帝庙）诸神

灵帝庙是周城村的第二座本主庙，该庙坐落于周城九年制学校校园西北面（即银相寺西北面），建于公元1666年，距今（2009年）343年，供奉的本主是杜朝选，还有本主夫人大娘娘和二娘娘。本主圣号："主国太清真常灵帝。"

周城村西面的云弄峰下的神摩山和旗山中间有个大峡谷，相传峡谷中有一条修炼千年的恶蟒。恶蟒能千变万化，经常伤害人畜，逼迫周城百姓于每年农历三月初三献给其一对童男童女作为食物，并掳掠了两名姑娘作为夫人。百姓恐慌度日，苦不堪言。有一天，一位年轻猎人从海东乘船到海西打猎，时辰将晚，猎人在周城村的一户人家住下。晚上，这位猎人听到隔壁人家哭声凄惨，登门问明缘由，得知该户养有童女，即将被献给恶蟒。猎人气得咬牙切齿，一夜没睡好觉。第二天一早，猎人就身背弓弩、手执宝剑雄赳赳地奔进峡谷寻找恶蟒。猎人找到恶蟒后几经周旋，在两位姑娘的帮助、配合下，勇敢地把恶蟒砍死。恶蟒被斩除以后，猎人委婉地向两位姑娘求爱，不知是含羞还是拒绝，是缘分还是天意令人难以推测，两位姑娘未做任何应允却沿神摩山脚往北跑去，猎人在后追赶。两位姑娘跑到了一个泉水潭边就跳进了绿茵茵的泉水。猎人纵身跳进潭中抢救，两位姑娘化成两只蝴蝶飞走，猎人也变成蝴蝶飞追。从此，泉水潭就叫蝴蝶泉。蝴蝶泉的蝴蝶，几乎都是两只在前飞，一只在后追。周城祖先为了纪念这位为民除害的斩蟒英雄，把猎人尊奉为"打猎匠"本主，两位姑娘被追奉为"打猎匠"本主的大娘娘和二娘娘。公元1666年，周城村北本主庙建成，庙址取向大峡谷镇妖压邪。北本主庙建成之时供奉的塑像只有三尊，即西大殿的中间是"打猎匠"本主，左边是大娘娘，右边是二娘娘。同时在大殿左开间增塑了三位子孙娘娘，其左有痘哥，其右为痧哥；殿内两边山墙壁上画有判官、牛头马面、猪神和鸡神。

第九章　历时性的观察

　　萨林斯在论述历史与结构的关系时曾经说道：人类行动的世界环境没有不可或缺的义务，必然要符合特定的人们用以理解它们的范畴。如果不符合，公认范畴将在实践中被潜在地重新估价，在功能上被重新界定。根据公认范畴在被构建的文化系统中的位置，以及被影响的利益，系统自身或多或少地被改变了。最极端的方式是，以再生产开始的东西，却以转型告终。[①] 变迁是由解构的力量造成的，解构力量既来自内部也来自外部。如果说"结构化"运动是在忽略时间绵延的空间中进行的，那么"解构化"运动则是在忽略空间广延的时间中进行的。对于地域社会构成的研究，仅仅是共时性维度关注"完整事实的同时存在的多元性"分析是不够的，还需要关注其历时性维度，"这个维度指的是完整事实内部各个要素的历史发展以及作为一个完整事实整体的发展"[②]。关注历时性维度，就是关注在"采集狩猎—农业—工商业"生产方式的转换中，在"血族关系—政治关系"对于构建地域社会主导力量的转换中，在宗教文化"传统—现代"的转换中，地域社会构成诸要素的历史发展、功能变化以及地域社会作为一个"完整事实"的整体变化。

[①] ［美］马歇尔·萨林斯：《历史的隐喻与神话的现实》，刘永华译，载萨林斯《历史之岛》，蓝达居等译，上海人民出版社2003年版，第325页。

[②] ［法］列维-斯特劳斯：《马歇尔·莫斯的著作导言》，载马歇尔·莫斯《社会学与人类学》，佘碧平译，上海译文出版社2003年版，第11页。

第一节　亲属关系的变化与地域社会

从历时性角度来说明亲属制度与地域社会关系的变化，我们缺乏优势，因为摩哈苴与周城村都无法找到悠远的历史文献资料；于是，只能退而求其次，补救的策略是将汉文献中以继嗣群为主线的亲属制度变迁的梳理作为两个村庄变迁的参照。

福蒂斯和普里查德他们合编的《非洲的政治制度》一书中，区分出三种政治制度类型：第一，在《非洲的政治制度》中没有描述的那些非常小的社会，即使最大的政治单位也只包含一个人群，其中所有的人都是通过亲属纽带联合起来，因此政治关系与亲属关系相连，政治结构和亲属组织完全融合。第二，在世系结构是政治制度框架的社会，两者之间有着精确的协调，因此它们相互一致，尽管在各自的范围内仍然保持着自主独特性。第三，行政组织是政治结构框架的社会。该书将非洲的政治制度分为两组：A 组是有政府的，属于上述第三种类型；B 组是无政府的，属于上述第二种类型。两组的差异是世系制度在政治结构中扮演的角色不同。A 组主要是行政组织管理着地域裂变支之间的政治关系；B 组主要是裂变世系制度管理着地域裂变之间的政治关系。A 组的政治单位基本上是地域分组，亲属纽带丛只用于巩固早已通过行政村、区划和民族成员资格建立起来的群体。在这类社会中，显而易见国家不是亲属制度的扩展，而是根据全然不同的原则组织起来的。在 B 组社会，鉴于地域组合和世系组合的紧密联系，亲属纽带在政治组织中起着更重要的作用，但它仍然位居其次。这种社会没有由行政制度定义的地域单位，地方性社区就是地域单位，其范围对应于一套特定的世系纽带和直接合作的黏合剂。[①]

福蒂斯和普里查德所呈现的非洲"无国家社会"与"有国家社会"的政治制度的共时性并存状态，在中华文化中则是一个从"无国家社会"向"有国家社会"发展的历时性变迁过程。在中国历史

---

① 参见〔英〕福蒂斯、普里查德编《非洲的政治制度》，刘真译，商务印书馆2016年版，第17—19、22页。

文献的记载中,夏代之前的鲧禹时代,被称为一个"万国"并立的时代。《庄子·天下》:"(禹)沐甚雨,栉疾风,置万国。"《左传·哀公七年》亦载:"禹合诸侯于涂山,执玉帛者万国。"这种"万国"皆为具有家族性质的部落,并不是真正的国家。夏曾佑说:"夫古国能如是之多者,大抵一族即称一国,一国之君,殆一族之长耳。"① 这是一种家族与地域政治合一的形态,其社会类似于非洲政治制度的第二种类型。

夏代完成了从"无国家社会"到"有国家社会"的变迁,具体说来是由夏代第一个国君"禹"来完成的。禹开始只是一个有权威的部落联盟首领,当他会盟诸侯时,防风氏因迟到而被杀戮②,说明了他的权威与力量,这种权威与力量为他建立第一个具有超越部落联盟首领更高权力的国家准备了条件。当中国历史上第一个国家形态"夏"开始建立的时候,是以夏家族制度的原则作为国家制度构成的原则的,从而使夏代的家族组织与夏代的国家政权合一。商代最高王位"以弟及为主,而以子继辅之"③ 亦为家族制度与国家政权的合一形式。从具体可考的商代的资料看,商王国也是一个典型的家族社会,商王族的家族裂变层次已可见出。据《左传·定公四年》记载,王族家族等级至少有"姓族"(子姓商族)、"宗氏"和"分族"三级。一些考古研究者从墓葬发掘的分析中也认为,商人作为民族共同体的核心部分是子姓商族。子姓商族是最高统治集团,子姓商族属于"姓族",其分化的若干个分支为"宗氏","宗氏"又分出的若干"分族"。"群"一级墓地可以证明这些"分族"的存在;而"分族"又分出若干类似大家庭的最小家族。"组"一级墓地可以证明这些最小家族的存在。④ 这样看来,商王族的家族等级就可以分为四级而非三级,与非洲努尔人的最大宗族、较大宗族、较小宗族、最小宗族的裂变支完全相同。

---

① 夏曾佑:《中国古代史》,湖北教育出版社2000年版,第40页。
② 《国语·鲁语下》:"昔禹致群神于会稽之山,防风氏后至,禹杀而戮之。"
③ 王国维:《殷周制度论》,载《观堂集林》,中华书局1959年版,第454页。
④ 朱凤瀚:《商代家族形态研究》,天津古籍出版社2004年版,第116页。

西周时期，家族仍然在建构国家制度中发挥着作用甚至是更加重要的作用，因为西周继夏商之后建立起一套完整的宗法制度。周初确定的一整套的典章、制度、规矩、仪节的"一个基本特征，是原始巫术礼仪基础上的晚期氏族统治体系的规范化和系统化。作为早期奴隶制的殷周体制，仍然包裹在氏族血缘的层层衣装之中，它的上层建筑和意识形态直接从原始文化延续下来"①。"周礼是从氏族习俗演化而来，原生的氏族文化转变为再生的家族文化，独特地发展为具有伦理宗教意义与功能的礼仪文化体系。"② 在西周，"政治身份与宗法身份的合一，或政治身份依赖于宗法身份，发展出一种治家与治国融为一体的政治形态和传统。中国古代从西周到春秋的社会，其基本特点就是宗法性社会。是指以亲属关系为其结构、以亲属关系的原理和准则调节社会的一种社会类型"③。司马迁说西周所封数百，而同姓五十五。分封诸侯，实质上是用周王室的家族组织代替地方政权组织，去统治新占领的地区。异姓家族建立的封国，主要有两类，一是周的异姓姻亲家族；二是臣服周朝的古老家族（占多数）。周王把兄弟、同姓、姻亲及有功的异姓家族分封为诸侯，作为一级政权组织，让他们代表国王，代表周家族，去统治一个封国。在封国之内，也是按照周王分封诸侯的办法如法炮制，在封国之内建立若干个城堡，实行再分封，把诸侯的子弟、同姓、姻亲及有功的异姓家族，分封到各个城堡去，成为封国以下的一级政权组织，这些受封者叫作"大夫"，封地叫作"采邑"或"邑"。这种再分封，也是一个家族的再分裂，从诸侯的家族组织中分离出来，成了较小的新的家族，大夫就是族长。它们对于周家族来说是居于第三级的家族。西周的宗法制度，就是把同姓家族组织区分为大宗和小宗，规定它们相互之间的权利和义务的制度。区分大宗小宗是为了确定家族与家族间的等级关系，区分嫡长子和别子就是为了确定家族内部族众之间的等级关系。宗法制度还对家族的分裂时间及家族的大小规模进行规范，宗法制度中有"百世不

---

① 李泽厚：《中国古代思想史论》，人民出版社1986年版，第8页。
② 陈来：《古代思想文化的世界》，生活·读书·新知三联书店2002年版，第10页。
③ 同上书，第3页。

迁"和"五世则迁"的规定。一般地说，一个家族最多延续五代就必须再分裂，去建立新的家族，另立新的"宗"。分裂之后，旧家族依然存在，是大宗，大宗由嫡长子、嫡长孙世代相传，永远存在下去，叫作"百世不迁"。分裂出去的新家族则是小宗。小宗传至五代以后，又要再分裂出新的小宗，原来的母体小宗则变成了大宗，这叫作"五世则迁"。其后秦汉魏晋至隋唐，上层社会的家族形态与国家的关系虽然也发生着变化，但基本上维持着宗法制家族形态。

但是，当我们说夏代是用家族原则去建构国家的时候，特别是当我们说夏商周三代王国是"家族社会"的时候，极易发生一个思想上的错位，即将国家建构原则等同于亲属关系原则。非洲的A组与B组是不同的社会，夏之前与夏之后也是不同的社会。说夏商周三代还是"家族社会"这一概念，只能说明家族这一要素在构成国家与社会的诸多要素中的更重要作用，但世系原则依然在"位居其次"的语意上才是准确的表达。当然更不能说家族是社会构成的唯一原则，甚至在夏以前的"无国家的社会"中，即使存在着如有的学者所言属于地方社会的"一国之君"即为"一族之长"的情况，此时的世系关系也依然位居于地域政治关系之下。马端临《文献通考》卷12载："昔黄帝始经土设井，以塞争端。立步制亩以防不足。使八家为井，井开四道而分八宅。凿井于中，一则不泄地气，二则无费一家，三则同风俗，四则齐巧拙，五则通财货，六则存亡更守，七则出入相司，八则嫁娶相媒，九则无有相贷，十则疾病相救。是以情性可得而亲，生产可得而均。均则欺凌之路塞，亲则斗讼之心弭。既牧之于邑，故井一为邻，邻三为朋，朋三为里，里五为邑，邑十为都，都十为师，师七为州。夫始分于井则地著，计之于州则数详，迄乎夏殷不易其制。"这里说的是自传说中的黄帝至夏殷之世所实行的乡里制度均为一种建立在地缘基础之上的邻里制度。周代是承继这一制度的。西周有"国""野"之别：国指国都；野指国都之外的地区。国中设六乡，野中设六遂。清人孙诒让《周礼正义》卷19载："王国百里为郊，乡在郊内，遂在郊外，六乡谓之郊，六遂谓之野。"乡的构成为：五家为比，五比为闾，四闾为族，五族为党，五党为州，五州为乡。遂的构成为：五家为邻，五邻为里，四里为赞，五赞为鄙，五鄙为县，五县为遂。因为民间家族受着国家地域政治制度（即乡里制度）的影响和传统家族文化的双重影响，即使有的时期村社与家族具有一体性，以家族原则来建构地域社会，国家只是从理论层面上运用地域政治制度（乡里制度）对村社进行理想化的而非实际的统一管理，也只能说明家族因素在地域政治关系中的重要性，而不是说它的主导性和唯一性。

春秋战国时期，各国的乡里制度不完全一样，但其行政管理并非依靠家族统治，而是什伍制。《管子》卷17载："夫善牧民者，非以城廓也，辅之以什，司之以伍；伍无非其人，人无非其里，里无非其家。"什伍制起源于周代，《周礼·地官·族师》中有："五家为比，十家为联；五人为伍，十人为联。"春秋战国时，什伍制被各诸侯国采用，为"里"之下的组织单位。① 秦代建立郡县制，将全国划分为郡、县、乡三级行政区域，乡作为基层行政区域得以确定，国家体制性权力机构在乡一级，且贯彻到亭里。"以县统乡，以乡统亭，以亭统里。大率十里一亭，亭有长；十亭一乡，乡有三老、啬夫、游徼。三老掌教化，啬夫职听讼、收赋税，游徼主循禁盗贼。县大率方百里，其民稠则减，稀则旷，乡亭亦如之。"② 两汉时期，国家赋税义务的征收以户为单位。五口之家为社会的基本单位，同居共财的大家庭（家族）极为罕见。③ 东汉至三国，县置诸乡，民有什伍，伍有伍长；百家为里，里有里魁；十里一亭，亭有亭长；十亭为乡，乡有乡佐、乡老、有秩、啬夫、游徼各一个。乡佐、有秩主赋税，三老主教化，啬夫主争讼，游徼主治安。这种设置及其性质与秦相差无几，只是乡民的组织化程度更为系统和严密。魏晋南北朝一方面承袭秦汉，实行乡、亭、里制；一方面则仿《周礼》实行邻、闾、党制或里党制。如北魏初年，实行的"宗主督护制"，实际上是利用地方豪强控制乡村。北魏孝文帝时，建立了以《周礼》

---

① 赵秀玲：《中国乡里制度》，社会科学文献出版社1998年版，第6页。
② 《汉书·百官表》。
③ 赵沛：《两汉家族研究》，山东大学出版社2002年版，第275页。

邻、里、族、党制为蓝本的三长制,即"五家立一邻长、五邻立一里长、五里立一党长"①。先秦的民间社会的家族,由原始社会末期的父家长制家族直接转变而来,在国家的统一的乡里制度之内,它们可能与村社组织结合在一起,成为一种家族村社。这种家族村社是以血缘关系为主,兼备地域特点的社会组织。这种家族村社的领导人既有一些"父老"式的族长,也有一些由地缘关系产生的领导人如里正、里宰、里胥、邻长,等等。他们的职责是农时催耕催耨,获时征收赋役。土地是名义上的王有②和实际上的村社公有,实行井田制的耕作制度。一个平民的家族村社,往往本身就是一个聚族而居的村落,同村的居民,既是同一个家族的族众,又是同一个村社的成员。③

从隋文帝开皇十六年至宋神宗熙宋三年(1070年),乡里制度开始由乡官制向职役制转变,到宋代,这一转变得以完成,标志是王安石变法。④ 自此,以国家权力机构为内容的权力体系(官治体制)与以国家权力为后盾的规则体系(自治体制)之间的区分趋于明显,家族对于地域社会的构建力更显弱化。

宋代以后的家族呈庶民化趋势,这是民间社会模仿上层社会所建构起来的一种新的家族形态。族谱、祠堂、族田、族长、族规族训成为庶民化家族形态构成要素。这种家族在明清时代走入国家的正式体制之中,成为国家在乡村地域社会政治制度的组成部分。明清时期,由于各种社会动乱与变革,户籍、土地与赋税单位出现了分离,导致明中叶里甲户籍的世袭化以及赋役负担的定额化,正是在这个基础之上,共有户籍和共担赋役的两大特点就使家族的形式具有了地域化和政治化特征。⑤ 对广东清代图甲制的研究表明,一甲之内的户口具有由同一血缘群体独占的趋势。户口无论"总户"还是"子户",都是

---

① 《魏书·食货志》。
② "王有"即周王是名义上的土地所有者。
③ 徐扬杰:《中国家族制度史》,人民出版社 1992 年版,第 121—133 页。
④ 赵秀玲:《中国乡里制度》,社会科学文献出版社 1998 年版,第 25 页。
⑤ 郑振满:《明清福建家族组织与社会变迁》,湖南教育出版社 1992 年版,第 246、257 页。

赋役单位，由数目不等的家庭组成，各自分担赋役。① 这就是说，国家在无法按照实际情况征派赋役的情况下，只好退而求其次，把赋役数量固定下来，分派给仍然留在国家户籍体系中的人们，人们根据不同的行政编制来分担国家的赋役。国家不再插手具体的户籍组成，只管赋役数量的完成与否。由于拥有共同的户籍或者共同的赋役，一户人家的子孙，或者同一行政单位中不同姓氏的家庭，会结合起来，由此形成的家族就以地域化为核心，而这种地缘关系的产生是以国家的在场为前提的。因此，明清时期家族与国家的关系，并不是通常所认为的，由血缘而自发形成的家族组织承担了部分国家职能，而是为了完成国家的赋役在实际的家户之间重新组织的结果。以国家的赋役和户籍为核心建立的地域化家族可以视为中国家族的标准型，也正是在这样的家族组织中，共同的族产成为一个显著的特征。②

然而，从总体上来看，宋以后的庶民化家族是民间社会的家族组织，不同于封建统治者上层的家族具有经济共同体的特征，而仍以家庭作为基本的经济生产单位。宋以后的家族主要有三种形式：一是同一家族散落在一个地域内的各个村庄中，甚至呈散点式跨地域散布；二是许多个体小家庭聚族而居；三是一个大家庭累世同居共财。在三类形式中，只有第三种形式具有经济共同体的性质。前两类家族的族田（包括祭田、义田、学田等）与上层社会封建王侯的封地具有不同的性质。族田固然可以说成是家族制度赖以存在的物质基础，但族田的经营方式，既不是举族共同耕种生产，其产品也不是用于家族全部人员的经济生活所必需。族田的经营方式主要是采取招佃取租，其收入的用途也仅是开支着家族祭祀祖先、赈济贫困族人、家族办学及族中儿童士子的考试、兴建族中公益事业等费用。家族内部的经济活动，仅仅表现在家族赈济，家族劳动成员间的有限的生产协作，家族内部族众之间临时的和零星的人力互换或人力牛力互换，特别是农忙时的相互换工、易工相助上；还有小型公共工程的生产协作以及有无

---

① 刘志伟：《清代广东地区图甲制中的"总户"与"子户"》，《中国社会经济史研究》1991年第2期。
② 张宏明：《家族再思考》，《社会学研究》2002年第6期。

相通的物物交换等方面。对于累世同居共财的大家庭组织（相当于家族），的确具有经济共同体的性质，但这种大家庭或家族在全国家庭总数中的比例极小。据四川万县在清乾隆四十九年（1784年）的统计，当时全县五世同居的大家庭（家族）只有32家。又据光绪初年湖南一省的统计，五世以上同居共财者平均每县亦只有10余家。而且这些大家庭或家族多为封建官员之家，如北宋中叶大臣范仲淹得官俸独资购买平江负郭田1000余亩，以其租入来赈济范氏家族，使贫困族人的衣食婚嫁丧葬得以保障。[1] 具有经济共同体性质的家族不是民间社会家族的普遍形态，因此，就普遍意义而言，宋代以后庶民化家族从它的出生的那一天起，就不是一个经济生产共同体。我们不能因为有族田与族产的存在，就将家族看作是一个经济共同体组织。只是在局部时间（明清时期）的局部地区（福建、广东等地），家族走向国家正式体制内，成为国家的赋税单位，带有经济共同体的性质。明清时代的家族组织，已直接与里甲制度相结合，演变为基层政权组织，户籍管理和赋役征派体制中家族组织所发挥的职能正是国家的基层政治的职能。"正是由于户籍的世袭化和赋役的定额化，促成了家族组织的政治化和地域化"[2]。另外，明清时期，或由族姓制定族规，族长对族众直接进行审判制裁；或由地方官府制定乡约，把政权直接渗透到家族组织中去，这两种形式无论哪一种，也都说明家族制的政治性趋向强化。于是，家族组织由宣传维护封建伦理，进而执行封建礼法，又进而变成为地主阶级审判制裁农民族众的基层政权组织。当然这也视地区不同，有些地区家族的发展则受一定的限制。[3]

现代国家中的家族成为一种礼俗化家族形态，在构建地域社会中已经不再扮演重要的角色，更无法完成单独构建地域社会的功能。近代以来，中国社会发生了重大变迁，中国地域社会的治理与家族之间的关系也出现了重大变化。在早期现代国家的政权建设中，既受国家

---

[1] 徐扬杰：《中国家族制度史》，人民出版社1992年版，第329—343页。
[2] 郑振满：《明清福建家族组织与社会变迁》，湖南教育出版社1992年版，第257页。
[3] 李文治、江太新：《中国宗法家族制和族田义庄》，社会科学文献出版社2000年版，第89页。

权力制约，又受民间文化传统制约的"双轨制"开始向国家主导的"单轨制"转变。国家政权从县一级下延到乡镇一级，加大了对地域社会的控制力度。早期一些思想家以西方文化为圭臬来观照中国，批判家族主义。其后的批判则越来越烈，可以说，在早期现代国家的建设中，中国的家族总是作为封建残余来看待的。1949年以后，新的国家在和平环境中进一步加快了现代化建设步伐，由于新的国家政权建立后阶级关系的变化以及农业集体化道路，绅士阶层已不复存在，国家权力直接深入地域社会的最底层，无论在制度层面上还是在意识形态领域中，皆形成强大而有效的控制。到了"文化大革命"，在"破四旧，立四新"的运动中，家族主义作为国家制度的对立面遭到毁灭性打击。然而，在近现代一系列社会变革中，民间社会的家族并不是消失了，而是转变为又一种新的礼俗性家族形态继续存在。这种新的礼俗性家族形态不再有族田族产，主要形式就是祖先信仰尚在，祭祖仪式犹存。

以上在对汉文献家族变迁的历时性陈述中，我们看到：无论是在传统国家中，还是在现代国家中，家族只能作为地域社会的重要的组织形态而存在，它在某些特殊历史时期和特殊地区（如明清的部分地区）甚至可以成为地域社会构成的更重要因素，但它任何时候都不能作为构成地域社会的唯一的因素，而且在大部分历史时期内，它也不作为地域社会构成的主导因素或基本结构。总之，在数千年的发展历史中，亲属关系的地位随着"无国家的社会"到古代国家再到现代国家的变迁而上下沉浮，亲属关系的功能也随着这种变迁或强或弱，有时变得更重要，有时则变得次要，它一直是构建社会的一种维度，但是它不是首要因素。

摩哈苴与周城都属于"有国家的社会"，相当于非洲的A组类型。我们强调如下三点：首先，与非洲A组类型一样，这两个村庄的社会不是按亲属制度建立起来的，政治单位是地域分组，亲属纽带只是建立政治关系的一个维度，用于巩固政治关系。其次，由于中国是一个宗族制度发达的国家，亲属制度在社会生活中即使在当代社会依然起着重要的作用，这两个村庄也同样；但这种"重要作用"不能使其在地域社会建构中位居其首。最后，摩哈苴一粗糠李男子拐骗了一个女子完成了婚姻，这对夫妻及其子女所构成的"社会"占据了岭岗村一块地域，这是一种亲属关系与地域完全吻合的社会，大致类似于福蒂斯和普里查德所说的第一种"政治结构和亲属组织完全融合"的社会类型，但是在周边社会都是"有国家的社会"的背景之下，这种情况只能短暂存在。事实上，后来当粗糠李与随后搬迁来的其他家族通婚之时，这种状态也就结束了。

总之，历时性的观察与共同性的呈现其结论是相同的，结论都是亲属关系是构成社会的重要因素，但从来不是主导因素，更不是唯一因素。

第二节　物质生产的变革与地域社会

在对物质生产活动的变革与地域社会的关系进行讨论时，摩哈苴提供了从采集狩猎到农业生产的变迁线索，周城则提供了从农业生产到工业生产再到第三产业的变迁线索。二者相加，就构成"采集狩猎—农业—工业—服务业"变迁的完整链条。

在我收集的1995年的统计报表中，摩哈苴的采集狩猎生产方式与农业生产方式是共时性呈现出来的，而这种共时性的并置可以还原为历时性的变迁。当地人的口述材料和当地文献资料都可以证明这一变迁过程，其时间节点则是在明代。摩哈苴口述历史有四五百年的历史，最先开户的那个粗糠李男子"找竹子吃"是一种采集生产活动，他一个人没有进行农业生产的条件。当山白草杞与竹根鲁同时从南华英武乡五街搬至摩哈苴时，两个家族具备了进行农业生产的条件。老虎山之阳那片平缓的坡地适合农业种植，而从国家的层面上看，明清时期的封建国家用农业作为改造边民实现大一统的基本策略，边疆地区的采集狩猎方式逐渐退到次要的地位。而刘尧汉先生提供的一份墓碑文和一份民间文献，则直接证实了两种生产方式转变的时间节点是明代初年。

刘尧汉先生之祖刘宇清（1830—1890）之高祖刘楷墓碑上有一段

相关于摩哈苴一带的生产方式的变迁的文字：

> 南山①中，林木茂，野兽多。我远祖，农耕少，猎事多，率奴众，逐禽兽，朝夕乐；邻侵界，必战斗。当是时，夏衣麻，冬衣皮，朝食荞，晚食肉，得温饱。明洪武，土头薄，播种一（斗），获八九（升）；自此后，农事繁，猎事少，居住定，不再流。楷高祖，天顺时，土头沃，种一升，获二斗。楷祖时，嘉靖年，开沟渠，稻谷熟。高祖楷，街集兴，商贾出，带银两，购皮物。楷力强，善射猎，力敌百，人莫侮。我曾祖，是赌徒，输庄业，不可赎；白龙庄、改板山、波罗庄、阿底本，是我土。沙坦兰——白米庄，输商贾。咸同乱，我建功，沾圣恩，沙坦兰，得返主；我后辈，宜保土。楷父体，火化后，无着落。楷遗体，原葬处，塔枝树，地不利，乖事出；移此后，龙脉旺，万事昌。南山强，惟我庄。
>
> 玄孙宇清跪撰
大清光绪三年三月立②

在这篇碑文中，介绍了摩哈苴开头并非由民众定居的"村庄"，只是刘姓奴隶主的山林。刘姓奴隶主的土地有着更大的范围，摩哈苴仅属于"南山"，因其"林木茂，野兽多"，故而是主子们"率奴众，逐禽兽"的狩猎场所。碑文说明了在明洪武（1368—1398年）之前，刘姓奴隶主的领地内（包括摩哈苴山林）还是一种以采集狩猎为主的生产方式，即"农耕少，猎事多"。直到明代初年，土地还不是主要的耕种对象，因为收成不好，"播种一（斗），获八九（升）"，得不偿失。也就是说，这个刘姓奴隶主及其家奴们还不会种地。明初以后，生产方式出现了变化，"农事繁，猎事少，居住定，不再流"，而且学会了种地，"种一升，获二斗"，已经有了20倍的增量。到了明代嘉靖年间，开始兴修水利，稻谷的产量可能已经很高了。也正是

---

① 墓碑文中的"南山"即指摩哈苴一带，在传统社会中此地属刘尧汉家族的山林地。
② 刘尧汉：《彝乡沙村社区研究》，云南人民出版社2002年版，第13页。

在农业生产方式兴起之时，方才出现市场交换，即"街集兴，商贾出"。由于采集狩猎生产方式退居次要地位，由奴隶主转化为地主的刘氏才需要"带银两，购皮物"。由此看来，在明代中叶之前，并没有集市贸易，此时应该是"以物易物"的"互惠性交换"形式占主导地位。

另一份民间文献则是刘宇清所遗的一本《收租簿》的开头有一篇《诫谕诸儿侄》，全文如下：

> 谕诸儿侄：溯我高祖楷，曾于崇祯驾崩年，一次酷戮庄奴六人，家奴二人，遂招致摩哈直庄群起暴乱，楷父因是横死；乃将原有谷租五十担，荞租八十担，折为不足半数之租银五十两，并免耕役，始息争乱。复远溯楷之高祖时，蓄奴数百，分住低屋，鞭策耕作，耕不勤，织不力，猎不中，战不勇；鞭之急则叛，不鞭则耕猎不敷其所食。遂散奴于村间，授土地，给锄犁，予牛羊，令其成偶，各事家业。其耕猎，半为主，半为己；若是，始勤于耕猎，半为主耕之所获，多于专为主耕之时。迨至楷祖时，半为主耕之所获，不如为己耕之半，遂散其地于庄奴，始令辟田种稻，课租五成①。及我曾祖辈，赌输庄业之半。迄咸、同，全山夷变；迨乱平，为抚夷计，我族减租一成半，以杜乱源。殷鉴在前，尔等宜善保庄业。此谕。父伯宇清，光绪戊子三月初五日。②

这里说到"复远溯楷之高祖时，……遂散奴于村间，授土地，给锄犁，予牛羊，令其成偶，各事家业。"这是说刘楷之高祖时生产方式由狩猎转为农耕。在这里，我们对刘氏家族的代际时间进行一些辨析，方能推定最初由采集狩猎转为农耕的时间。《诫谕诸儿侄》说："溯我高祖楷，曾于崇祯驾崩年，一次酷戮庄奴六人，家奴二人，遂

---

① 此字原文左为"贝"右为"呈"，查《古汉语常用字典》无此字，疑为手写之误，从此处上下文及下文"我族减租一□半"来看，推测应为"成"字。
② 刘尧汉：《彝乡沙村社区研究》，云南人民出版社2002年版，第13—14页。

招致摩哈苴庄群起暴乱,楷父因是横死"。崇祯驾崩是1644年,刘楷戮奴于此年,此时他应处于壮年,假定他此时大约45岁,再假定他的寿命为65岁①,故推测刘楷的生卒年月约为1599—1664年。刘宇清与刘楷所隔四代,按照每一代平均58岁生子而且都是小支所出计算,方能与刘宇清1830年出生吻合。其间有无错谬之处,尚无法确定。不过,奇妙的是:按此四代为230年左右计,刘楷与其高祖亦为四代,故推测楷之高祖的生年在1370年左右,这与前面墓碑上说的自明洪武之后,"农事繁,猎事少,居住定,不再流"恰恰在时间上又是吻合的。

在基于摩哈苴的生产方式从狩猎(包括采集)生产方式向着农业生产方式历时性转换的分析中,我们得出的结论是:地域社会的概念并不是一开始就有的,在狩猎采集阶段因为"逐禽兽"的游走特点,虽然一个群体与另一个群体也有"邻界",但是未形成固定的居住模式,没有定居的村落。只有到了农业生产方式时期,才能"居住定,不再流",此时地域村才形成。这就是说,我们当下的具有固定居住模式的地域性的村庄是农业生产方式所建构出来的。

周城提供了农业转向工业生产方式,再转向第三产业的一种时间与经验。

表9-1　　　　周城三个产业收入变化情况（所占比例）　　　　%

产业＼年份	1978	1984	1986	1998	1999	2012
农业	74	38	14	5	4	3
工业				83	69	41
第三产业				11	26	55

表9-1所显示的是:在20世纪七八十年代,由于改革开放,周城的农业已经不占总产值的优势,而到了20世纪八九十年代,则是

---

① 刘宇清只活了60岁,从"楷力强,善射猎"看,他身体较刘宇清好,由此假定为65岁的寿命。

工业产值占绝对优势的年代。到本世纪的第二个10年，第三产业就占据优势了。在30年的时间内，这个村庄就完成了第一产业向第二产业的转变，又完成了第二产业向第三产业的转变。周城的经验提出的严肃问题是：工业与第三产业的发展已经将农业置于无足轻重的地位，且现代市场也已经将周城卷入全球化的浪涛之中，那么在农业生产方式中建立起来的地域社会是否会随着农业的逐步式微而被解构？

的确，工业生产方式形成了对农业社会的解构。工业生产按照行业这一"条状"结构来组织社会结构，它对农业社会的"块状"的地域分割是一种巨大的破坏性力量。以周城的扎染为例，传统的扎染原料所用布料都是手工纺织的纯棉布，染料用的是当地种植的植物板蓝。而现在已经改用工业生产的化学染料，布料也是从工业化的市场上购得。扎染技术也已经部分由机器代理，周城起码有上百台轧花机，除了大块的布料扎染，其他如腰带、帽檐、服装、小型饰品的扎花则完全由机器制作。而扎染产品也已经全部卷入市场化销售。经由现代化四通八达的交通，扎染产品已经销往全国各地乃至远销日本、美国、澳大利亚等国家。因此，传统扎染除了保留了少量的手工扎花以及极少量的本地土产原料之外，从原料到技术，从技术再到产品的销售已经完全依赖现代工业化的成就。地域社会外部的工业化力量将村庄也拉入了更大工业化与市场化的社会之中，周城村也在更大范围内有了知名度。

然而，这只是问题的一个方面，甚至是一个并不是很重要的方面。当工业化将地域社会分割切条之时，第三产业的兴起又将周城拉回到原先的具有地域特色的本来状态上来，甚至加强了这种地域性特色。如今的周城是遐迩闻名的旅游胜地，是中国白族名村，是傍近蝴蝶泉的一个超级村庄，是被国家文化部命名的"扎染之乡"，设想如果离开了"周城"这一地域村，这一切还存在吗？故而，"周城"是一个较之以往任何时候都更为巨大的凝聚力量，这种凝聚力量正是由第三产业之旅游业的性质所决定的。作为国内重要的旅游点，它最需要的是当地特色。也正是在这里，本来属于工业化的向外的拉力反而成为内聚的推力。周城村并没有成为某一工业企业的附属单位，相反，各种工业化成果及各种技术力量回过头来为周城这一具有地域特色的村庄服务，将村庄中的特色事物塑造得更为鲜明。工业为扎染提供了先进的机械与扎花技术，工业为村庄提供各种锦上添花的旅游设施，工业为具有地域村特色的重大节日如火把节、本主节提供了某种新鲜产品的支撑。工业化的解构力量在第三产业的主导下反而成为建构力量，地域村的特色与优势首先被提炼出来，然后是被打磨与制造成亮丽的产品，于是，地域村的地位得到了巩固与强化。周城村于是成了中国白族名村，如果离开了"周城"这个地域范围，还有什么趣味！

同样，在交换领域中，现代市场给村庄带来了巨大的冲击，但是交换是不同东西的交换，是满足人们丰富多彩的物质文化需要的交换；只要人的需要是多样性的，如食物的多样性有利于身体健康，衣着的多样性适应于不同的审美要求，文化的多样性满足好奇心等，那么不同的地域性产品的生产与交换永远就是必要的。工业化的产品是完全相同的，而大自然的产品各美其美，不同的地域生产不同的具有不同文化特色的产品，进而满足不同的人们的不同的交换需要。这是一个很简单的逻辑，周城的经验证明了这一逻辑，周城也成功地运用了这一逻辑。

工业生产方式并不能解构地域村，还有一个原因也需要被提及。我们是从人类实践活动的繁复性的结构出发来研究地域社会构成的，物质生产活动虽然是人类最重要的活动，但它不是人类唯一的活动，在这个领域内发生的解构力量，还有其他的维度，如"第二种生产"以及精神生产活动对其进行制约。地域社会内部的张力因为这种约束与突破而处于均衡状态，因此，工业的拉动仅仅使地域与外部世界联系的形态学上出现了若许变化，而地域社会内部的结构的稳定性并未产生变化，"村庄"作为地域社会的性质以及范围依然未变。

在摩哈苴的经验中得出的结论是地域社会在农业生产方式中被建构，在周城的经验中得到的并不是地域社会在工业生产方式中被解构的结论，而恰恰相反，地域社会作为一个"完整事实"的整体虽然因工业的"条状"分割而有所变化，但由于第三产业的主导作用，这种变化反而成为加固地域社会结构并给予重新建构的巨大力量。

第三节　宗教实践的变迁与地域社会

对于两个村庄的宗教实践的历史变迁，我们也无法进行全过程的叙事，特别是相关于起源问题与初始形态，几乎是不可观察的。不过，我在两个村庄20多年的田野工作中，却可以观察到这两个村庄民间的宗教实践的变迁与地域社会的关系。我以摩哈苴的"出行"以及两个村庄的神龛变迁为例来呈现现代化观念对地域宗教的冲击与重构。

较之传统社会，摩哈苴彝村"出行"群体的确已经发生了很大的变迁。不仅存在着各种不同的类型，而且其构成原则亦不同，传统的形式逐步消解。摩哈苴传统社会中的祭山神，是以聚落群体为单位集体出行。在摩哈苴，有着11个村民小组（小村），但是由于山区的特点，一些两三户的小聚落往往合并到较大聚落一起出行。我于2002年寒假和2003年寒假对摩哈苴"出行"群体进行了两次专门的田野调查，其中2003年的资料较为完备，我以此作为分析的基础。该年度摩哈苴11个小村"出行"群体共有19个，"出行"群体总户数为129户，单家出行约为96户，全村"出行"总户数共225户，未"出行"的约为35户，另有5户无统计数据。现将各小村（聚落）"出行"情况分述如下：

老虎山共42户，有两个"出行"群体。第一群体15户，其中竹根鲁9户，山白草杞6户；第二群体3户，为分家后的父子群体。另有22户单家"出行"，有2户因无牲口而未"出行"。背阴地20户，为同一竹根鲁家族。有两个"出行"群体。第一群体11户；第二群体3户，为分家后的父子群体。其余6户单家"出行"或未"出行"。马家村19户，除1户葫芦李外，18户马姓皆为汉族，有3个"出行"群体。第一群体4户，为分了家的同胞兄弟；第二群体和第三群体都是3户，且皆为父子群体。有8户单家"出行"，1户因无牲口未"出行"。外厂32户，有2个"出行"群体。第一群体8户，皆彝族，其中松树王7户，松树李1户；第二群体亦8户，皆汉族，其中马姓和赵姓各4户。其余16户皆为单家"出行"或未"出行"。迤头上村31户，有两个"出行"群体。第一群体12户，包括松树鲁8户，竹根鲁3户，苏姓汉族1户；第二群体7户，其中松树李2户，松树鲁3户，粗糠鲁1户，苏姓汉族1户。其余12户未"出行"或单家"出行"。迤头下村20户，有1个"出行"群体，共14户，混杂了8个家族，包括松树鲁2户，松树李2户，葫芦李5户，竹根鲁1户，葫芦鲁1户，松树王1户，大白花张1户，大白花李1户。这个群体年年集中在一起"出行"，无单家"出行"，地点选择在村东的一条平坦而宽阔的山路上。但2003年有一户何姓未"出行"，原因不明。隶属迤头下村而居住在两里多路以外的白草山聚落有5户大白花家族无统计数字。何家村13户，图腾质料皆为大白花。① 何家村是摩哈苴唯一的既是全小村（村民小组）在一起，又是同一聚落在一起共同"出行"的群体，该村无单家"出行"的情况，且年年如此。岭岗村25户，只有1个"出行"群体，共3户，由2户大白花张和1户粗糠李组成。据不同时间、不同地点的几位报道人说，其余22户皆未"出行"，他们大多数家户的男子参加了新年打陀螺活动。② 他们认为，"出行"管牲口兴旺，打陀螺管庄稼丰收，是一样的。加之打陀螺的场地离该村较近，所以他们选择来打陀螺。龙树山21户，有1个"出行"群体，共6户，由4户大白花张姓和2户马姓汉族构成。其余15户单家"出行"或未"出行"。干龙潭28户，有两个"出行"群体。第一群体5户，包括竹根罗1户，大白花鲁1户、葫芦李2户、松树李1户；第二群体亦为5户，全为葫芦李家族。其余18户单家"出行"或未"出行"。麦地平掌14户，有两个"出行"群体。第一群体3户，由分了家的父子家庭构成；第二群体亦3户，由分了家的兄弟构成。其余8户单家"出行"或未"出行"。

从我的田野观察来看，2003年摩哈苴"出行"群体的构成以及

---

① 其中虽有两户鲁姓，但都是上门就亲，属于"改灵不改姓"的边界模糊家族。
② 摩哈苴女人不参加打陀螺和"出行"仪式。

单家出行存在着如下四种模式：

第一种是以聚落为单位的地域群体模式，这一模式体现了"出行"群体构成的"地域性原则"。在全部19个出行群体中，有何家村和迆头下村两个群体为此模式，共27户，占全部11个小村的18%，占全部出行群体的11%。其"出行"户数占"出行"群体总户数的21%，占全村总户数（265户）的10%。需要说明的是，我们将迆头下村作为聚落群体来统计分析，虽然本来属于迆头下村的白草山有5户未参加该群体出行，但这5户从来不参加迆头下村的集体"出行"，因其位居两里多以外的深山之中，需要连续翻越数山方能到达。而这个聚落还有一户何姓未"出行"，仅属特殊情况。就常态而言，这个聚落群体每年都会组成一个稳固的"出行"群体。

图9-1 迆头下村集体"出行"（当地人摄）

然而，聚落为单位的地域性原则却存在着反思的余地。首先，何家村是统一以大白花为图腾祖先构成的村落，且整个摩哈苴除岭岗村有1户以大白花为图腾的何姓外，只有何家村才是大白花何家族。因此，这一个"出行"群体的构成不足以证明以小村为单位的地域性原则具有排他性，这里有可能潜藏着家族原则起的作用。其次，何家村的山神庙就在打陀螺场的旁边，相隔不到20米。正月初一为摩哈苴打陀螺的日子，全摩哈苴的男性无论老少皆可自由参加。我在2003年的参与观察中，看到何家村一些妇女及几位老人在山神庙旁边杀鸡洗菜、支锅做饭，而男青年、男孩以及一部分老年男性全都在打陀螺。柔情的袅袅炊烟和鏖战的漫漫黄尘欢乐地融合在一起，使节日气氛更为浓郁。做饭的和打陀螺的对看着，不时从两边同时传来喝彩声和惋惜声，一边的热情牵动着另一边的心绪，一边的欢呼也引来了另一边的目光。等到饭做好了的时候，男人们便回来祭山神和吃饭，饭后他们又去打陀螺，可谓一举两得。[①] 最后，迤头下村出行群体排除了家族关系，从形式上看是一种纯粹的地缘关系，但通过进一步观察却发现其凝聚力的形成也可能并非单纯的地域关系的力量，还与干部们的思想动员和宣传鼓动以及其他因素相关。迤头下村是村治精英与知识精英集中的地方，干龙潭村民委员会主任兼党支部书记居住在该村，南华县土地局原局长亦居住在此村，另外还有几位退伍战士也居住在该村。[②] 村干部、国家干部以及退伍战士将出行仪式作为团结的象征。另外，如土地局局长的孩子们在南华县城读书，每到春节全家人都会回村过年，至时带着录音机、收音机、照相机等村民们少见的时髦装备，并穿着城里流行的西装牛仔。"出行"那天，他们便将这些新式武器带到现场，增添了更多的娱乐性，无形中亦形成了某种吸引力，使全村的男女老少都乐意参加。

　　第二种模式是"地域性的家族群体"模式，这是指同一家族的居住地相邻的几个家户共同"出行"。在2003年的观察中，严格说来，仅有背阴地第一群体共11户为此模式，占"出行"群体总数的5%，其"出行"户数占全村"出行"群体总户数的9%。竹根鲁全家族共有43户，分布在老虎山、背阴地、迤头上村和迤头下村。这11户组成的"出行"群体既不是竹根鲁家族的全部，也不是同居背阴地竹

　　[①] 何家村集体"出行"与山神庙靠近打陀螺场所的相关性，可以从对岭岗村的观察中得到旁证：岭岗村距打陀螺场地亦较近，因参加打陀螺活动而不去出行的人最多。
　　[②] 退伍战士在当地是一种很重要的身份，因为他们接受过国家机构的正式训练，故而是靠得住的人。

根鲁家族（共20户）的全部。此外，摩哈苴还有8个父子群体或兄弟（包括堂兄弟）群体，规模都很小。其中3户构成的群体有6个，4户构成的群体有1个，5户构成的群体有1个。这些出行群体只能视为几个家庭的联合，不作为"地域性的家族群体"。

第三种模式为情谊群体模式，这种模式体现了"出行"群体构成的"自由组合原则"。2003年这一类"出行"群体有8个：老虎山第一群体15户；外厂第一群体8户；外厂第二群体8户；迤头上村第一群体12户；迤头上村第二群体7户；岭岗村出行群体3户；龙树山"出行"群体6户；干龙潭第一群体5户。这8个情谊群体共64户，占全村出行群体总数的42%，出行户数占全村出行群体总户数的50%。8个情谊性群体都是较大的群体。老虎山第一群体有15户，超过了被干部们组织起来的迤头下村第一群体的14户，也超过了何家村的13户，成为2003年摩哈苴"出行"群体中最大的一个。此外，迤头上村12户的第一群体，外厂的两个8户群体，皆为大群体。这种模式的"出行"群体总数及户数皆占半数左右。

图9-2 情谊群体"出行"（朱炳祥摄）

第四种模式，单家"出行"约为96户，①占全村"出行"总户数225户的43%，这显然是一种重要的模式。另外，2003年摩哈苴因无牲口、打陀螺或其他原因未"出行"的约35户，占全村总户数（265户）的13%。单家"出行"或不"出行"的主要原因是家庭事务与集体"出行"群体安排的时间不能吻合，因为集体"出行"需要生火做饭，往往会用去一整天的时间；而单家"出行"只需要端着祭品去山神庙献一献，半个小时或一个小时即可完成。单家"出行"不构成群体，可以看作"世俗事务首位原则"在潜在地起作用，35户未"出行"的家户的大部分也是因为忙于其他事务。

图9-3 单家"出行"（朱炳祥摄）

从当地人主位视角的陈述也同样说明了以上原则。在与我交谈的数十位摩哈苴朋友中，他们反反复复的是如下的一些语句："按兴趣、缘分，几家玩得好的就搭拢一处'出行'"；"不按家族'出行'"；"老规矩是一个村一起去，一家不落，但现在是玩得拢的就在一处献（祭），团结互助好一点的就拼拢'出行'"；"现在各家忙各家的，斗不拢。按理说是全村搭拢去献"；"你忙我忙，就斗不到一起了"；

---

① 单家"出行"与未"出行"的总数为131户，要从中剥离出单家"出行"的准确数据非常困难，但从老虎山、马家村和迤头下村的单家"出行"与未"出行"户数相加为34户，其中有4户未出行，按此比例计算，109户单家"出行"或未"出行"（除去岭岗村）中就应该有13户未"出行"，加上岭岗村共有22户未"出行"，故未出行的有35户，那么单家"出行"的就是96户。

"有缘分，但离得远也不搭拢。"我的一位朋友——干龙潭一李姓报道人（初中毕业，现任村委会副主任）对"出行"群体构成原则有一个很好的概括："就近，就便，合得来。""就近"为地域原则；"就便"为俗事务首位原则；"合得来"为情谊性的自由组合原则。

由于现代性的影响，摩哈苴出行已经由传统社会中的一个原则增加为数个原则。而这新增的原则之间存在着互相制约的关系：当"合得来"的自由组合原则对"就近"的地域原则组合起来的人群进行颠覆之时，"就便"的世俗事务原则又对"合得来"原则进行颠覆而使单家出行得到允许。在这双重否定中，已经瓦解了"出行"作为"地域社会组织"的性质与意义。

图9-4　打陀螺（朱炳祥摄）

但是颇有意味的在于，在"出行"群体小型化、个体化的同时，摩哈苴娱乐意味更浓厚的"打陀螺"仪式却正在发展与兴盛。这一仪式也是在正月初一进行，全摩哈苴的男性无论老少皆可自由参加。近年来规模越来越大，几乎有取代传统社会中祭大龙仪式的趋势。我参与观察过两次，一批一批的男子（包括老人）都来参加这种既是游戏又是宗教仪式的活动，女人与小孩坐在周围的山坡上观看。这种仪式是祈求来年农业丰收的仪式，赢家和输家在仪式中都被解释为可以获得好收成。而对于有些村庄来说，这种仪式与"出行"仪式则结合在一起进行（如何家村）。这种村庄中的男性参与的活动同样是一种重要的结构化力量。

图9-5　妇女孩子观看打陀螺（朱炳祥摄）

这样看来，摩哈苴的宗教在变迁中，当"出行"被解构的同时，另一种"打陀螺"又成为一种结构化运动，二者起到了一种均衡的作用，地域村内宗教结构力量依然存在，只不过形式发生了变迁。也就是说，宗教的变迁并没有解构地域性的社会结构，而是在一种宗教仪式瓦解的同时，另一种新的宗教仪式随之兴盛起来并替代了旧仪式的功能。与此同时，旧仪式的功能虽然弱化，但仍然具有结构功能。

我再以两个村庄都同时具有的"神龛"的百年变迁为例来进一步说明。在民居正堂的中墙上都设置神龛，上书"天地君亲师位"，这是两个村庄共同的也是重要的宗教文化现象。"天地君亲师"中的"天""地"为"天神地祇"，"君亲师"是将本来属于人伦关系也在供奉中赋予了宗教的内涵。摩哈苴称神龛为"家神"，他们在正堂的墙壁上，贴一张大红纸，中书"天地君亲师位"。其右侧为灶君位，书"九天东厨司命灶王府君之神位",两边的条幅为:"上天奏好事""下地降吉祥";左侧为祖先神位,书"本音某氏堂上历代宗祖内外姻亲考妣香席位",两边的条幅为:"宗功丕显""祖德流芳"。在大红纸下方的供桌的左边(彝族尚左),摆放着作为本族图腾的祖灵实物。周城白族村将神龛称为"中堂"(与汉族同称),季清至民国初期挂"天地君亲师位",自从20世纪三四十年代起改挂"天地国亲师位"或各种画像,画像上是寿星、麻姑、大公鸡、名人字画之类。现在的神龛仍挂画像,只是突出了财神崇拜,有的家户专设了财神位,财神是骑虎执鞭的赵公明之像。在20世纪一百年的民族—国家现代性建设中,两个村庄的神龛经历了一次又一次的变迁,展现了宗教文化现代化的历程,这个历程大致可以划分为五个阶段:

图 9-6 摩哈苴家神(朱炳祥摄)

第一阶段:民国以前。此阶段两个村庄皆按官方要求一律供奉"天地君亲师位",祭拜仪式亦颇为浓烈,不仅清明、七月半、春节等重大节日在神龛前举行隆重的仪式,每逢初一、十五,都要点香拜祭,村民们神龛信仰浓烈。

第二阶段：自民国至1949年新生政权的建立。1911年辛亥革命后，皇帝（君）被推翻了，随后孙中山建立了中华民国，自此，官方要求民间改挂"天地国亲师位"。但在两个民族村庄中，摩哈苴由于山高地偏继续挂"天地君亲师位"，而在周城，有挂"天地国亲师位"的，也有一部分凭借交通发达而外出经商的家庭改挂财神、寿星、麻姑、公鸡等画像的。此阶段，摩哈苴的祭拜仪式与宗教观念无变化，周城财神信仰开始兴起。

第三阶段：自1949年至1965年。此时以破除迷信为宗旨的思想教育运动的开展并

图9-7　周城中堂（朱炳祥摄）

逐步深入民间，周城反应迅速，已经没有农户再挂"天地国亲师位"，相当一部分改挂毛泽东的正面像（有的继续挂寿星、麻姑等画像）。由于集体化生产阻止经商，财神崇拜淡薄下来。而摩哈苴则继续悬挂"天地君亲师位"。

第四阶段："文化大革命"期间。1966年，"文化大革命"开始，"破四旧、立四新"的运动横扫一切，冲破任何高山大岭的阻隔，遍及各民族的每一个角落。两个村庄所有的神龛都被砸烂，所有的献祭仪式都被禁止，所有的神鬼观念都被批判。在民居神龛上一律都贴领袖画像，供台上也摆放了毛主席石膏像及语录。除了重大节日一些农户偷偷地进行祭祀外，村民们已不在神龛前进行仪式活动。

第五阶段：1978年改革开放至今。此时，摩哈苴出现了"传统的复兴"，依旧将"文化大革命"中被"砸烂"的神龛恢复起来，继

续供奉"天地君亲师位";周城却没有出现"天地君亲师"的回归,而对财神崇拜则较为浓烈,更多村户(特别是从事餐饮业和扎染的)在正堂上摆放了财神像。同时,一些村户继续悬挂寿星、麻姑,领袖像则挂得少了,近年已基本不见。

上述不同时期两个民族村庄神龛设置的主体变迁如表9-2所示。

表9-2　　　　　　　　神龛设置百年变迁情况

村别	清代		民国时期		1949—1965年		"文革"期间	改革开放以来	
摩哈苴	祖灵	天地君亲师位	祖灵	天地君亲师位	祖灵	天地君亲师位	领袖像	祖灵	天地君亲师位
周城	天地君亲师位		天地国亲师位或各种图像		各种图像		领袖像	财神、寿星	

将体现宗法制度的"天地君亲师"崇拜作为民居神龛的主要内容向各民族有意识地传播[①],是国家统治文化对民族宗教文化进行影响与控制的表现。我找到的一份参考性文献《永顺县二百年大事记》载:"查土民尽属茆屋穷檐,四围以竹,中若悬磬,并不供奉祖先,半屋高搭木床,翁姑子媳,联为一床,不分内外,甚至外来贸易客民,寓居于此,男女不分,挨肩擦背,以致伦理废尽,风化难堪。现在出示导化,令写天地君亲师牌位,分别嫌疑,祈赐通饬,以挽颓风。"在这里,控制的意图很明显,且带有强制命令的性质。在20世纪的建设现代民族—国家的过程中,这种强制性的控制更为增强,特别是20世纪下半叶以来由于国家政治生活因发生了根本性的重大变化而愈趋愈烈。到"文化大革命"时期达到了巅峰状态,政治运动以暴风骤雨的方式摧毁着原有的一切,它摧毁了神龛设置与祭拜场所,制止任何人进行任何形式的祭拜活动,并且强制性地灌输革命思想,破除神灵观念。这对民族宗教文化的变迁产生了重大影响,

---

[①] 有研究者认为,"天地君亲师位"是清初普及儒化教育后,才逐渐传入民族地区的,见李星星《曲折的回归》,生活·读书·新知三联书店1994年版,第114—115页。此备为一说。

民居神龛形式的数次改制皆由此引起。但是这种影响有如以石击水，距离中心愈远，波纹起伏愈小。从上述变迁概述看，摩哈苴彝村神龛将"天地君亲师位"与祖灵并置在一起，百年中除"文化大革命"外几乎没有变化。[①] 而周城却因交通发达，距离中心最近，随政治起伏的波动最大，最能适应国家形势，形式变化也最多（民国、新中国成立、"文化大革命"、改革开放，共变化四次）。就信仰方面说，强制性的政治控制也起到一些效果，两个村庄中都有一些人（特别是干部）通过"文化大革命"运动，因为长期不进行祭祀的实践活动，就不再相信神灵了。在更经常的情况下，现代化进程中国家文化对民间的影响采取比较温和也更为有效的意识形态渗透的方式进行。新中国成立初期的思想教育运动，就是通过灌输新的国家意识形态方式而向民族宗教文化施加影响的，起码有一部分人因此接受了这种影响而改变了信仰。而伴随着改革开放而来的思想解放运动则又是一种引导性的意识形态的灌输，官方认可或宣扬的价值观念在民间社会生活中起重大的作用，对民族宗教文化亦产生了不小的影响。

然而，我所观察到的一个现象是，无论教育多么深入，灌输多么有效，都没有使地域性的宗教文化消亡。即使因为接受现代教育而最终不相信神鬼的干部与大学生，他们也仍然积极地参与乃至组织当地的宗教活动，包括祭拜神龛。国家意识形态的渗透只是使神龛的功能发生了变化。一般说来，民居神龛发挥的宗教功能可用"福佑"二字概括。但在传统那里，"福"的第一个内涵是家人平安，消灾祛病；第二个内涵是获得子孙的繁衍兴旺，可见传统神龛的功能只是解决生存与繁衍问题。而在现代化的影响下，在经济发展较好的村庄（周城）和农户（两个村庄都有）中，"福"的内涵有所转换。设置财神与寿星位（周城）是为了求财与增寿，求财是为了发家致富，增寿是为了享受生活，这就不仅是"求生存"的问题而是"求发展"的问题了。在这里，地域宗教文化产生了与时俱进的变迁。

---

① 即使在"文化大革命"这一暴风骤雨的特殊时期，他们将祖灵藏于楼上一角或床头屋后，重大节日依然拿出来偷偷供奉。

国家经济体制变革同样没有使神龛的信仰消亡，只是影响了其内容变换。在20世纪中，现代国家经济体制出现了两次重大的转轨，一是1949年新中国成立，由私有制转向公有制，由个体制转向集体制；二是1978年改革开放以来，由集体所有制转向个体承包制。前一次转轨，限制了两个村庄中（主要是周城）已露端倪的商品经济的发展，神龛中供奉"寿星""麻姑"之类的长寿仙人而不供"天地君亲师位"反映出思想观念与社会生活之间的张力。而对于摩哈苴而言，无论是集体经济还是个体经济，对于大多数人的生计状态来说差距不大（除了在传统社会中赶马的和造纸的农户外），因此神龛没有什么变化。后一次转轨，则广开了生财之路，促进了商品经济的发展。但改革开放并不是以工业深入乡村为主导，而是针对农村个人或家庭联产承包责任制实行的；同时，由于受商品经济的影响和金钱崇拜的刺激，年轻力壮的农民纷纷出门做生意，打工，或在本地从事小商品经营。

马克斯·韦伯曾提出"世界的祛魅"的著名观点。他认为，"我们的时代是一个世界理性化、智化、特别是祛魅的时代"①。韦伯在解释"祛魅"② 一词的含义时说："就是说，知道或者相信：只要想知道什么，随时都可以知道，原则上没有从中作梗的神秘不可测的力量；原则上说，可以借助计算把握万物。这却意味着世界的祛魅——从魔幻中解脱出来。……技术手段与计算使人祛魅。这是理智化本身的主要意义。"③ 韦伯认为这种理性主义首先诞生于经济领域，"经济理性主义的起源，不仅有赖于合理的技术与法律，亦（一般而言）取决于人们所采取某种实用理性的生活态度的能力与性向"④。韦伯这种看法似乎脱不开单线进化论的嫌疑。在当代的现

---

① ［德］马克斯·韦伯：《以学术为业》，王容芬译，载《韦伯文集》（上），中国广播电视出版社2000年版，第102页。
② 德文 Entzauberung（英文 Disenchantment），一般译为"祛魅"，也有译为"脱魔"。
③ ［德］马克斯·韦伯：《以学术为业》，王容芬译，载《韦伯文集》（上），中国广播电视出版社2000年版，第83页。
④ ［德］马克斯·韦伯：《宗教社会学 宗教与世界》，康乐、简慧美译，广西师范大学出版社2010年版，第403页。

实生活中，宗教并没有随着科学的发展、经济理性主义的高涨而消失，甚至也没有消失的迹象。"在当代日益高涨的世俗化潮流中，宗教几乎仍是文化的普遍属性"[①]。从两个村庄来看，无论是政治的变革还是经济的转轨，都没有造成神的观念的消亡，相反在两个村庄里却出现了神的观念的新复苏。这种复苏的原因可从两方面分析。首先，从经营小商品的职业来看，商品经济比农业经济有着更大的风险，故而宗教得以存在。马林诺夫斯基曾经分析过初民社会存在着两个领域："一种是神圣的领域或巫术与宗教的领域；一种是世俗的领域或科学的领域。"[②] "土人之间，是将两种领域，划分清楚的：一方面是一套谁都知道的天然条件，生长的自然顺序，一般可用篱障耘芟加以预防的害虫与危险；一方面是意外的幸运与坏运。对付前者是知识与工作，对付后者是巫术。"[③] 世俗的领域，是一个可以把握的"有限"领域，故而他只需要依靠自己的知识和工作。而"意外的幸运与坏运"，这是被宗教学的奠基人马克斯·缪勒称为"把握无限"的领域，这就给神秘思维留下了生存的空间，是宗教与神话观念产生的根源。[④] 商品经济对原先的农民来说，是一个新的神秘莫测的领域，于是原先就接受了神灵观念的村民便又回到宗教信仰中，希望能够得到神（特别是财神）的保佑，使自己能够在充满风险的商品竞争中得到"意外的"钱财，避免"意外的"亏损。这在两个村庄中对周城的影响最大。其次，从农村的家庭承包责任制来看，当村民们长期依赖的"大集体"瓦解时，生产方式就由群体为单位转为个体或单个家庭为单位。家庭生产较之集体生产相对处于无助的状态，与出门做生意或打工一样，他们的生产生活领域同样充满了意外的幸运与坏运，为了寻求精神的依赖，亦导致了神

[①] ［美］罗伯特·墨菲：《文化与社会人类学引论》，王卓君等译，商务印书馆1991年版，第205页。

[②] ［英］马林诺夫斯基：《巫术科学宗教与神话》，李安宅编译，上海文艺出版社1987年影印本，第1页。

[③] 同上书，第18页。

[④] ［德］马克斯·缪勒：《宗教的起源与发展》，上海人民出版社1989年版，第116—122页。

灵的观念回归。因为农业生产与天时地利关系密切，人们对"天""地"的依赖性极强，所以"天地君亲师位"又回到了神龛的位置上。这在两个村庄中摩哈苴最为典型。

在宗教文化现代化进程中，地域性的宗教亦有着自己独特的回应，表现为对国家文化适应性的重新解释与改铸，将地域文化纳入国家文化符号中保留下来。"天地君亲师"这一国家文化符号传入民族地区以后，并没有从根本上改变民族宗教信仰，而只是起到一种聚合作用，将原先民族宗教信仰中分散的神聚集到国家文化符号中来。两个村庄传统上所崇拜的神主要的有祖先神、地方领袖神和各种自然神（即"天神地祇"，包括作为最高神的"帝"，以及风神、雨神、雷神等）三种。在国家文化符号传入以后，这三类神灵都在"天地君亲师"的神龛上找到了自己的位置。第一，就祖先神而言，摩哈苴各姓供奉着六种图腾祖灵，包括葫芦、竹根、松树、大白花、山白草、粗糠叶，自供奉"天地君亲师位"后，国家文化符号中的"亲"的内涵与民族传统中的祖先崇拜出现了"叠合"。于是村民在"天地君亲师"的旁边写上"本音堂上历代宗祖内外姻亲考妣香席位"的字样，又继续将原先的图腾祖灵质料的牌位放置在神桌之上，这是一种民族文化与国家文化的"并置"现象，也是一种民族文化适应国家文化的方式。周城白族村过去则将"祖公房"放在楼上，他们适应国家文化的方法是每年烧包节将"祖宗房"从楼上请到神龛的位置上来进行祭祀。第二，就地方领袖神而言，摩哈苴崇拜的地方领袖是"土主"细努逻，周城崇拜杜朝选和赵木郎两个"本主"。当国家文化符号传入以后，两个民族村庄皆将其中的"君"解释为自己的地方领袖。与此同时，他们也不排斥统一的国家领袖，且将他们看成更高、更灵验的神。新中国成立以后，一些农户在神龛处悬挂毛泽东像，许多村民回答我的采访时说："毛主席的威望高，鬼神都怕的，毛主席就是神，比祖宗的威力大。"第三，就自然神而言，摩哈苴的自然神有天公、地母、雷公大将、土地公公、地母娘娘、山神等；周城则有玉皇大帝、天官、观音菩萨、山神、土地、龙王等。这些民族文化的传统内涵都被吸收到神龛上的"天地"内涵中去了。

两个村庄的民居神龛变迁显示了地域社会内部神的观念变化与祭祀仪式的变化。这些变化显示：当一种形式的宗教在社会变迁中消失，另一种形式的宗教便会随之兴起，宗教信仰与仪式在地域社会中从不缺失，它作为地域社会的一个构成维度始终在场。

第十章 地域社会"构形"

在以上几章中,我们从实践活动出发,"呈现"了家族、婚姻、物质生产与交换、宗教活动在一个地理单元内所构成的社会组织与社会关系,并"解释"了这些活动的范围以及这些要素对于地域社会构成的功能,观察了它们所建构起来的地域社会与外部世界的联系。我们还对三种基本生产活动从时间维度上进行了简要考察。我们看到,在地域社会构成问题上的每一种单独的解释模式都经不起其他解释模式的共同追问,地域社会内部的每一种要素,每一种生产活动,都具有构建功能,但这种功能不能被放大,因为它们仅能组织起社会生活的某一个方面。而且,这些要素所构成的社会组织和涉及的范围与性质并不相同:就其范围而言,有一部分是重叠的,另一部分并不重叠;就其性质而言,每一种要素仅满足了人的某一方面的需要,诸种要素具有不同的性质。只有这些要素相互关联起来,才是地域社会全部的实践方式,也才能满足社区内部的全部生活需要。本民族志在回应人类学关于地域社会的诸种理论的同时,力图探讨各种要素的结构性关联与功能性关联,进而在"活动"概念的基础上"建构"地域社会的基本模式。

第一节 "叠合式"的内部结构

地域社会的构成,首先研究的是地域社会的内部结构问题。"结构这一术语是指某一整体中的各部分相互联系的方式。社会结构(social structure),就是指一个群体或一个社会中的各要素相互关联的方式。"① 地域社会的存在形式与生命形式一样,它只以整体的形式存在,整体内的各要素相互关联。整体对于个体具有超越性、支配性和强制性。一种社会事实不能脱离社会系统的整体去研究。"整体主义视社会有明确边界,尤为强调其整合性和功能性。"② "新人类学把任何存续的文化都看成是一个整合的统一体或系统,在这个统一体或系统中,每个元素都有与整体相联系的确定功能。"③ 整体内的"整合性和功能性"就是指各个要素的相互参与,即各种要素在与有机整体关系中,本身也相互关联。每个元素在自身的发展中积累了力量,使整体总能量增加,并赋予其确定性,而每个元素也只有在同这个总能量的关系中并且依赖于它的情况下,才拥有特殊的力量。④

在我们的研究中,"村"⑤ 构成了地域社会的整体。"村"作为整体的有机性表现在它是一个自足的实体,它的内部功能齐全,满足了人们最基本的物质生活、种的繁衍和精神文化的需要。只要在这一整体关系中,无论是物质的生产与交换,还是亲属关系的继嗣与联姻,抑或是祭祀与信仰,皆作为局部具有意义并拥有力量。要构成这种整体关系,需要具备两个前提条件:第一,只有经常性的(而不是偶尔的)、稳定的(而不是脆弱的)、参与数量大的、频率高的群体社会实践活动与社会关系,方能成为地域社会构成的力量,个体性的或少部分人的活动和社会关系无法结构化为社会模式。第二,地域社会关系的结构化并非指某一个单独方面(如亲属关系、生产与交换关系、宗教关系)的结构化,因为单一要素不能达到一种"自足"性,人类的基本实践活动并不是单一的,而是繁复的结构。地域社会必须被理解为全部群体所有社会关系"总和"的结构化,这种"总和"的

---

① [美]戴维·波普诺:《社会学》(第十版),李强等译,中国人民大学出版社1999年版,第94页。
② 参见[美]古塔、弗格森编著《人类学定位》,骆建建等译,华夏出版社2005年版,第67页。
③ [英]拉德克利夫-布朗:《社会人类学方法》,夏建中译,华夏出版社2002年版,第60页。
④ [德]斐迪南·滕尼斯:《共同体与社会》,林荣远译,商务印书馆1999年版,第192页。
⑤ 这里的"村"指地域村而非行政村。

结构化，方能使地域社会成为一个有机体。

因为人类最基本的实践活动就是物质生产活动、"种的繁衍"活动和精神生产活动，故而地域社会内部的结构化力量就是这三种实践活动的力量；也只有当三者在一定的地理范围内构成一种具有稳固性的结构关系以及具有有机性的功能关系之时，地域社会方能构成。

地域社会内部的结构关系是指诸构成要素之间所形成的相互交叠的、致密度极高的、稳固而不可拆卸的紧密关联。在第四至第八章的观察与呈现中，我们看到继嗣、通婚、生产、交换、祭祀活动都是当地人的日常生活活动，是群体的而非个体的活动，是每天必做的、周期性的身体活动或是虽非直接显露在外但却一以贯之于内的精神活动。假如我们设想将地域内每天发生的每一种群体活动都引出一根可见的线条，那么在我们的视觉中，这些线条该是何等的密集纷繁、何等的纵横交叠！这是一种任何精美的比喻都无法说明的。而且这三种基本活动是稳固的、经常性的，既不可以被取代，更不可能被取消。这种相互交叠的、致密度极高的、稳固的日常活动不仅是当下的状态，同时也是一种历史的状态。对于这一种时间与空间"统一"与"同一"的结构状态，我在这里用"多重文化时空叠合"这个概念来说明。所谓"多重文化时空叠合"，其基本内涵如下：当一个地区的文化由于长时期的发展变异的积累出现新文化现象的时候，旧文化现象的许多主要部分并不是以消亡和破产为基本特征，而是经过选择、转换与重新解释以后，依然被一层一层地重叠和整合在新文化结构之中。这种新旧并存的情况，并不是由于力量的消长，新的暂时还不能消灭旧的，需要在时间的发展中来逐渐完成新旧替代的过程，而是从一开始就实现了新旧文化形态之间的相互理解、协调、包容、让步。也就是说，原先的文化并没有死亡，依然是一种有生命的东西。另一方面，对于传播而来的异地文化，也是通过选择、转换与重新解释以后，被一层一层地重叠和消融在新文化结构之中。于是，不同时间、不同地域发生的文化现象便凝结、层累、整合在同一种文化结构之中。而且这种文化时空的层叠整合，并不是只有一次，而是经过多次。早一些发生的文化与晚一些发生的文化重叠并整合以后,当更晚一些文化发生时,这种被重叠整合了的文化又被重叠整合到新的文化中去;因此时间越长,越是被堆积起更多、更复杂的时空内涵。① 由于共时性的呈现正是历时性过程的产物,故而本民族志不是将"结构"理解为共时性的,而是理解为共时性与历时性的统一乃至同一。

为理解这种"统一"乃至"同一",这里举出物质生产与交换共时与历时两种"结构"的例证来示意性地说明。当下摩哈苴所呈现的是采集狩猎与农业两种生产方式并存,周城呈现的主要是采集、农业、工业、第三产业四种生产方式并存。而这种共时性"并存"正是历时性的"过程"。在摩哈苴,从400多年以前一名粗糠李男子"找竹子吃"的采集生产方式,到后来竹根鲁和山白草杞等家族搬来以后所采取的农业生产方式,是一个历时性过程。在周城,虽然不能证明从采集狩猎到农业生产的过程,但该村的经济统计数据却清晰显示了数十年间"采集狩猎—农业—工业—第三产业"的发展过程。两个村庄的共时性呈现正是历时性发展过程。图示如下:

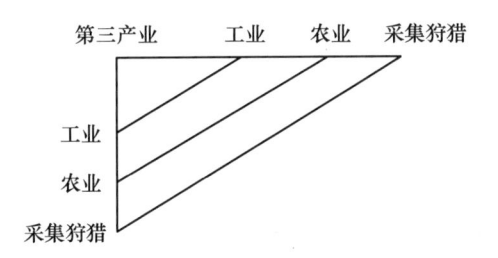

图中横线为共时性呈现,纵线为历时性发展。每一种生产方式既是共时的,也是历时的。

在物质交换活动中,传统市场(历史)亦总是揳入现代市场(结构)。从20世纪80年代初到2002年大约20年的时间里摩哈苴的兔街市场的街面变化,这一现实生活中的真实事件同时具有理论上的意义,它隐喻地反映了这种传统与现代、历史与结构之间的关系:

---

① 朱炳祥:《"文化叠合"与"文化还原"》,《广西民族学院学报》2000年第6期。

216 | 地域社会的构成

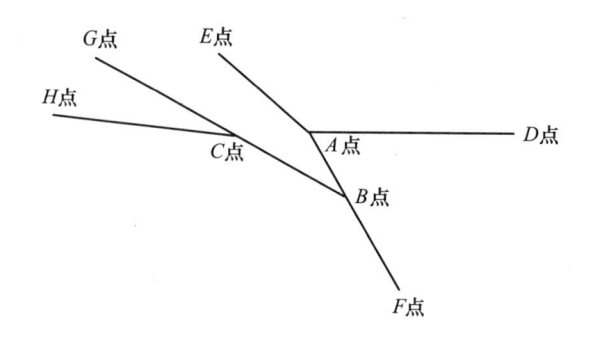

兔街的街面变化可以分为四个阶段。第一阶段：从传统社会到20世纪80年代，此时兔街的街面为DAE。第二阶段：20世纪80年代后期，处于山坡位置上的AD段由于路面狭窄且凹凸不平已经不适应市场的扩大，于是从A点出发延伸出新街面AF，这一时期的全部街面为EAF。变化了的街面依然保留了第一阶段街面的AE段，而AD段逐步废弃。第三阶段：到了20世纪90年代，又从B点出发延伸出新街面BG，全部街面为FBG，依然保留了第二阶段街面的BF段，而BAE段逐渐废弃。第四阶段：到了2002年，兔街政府又下大力开辟新市场，从C点新增了CH段，全部街面为FBCH，保留了第三阶段BC段以及第二阶段的FB段，CG段由于政府要求搬迁而迅速废弃。这种街面变化饶有趣味，有两点值得注意：一是每个接口（A点，B点，C点）都是历史与现实的交汇点；二是每一个时期的新街都包含着旧街的一部分。这种"多重文化时空叠合"的现象说明：历史与结构不仅是统一的，而且是同一的。阅读上图的每一条线，它既是历史的，同时也是现实的。变迁的过程中新事物中总是存在着旧传统，新旧事物又总是并置于同一个系统之中。

上述的"结构关系"同时也是一种"功能关系"，因为三个基本要素之间具有相互依存、不可分割的、稳固的有机性联系。

上图显示地域社会"三位一体"的整体社会生活。"物质生产"解决的是人类的生存问题;"种的繁衍"解决的是群体的延续问题。人不是单性繁殖的物种,人类必须依靠两性的配合方能繁衍。当然,双性繁衍并不一定结成"社会",自然界诸多物种如老虎和豹子既是双性繁衍又是独居生活的。"社会"的必要条件是群居,结"群"生活才使人类形成物质生产的协作关系与交换关系、亲属关系、地域性的政治关系、宗教关系。"群"的协作使各种生产活动及其构成的各种关系成为一种相互依存不可分割的"功能性"关系的基础。

而这种"多重文化时空叠合"的地域范围,正在于"村"。"村"是某一地域空间内绝大部分人的基本的、高频率的活动的历时性和共时性实践的基本单位。在"村"的范围内,诸要素紧密地结合在一起,相互制约、相互影响、共同运转,完成结构与建构的过程。只有"村",方能作为地域社会的基本单位和最小单位,除此以外没有这样的单位。小于"村"的"村落"不是独立的地域社会的单位——就像小于"词"一级的"词素"一样,它不能独立运用——村落无法包容某一群体完整的自足生活,即不能包容某一群体完整的祭祀单位、生产单位、交换单位、婚嫁单位、继嗣群单位。"时空的'固定性'也就意味着社会的固定性,日常生活物理环境实质上的'既定'特征与惯例彼此交织,深切地影响着制度再生产的特征。"[1]"村"作为地域社会的最小单位,具有时空的固定性和社会的固定性特征。在当前的中国乡村社会中,"村",也只有"村",才能够将各种实践活动聚合起来,形成统一的地域社会单位。在第四章至第八章的陈述中,我们看到,无论是继嗣群、通婚圈、物质生产与交换活动、宗教活动,只要到了村庄的边界上,就会出现向内弯曲的"内卷"。"内卷"的结果就是致密化,它使地域内的各种实践活动如"蛛网"一样密集而有序,进而建立起结构性的联系。莫斯在论述爱斯基摩人的社会结构时认为,定居点是"真正的地区统一体",因为一是有恒定

---

[1] [英]安东尼·吉登斯:《社会的构成》,李康等译,生活·读书·新知三联书店1998年版,第46页。

的名字；二是有一块土地，这是极为明确的边界；三是有统一的语言，四是有统一的宗教与道德。① 村庄这四个方面的条件皆备，它是一个"真正的地区统一体"。

第二节 "齿轮式"的周边构形

由于某一地域社会总是处于与其他地域社会的联系之中，所以地域社会与周边社会的关系形态也值得我们关注。吉登斯说："社会具有双重意涵，一是指具体界限的系统，一是指一般性的社会交往。……我引入了'跨社会系统'和'时空边缘'这两个术语，以便更清楚地阐述实际状况。这两个术语指的是区域化的两个不同方面。"② 本民族志以"村"来界定地域社会的"时空边缘"，"村"是指具体有边界的系统。村外的搬迁、通婚、生产与交换、宗教活动这些"一般性的社会交往"，则构筑了村庄与地域以外的社会交往路径。我们可以"通过关注共同在场情景下的互动如何在结构上融入具有广泛时空伸延的系统，即关注共同在场情境下的互动系统如何在大规模的时空范围中伸展开来，来考察所谓的'微观'与'宏观'之间的关系问题"③。

我用"齿轮式"这一具有明显视觉形象的概念来隐喻地域社会与周边社会的结构关系的形态学特征。试想象：当我们从一个确当的位置（如高空中）往下俯瞰，如果地域社会构成的每一个要素的范围都用不同的颜色标记出来，那么从理论上说，我们可以看到地域社会向外延伸出类似于齿轮的许多"齿"，这些"齿"揳入了周边的社会中去。之所以比喻为齿轮之"齿"，是因为它呈现的是一种向周边差序式递减的"△"（"▽"）的典型形态。与村内各种生产活动的范围

---

① ［法］马歇尔·莫斯：《社会学与人类学》，佘碧平译，上海译文出版社2003年版，第335—337页。
② ［英］安东尼·吉登斯：《社会的构成》，李康等译，生活·读书·新知三联书店1998年版，第47页。
③ 同上书，第46页。

是重合的不同,村外各种生产活动之"齿"呈现不完全重合状态。两个村庄继嗣、通婚、生产、市场、宗教五要素在空间上的相互关系如表 10-1 至表 10-5 所示。

表 10-1　　继嗣群与其他要素所构成的地域空间①之关系

关系项	重合情况 村别	摩哈苴继嗣群	周城村继嗣群	备注
宗教	村内	重合	重合	
	村外	不完全重合	不完全重合	
通婚	村内	重合	重合	
	村外	不完全重合	不完全重合	
生产	村内	重合	重合	
	村外	不完全重合	不完全重合	
市场	村内	不完全重合	重合	
	村外	不完全重合	不完全重合	

表 10-2　　通婚圈与其他要素所构成的地域空间之关系

关系项	重合情况 村别	摩哈苴通婚圈	周城村通婚圈	备注
继嗣	村内	重合	重合	
	村外	不完全重合	不完全重合	
宗教	村内	重合	重合	
	村外	不完全重合	不完全重合	
生产	村内	重合	重合	
	村外	不完全重合	不完全重合	
市场	村内	不完全重合	重合	
	村外	不完全重合	不完全重合	

---

① 这种空间关系也是时间关系,下同。

表10-3　生产活动范围与其他要素所构成的地域空间之关系

关系项	重合情况（村别）	摩哈苴生产活动范围	周城村生产活动范围	备注
继嗣	村内	重合	重合	
	村外	不完全重合	不完全重合	
通婚	村内	重合	重合	
	村外	不完全重合	不完全重合	
宗教	村内	重合	重合	
	村外	不完全重合	不完全重合	
市场	村内	不完全重合	重合	
	村外	不完全重合	不完全重合	

表10-4　市场圈与其他要素所构成的地域空间之关系

关系项	重合情况（村别）	摩哈苴市场圈	周城村市场圈	备注
继嗣	村内	不完全重合	重合	
	村外	不完全重合	不完全重合	
通婚	村内	不完全重合	重合	
	村外	不完全重合	不完全重合	
生产	村内	不完全重合	重合	
	村外	不完全重合	不完全重合	
宗教	村内	不完全重合	重合	
	村外	不完全重合	不完全重合	

表10-5　宗教活动范围与其他要素所构成的地域空间之关系

关系项	重合情况（村别）	摩哈苴宗教活动范围	周城村宗教活动范围	备注
继嗣	村内	重合	重合	
	村外	不完全重合	不完全重合	

续表

关系项 \ 重合情况 \ 村别		摩哈苴宗教活动范围	周城村宗教活动范围	备注
通婚	村内	重合	重合	
	村外	不完全重合	不完全重合	
生产	村内	重合	重合	
	村外	不完全重合	不完全重合	
市场	村内	不完全重合	重合	
	村外	不完全重合	不完全重合	

表 10-1 至表 10-5 显示了构成地域社会的诸种要素在什么样的空间范围之内是相互重合的，在什么样的空间范围之内是不完全重合的。"重合"显示了内部结构化的特征，重合的区域就是"村"的范围。"不完全重合"显示了外部齿轮状嵌入的特征，"齿轮"内部的"轮"是地域社会的内部结构，"齿轮"外部的"齿"是某一地域社会与周边世界的联系，"轮"与"齿"构成了地域社会与外部世界"封闭与开放""边界与延伸""微观与宏观""满足基本需要与发展需要"之间的张力均衡。在运转过程中，各地域社会之间的齿轮相互啮合，相互作用。

第三节 "触须式"的外围形态

在现代社会中，地域村与外部世界的联系在不断扩大，还表现为地域社会内部的成员进入远距离的外围空间，比如家族中有大学毕业生进入国家机构工作、通婚圈的远距离延伸、到外地去开办扎染厂、交换中的国外市场等。这些方面，颇像动物生出的一些触须，它由村内延伸出去，超越了周边地区的范围，延伸到更远一些地方并建立起了某种联系，本民族志将之称为"触须式"的外围形态。

在两个村庄的诸种生产活动中，散布于更大范围的例证是很多的。仅就通婚而言，周城 3 个村民小组的村外通婚不仅是周边地区

（即喜洲镇之内以及洱源县的一部分地区），而且延伸到更大的范围之内：大理市范围内有47个通婚例证，云南省范围内有82个通婚例证，其中与山东、贵州、江西、浙江等外省通婚的例证便有25例。从可能性上说，周城具备了跨国婚姻的条件。摩哈苴县内与省内的通婚也占有一定比例，外省亦有个别例证。其他几种生产活动所散布的范围与此类似。某一个千万富豪的村民受了某种影响移民国外也极有可能，某个有远大目光的村民去国外就职已经成为一个现实，如七社一大学毕业生回周城做扎染，曾经受聘于新加坡。两个村庄（特别是周城）还有许多在外省从业的，在外地读书的，在国家机关各个部门工作的，等等。如果齿轮关系是"近关系"，触须关系则是"远关系"；齿轮关系是"强关系"，"触须"关系则是"弱关系"；齿轮关系是"刚性关系"，触须关系则为"柔性关系"。其所建立的联系并无密度，空间分布也过于分散。并且，它不是群体实践活动，而是由某些个体实践活动所建构起来的。"触须"虽非身体的核心部位，但它是传达信息的，其功能亦不可忽视。

第四节 "星点式"的抛掷态势

地域社会与外部关系中还有一种更为疏松的关系，可以看作是一种"星点式"的抛掷效果所产生的联系，它不具有形态学特征。因为是被抛掷出去的，所以距离遥远甚至不知所向，失与了与原先社会的联系。不过，这些抛掷物有的在失去联系很久之后，在某个特殊的机遇下又重新出现在村庄面前。我举两个例证。第一个是摩哈苴的"阿秀"，80年代被人贩子拐骗到安徽嫁人，被抛掷出了摩哈苴。她的母亲因失去女儿哭瞎了眼睛，早早去世了；父亲也因女儿永远离去而绝望，整日长吁短叹。然而，过了20年的时光，"阿秀"带着她的丈夫领着她的孩子又回到家乡来看望她的老父亲。老人显得淡漠与平静，无言以对。"阿秀"带回来了那边农业机械化的信息，并且又介绍了一位姐妹也嫁了安徽郎。我听了这个故事万千感慨系之，对人贩子的痛恨，对"阿秀"被拐的同情，对新郎的愤懑，对秀母的悲切与哀悼，对秀父的无言。另一例是周城杨姓家族有一名成员大学毕业后在北京国家机关工作，娶了外地妻子，长期不与村庄联系。但2012年他抱着为家乡做贡献的愿望帮助村里申请了一个基础建设资助项目，受到村民的赞扬。

  在现代化进程中，无论是以光明的路径还是黑暗的路径，善的方式还是恶的方式，使人愤怒悲痛还是使人愉悦快乐的方式，这种"星点式"的抛掷已经发生并且还在发生着。与周边的"齿轮状"和外围的"触须式"都有所不同，被抛掷的个体离开了母体，已经不属于这个母体；但因为他们曾经是母体的一部分，所以在不可预料的时间，在不可预料的地方，他们又突然出现了。这种偶然性的关联，无论表现为物质的还是表现为精神的，它总是给村庄带来惊喜、惊诧、悲伤、慨叹与震荡，对地域社会内部在经济、文化、观念等方面产生或大或小的影响。

第十一章 地域社会"问源"

本章既不游离于地域社会之外，也不超越于地域社会之上，不是"余论"，不是"尾声"；它是地域社会属于"本根"与"首脑"部分的问题。我对本课题的问题意识的核心部分即产生于此。

现代民族志经过了100年的历史发展，它经历了从本体论到认识论的转变，在自格尔兹以来乃至后现代民族志中，已经内含着一种深刻的对研究目的的考问意识与觉醒意识。当代民族志的撰写，不仅需要追问"是什么""如何是"的问题，还应该进一步追问"为什么"的问题。本体论也好，认识论也好，最终总归从属于目的论，只不过这种目的论在有的民族志者那里不好说出、在另外一些民族志者那里不愿说出、在还有一些民族志者那里说不出而已。本章追索这种"首脑"与"本根"是一种对目的论的追问，于此便有"三问"，而前十章的"呈现""解释"乃至"建构"，都服从于本章的目的论追问。

第一节 "人"问

地域社会是"人"创造的社会，也是由"人"构成的社会，故而有"人问"。人类学声称是"研究人的科学"，每一个从业者对这个问题毋庸回避，也无法回避。

但人是什么？这个问题多么抽象，多么复杂，乃至多么多余！因为我们对自己早已习以为常：我们并不感觉到自己的脑袋翘翘地被安插在上方有什么不妥①,也不认为自封为"万物之灵"②有什么僭越。人类学家起劲地将这一文化与那一文化进行对比并找出差异,这的确是在回答人的差异性问题。但是这样的比较路径已经错位,因为当我们问"角马是什么"的时候,我们只能通过将其与"斑马""牛羚""花豹"等物种的比较中才能确定,而不是将这一只角马与那一只角马进行比较。有的哲学家找出了另一条对比路径:寻找地球以外的"对蹠人"。美国哲学家理查德·罗蒂将宇宙间远离我们星系的另一端的星球上的人类称为"对蹠人"(The Antipodeans),他们的思维方式与行为方式与我们大为不同。③ 设若某一天,真有一个如罗蒂所说的"对蹠人"造访地球,他用一种异样的目光打量着人类,可能会觉得一切都好笑好玩。其余的不必说,只是那个圆鼓鼓的被我们称为"头"的东西,就有无限趣味:前面一点点凸伸出来(那是鼻子),旁边一点点多余(那是耳朵),上面浅浅地凹进去一些弧度(那是眼睛),还有薄薄的两片可以嚅动的不知什么东西(那是嘴巴)。这些都不太"深入"——与"牛们"相比;也不太"灵活"——与"鱼们"相比。这些还不算奇怪,更使他不解的是,本来这些人类都属于同一类别,但却充满了残忍与统治欲:这一群人想征服那一群人,这一民族想统治那一民族,这一国家想灭亡那一国家!这个"对蹠人"看了这些以后既无限感慨,无法理解,更无话可说。

我们人类的这种德性到底有着怎样的来由呢?按照维柯的说法,本性即起源,那么人类到底是从哪里起源的呢?这个问题存在着科学的回答和神话的回答。科学的回答说人是进化而来。地球开头是无机物,是岩石,是海水,是空气,后来有了生命,生命在时间的行进中又由此种生命发展为彼种生命。而当出现人类的时候,不仅各种被岩石、海水与空气创造出来的生命呈现在同一时间之中、同一空间之

---

① 德国哲学家谢林对人体这种"完全摆脱大地的垂直状态的意义"予以重视,他借用古罗马诗人奥维德《变形记》中的诗句说:"将面部安置在最上方,命它仰望苍穹,观看星辰。"参见[德]谢林《艺术哲学》,魏庆征译,中国社会出版社1996年版,第275页。
② 《尚书·泰誓》:"惟人,万物之灵。"
③ [美]理查德·罗蒂:《哲学和自然之镜》,李幼蒸译,商务印书馆2003年版,第87页。

图 11-1 "我们从哪里来?"(朱炳祥摄)

中,而且连原先创造生命的这些原初物质依然与它的创造物呈现于同一时间之中、同一空间之中。而这些事物是无法分清楚谁是处在最顶端、谁又是处于底端的;也无法决定谁应该领导谁、谁又应该服从谁的。对此,我曾经有过一次感悟。几年前我作为武汉大学社会学系系主任去参加厦门大学人类学系建系 30 周年的庆典活动,傍晚独自坐到海滩边,听着海浪不断地拍打着岸岩与沙滩,海滩上还有不少淤泥。猛然想到,这个大海的浪涛在几十亿年的不断拍打中,竟然可以将无生命的东西通过无穷尽地重复着同一种动作催生出有生命的东西。这是一个"无中生有"的奇妙过程,在这一过程中,无机物变成了生命,单细胞的简单生命体又发展到动物和人类这么复杂的生命体。此时看到海面上有一些海鸟在飞翔,想到它们与海水竟然是祖先与后辈的关系,感到好笑。又转头去看海岸边的行人,一个穿着时髦的女郎正在怪模怪样地走着,看起来很高傲。思维就又将那海浪、那岩石、那淤泥与这个时髦女郎关联在一起:那个女郎会承认她出身于这一滩淤泥之中吗?可是,这的确都是事实:在忠实的、无尽的"浪打浪""浪打岸"的"动力学原则"的实践中,一切都由此产生出来，只不过因为省略了无数的中间环节而使我们的思想看不到这一事实而已。后来读到法国哲学家米歇尔·塞尔的《万物本原》①，心有共鸣且惊奇：维纳斯（包括那个时髦女郎）确实是从海上诞生的。大海那么喧嚣、那样杂乱、那么散漫，而从中出来的东西却是那么结构严谨、那么具有统一性。不过，祖先与后代之间，既然大自然界并没有规定排列的座次，那么，科学并没有带来人类可以作为万物主宰的结论。

神话给出的回答与科学大致相同。

西方的神话是上帝造人。《圣经·创世记》记载：上帝造了天地万物之后才造了人，"耶和华用地上的尘土造人，将生气吹在他鼻孔里，他就成了有灵的活人，名叫亚当。"② 这个人是上帝用尘土所造，而且只有一个。上帝又怀着善良的愿望造出了夏娃，让亚当不再独居。"耶和华说：'那人独居不好，我要为他造一个配偶帮助他。'……耶和华使他沉睡，他就睡了；于是取下他的一条肋骨，又把肉合起来。耶和华神就用那人身上所取的肋骨造成一个女人，领到那人跟前。那人说：'这是我骨中的骨，肉中的肉，可以称她为女人，因为她是从男人身上取出来的。'"③ 但是奇怪的是：新造出来的人却不具有上帝的高贵品质，夏娃在蛇的诱惑下，竟然与亚当一起偷吃了禁果，成为人的"原罪"。"原罪"的性质就是贪欲，它是异化的结果。第一代人是亚当，亚当是一个"自然人"，犹如摩哈茸的粗糠李男子一样。而当第二代夏娃出现以后，就是两个人的社会。从亚当到夏娃的过渡就是一个人到两个人的过渡，从"自然人"到"社会人"的过渡。作为一个"自然人"，亚当没犯错误；当夏娃出现的时候，亚当和夏娃同时作为"社会人"，他们才共同犯下了错误，有了那么多贪图享受的恶念。后来异化越来越厉害，亚当与夏当的后代越来越堕落，第三代该隐，就是一个彻底的恶人，乃至到了第 11 代，上帝实在看不下

---

① ［法］米歇尔·塞尔：《万物本原》，蒲北溟译，生活·读书·新知三联书店 1996 年版。
② 《圣经》（中文和合本），中国基督教协会 2007 年版，第 3 页。
③ 同上书，第 4 页。

去了，于是发下一场洪水，除了诺亚一家以外，将全部人类都淹死了。但是即使是善良的诺亚的后代，也同样继续堕落下去，没有好起来的希望。不过，诡异的是：从此，上帝再也没有发洪水惩罚人类。神话意味深长：是上帝对人类一而再、再而三地变坏失去信心了吗？还是上帝要让人类自己救赎自己呢？

中国神话则是女娲造人。女娲的重大功绩起码可以归结为五项：一是造人；二是补天；三是"化万物"（化生万物）；四是化生诸"神"；五是为人类安排婚姻事宜，"俗说天地开辟，未有人民，女娲抟黄土作人。剧务，力不暇供，乃引绳于泥中，举以为人。故富贵者，黄土人；贫贱者，引绠人也。"① "女娲炼五色石以补苍天"。② "娲，古之神圣女，化万物者也。"③ "传言女娲人头蛇身，一日七十化。"④ "女娲祷祠神，祈而为女媒，因置昏姻。"⑤ "有神十人，名曰女娲之肠，化为神，处栗广之野。横道而处。"⑥ 在这些神话中，女娲相当于上帝，她造了人，造了万物（化生万物），安排了人间婚姻事务。但是，在后来的一些记载中，女娲就变成女性，成为伏羲之妇。据唐代《独异志》记载："昔宇宙初开之时，有女娲兄妹二人，入昆仑山，而天下未有人民。议以为夫妻，又自羞耻。兄即与其妹上昆仑山，咒曰：'天若遣我二人为夫妻，而烟悉合；若不，使烟散。'于烟即合。其妹即来就兄。"⑦ 与前面的女娲单性造人不同，这里的女娲是双性造人。

典籍记载得很简略，并不完整。而在中国民间神话的汪洋大海中，伏羲女娲的故事就是洪水造人的神话。这一神话格外引人注目，我国五十六个民族中大部分都有洪水造人神话的流传。闻一多先生在《伏羲考》中收集有湖南、贵州、广西、云南、台湾诸省的苗族、侗

---

① 《太平御览》卷78，引（东汉）应劭所著《风俗通》。
② 《淮南子·览冥篇》。
③ （东汉）许慎：《说文解字》十二。
④ 屈原：《楚辞·天问》，（东汉）王逸注。
⑤ （宋）罗泌：《路史》后记二，注引《风俗通》。
⑥ 《山海经·大荒西经》。
⑦ （唐）李冗：《独异志》卷下。

第十一章 地域社会"问源" | 229

族、瑶族、傈僳族、彝族、高山族等民族的流传材料。袁珂先生在《古神话选释》"伏羲女娲"条①中说苗、瑶、壮、布衣等族都保留了比较完整的资料。陶阳、钟秀在《中国创世神话》②和《中国神话》③二书中根据古代典籍记载和现代民族学新发掘的材料的综合研究，认为我国的东北、西北、中南、西南地区都有洪水造人神话，涉及的民族有：苗、瑶、侗、傈僳、彝、高山、布依、白、傣、纳西、羌、基诺、水、景颇、怒、哈尼、拉祜、仡佬、崩龙、苦聪、普米、布朗、阿昌、独龙、珞巴、黎、壮、畲、满、鄂伦春、柯尔克孜、汉、毛南族，等等。张振犁先生在《中原古典神话流变论考》④又对中原洪水神话从古至今的流变作了专题论述。另有李子贤、杨知勇等许多学者都作过专题研究。在洪水造人的神话中，尽管主人公随着流传地区的不同而略有所异，但绝大部分是伏羲兄妹。我们引录壮族民间故事一例，以观其概貌：

  从前，地面上有人。有一年，雷公爷在天上捣蛋，故意不给地上的生物下雨。一直旱了六个月，没有一滴水。山上的树木都死了，野兽也饿死了。人们没有办法，只得去求张宝卜。张宝卜会弄法术，就连雷公爷也敌不过他。他听了人们的话，为人们打不平，就弄起法术来。他说："三天不下雨，我要那雷公跌下来。"

  过了几天，真的下雨了。雷公爷很生气，因为地上的张宝卜为难了他。他就企图劈死张宝卜。正在那个时候，张宝卜在家里念咒弄术，雷公劈下来，没有劈中他，他就拿一个鸡罩把雷公爷罩起来。

  雷公爷被捉的消息传到群众的耳中，大家都说要杀他来吃。张宝卜接受大家的意见，与群众到街上去买配料回来，准备杀雷

---

① 袁珂：《古神话选释》，人民文学出版社1979年版。
② 陶阳、钟秀：《中国创世神话》，上海人民出版社1989年版。
③ 陶阳、钟秀：《中国神话》，上海文艺出版社1990年版。
④ 张振犁：《中原古典神话流变论考》，上海文艺出版社1991年版。

公爷。张宝卜未去街以前,对自己的儿子和女儿伏羲兄妹说:"你们在家里千万不要让雷公爷喝茶水和清水。"

张宝卜上街以后,雷公爷就对伏羲兄妹说:"娃子,你们拿点茶来我喝。"伏羲兄妹说:"父亲去时把话说,茶水不给雷公喝。"

雷公爷没有办法,想了想就说:"不给我茶水,就给我一点(喂猪的)水罢!"伏羲兄妹想:"茶水不给他喝,是父亲说过的,水给不给呢?父亲没说过。水这样脏,可能可以给他喝罢!"于是兄妹两人抬了一桶很脏的水来给雷公爷。雷公爷被罩在鸡罩里,不能出来喝水,就叫伏羲兄妹拿了一根稻草来,从罩里吸饮桶里的水。雷公爷吸了一口,鸡罩微微动,吸了第二口,鸡罩大动,吸了第三口,鸡罩破裂,雷公动起来了。原来雷公爷有水时就能用自己的法宝,没有时,就不能用。现在有了水了,他就能冲破这鸡罩出来了。

雷公爷从口里拔出一颗牙来,对伏羲兄妹说:"你们拿这颗牙去种;人们挑粪壅田,你们就挑点去壅这个得了。等它出了果,熟了,你们就拿下来,挖去里面的心,放好起来。有朝大水来临,你们就钻进里面去。"说完,就腾云驾雾而去了。

过了不久,雷公爷因为张宝卜为难他而大怒,命令雨神整天整夜的下雨,雨下得多了,河水涨起来,先淹没了平原,再淹没了村落,又淹没了高山,最后,洪水一直淹到天上。

再说伏羲兄妹见大水来了,就依照雷爷所说的话,钻入那个葫芦里,浮在水面上,飘飘荡荡的一直给洪水漫到天上。忽然一声响,他们知道到天上了,就叫了一声"雷爷!"雷公问:"谁?"他们答:"伏羲兄妹。"雷爷又问:"地上的人全死了没有?"伏羲兄妹说:"地上的人、生物全死光,只有我父亲张宝卜还骑着一只犀斗跟着后面来。"雷公听了大怒:"嘿,可恨,天下的人全死了,为什么单单留下我的对头人?"于是就拿出剑来,等待张宝卜的到来。张宝卜到了,就与雷公斗了一场。雷公用剑刺中了张宝卜的犀斗,张宝卜没有法子了,被雷公打败了,洪水就随着退下来。

后来,太白金星骂雷公说:"你这样做,天下的人都死绝了,今后还有谁来烧香供你呢?"雷公也觉得不对。太白金星叫伏羲兄妹结为夫妻,再生出人类。伏羲兄妹说:"不行,要我们结婚,你们把一根竹割成一节一节的,能把它再接起来,我们就作夫妻。"仙人是能干的,所以能够把竹接起来了。原来竹是无节的,这样割了又接,变成有节的植物了。

伏羲兄妹结成夫妻后,过了两年,生下一个怪物,是一块磨刀石。两人非常生气,就把这块磨刀石打碎了,从山上撒到地上来。跌在河里的,变成鱼、虾;跌在山上的,变成鸟、兽;跌在村子里的,就变成老百姓。从此,天下又有了人和生物。①

对于洪水造人神话的母题,闻一多先生概括为五个:"(1)兄妹之父与雷公斗争;(2)雷公发洪水;(3)全人类中惟兄妹二人得救;(4)二人结为夫妇;(5)遗传人类。"② 袁珂先生的概括与此大致相同:"(1)兄妹的父亲与雷公为仇;(2)雷公发洪水淹没大地;(3)兄妹入葫芦逃避洪水;(4)洪水退后,天下人类全部淹死,只有兄妹是仅存是孑遗;(5)兄妹结婚再造人类。"③ 陶阳、钟秀总结的共同母题是:"甲:大洪水后,世上的洪水遗民只剩兄妹二人。乙:神或者灵物暗示,只有兄妹二人结婚才能繁衍人类。丙:兄妹不同意结婚,感到害羞,互相拒绝,妹妹尤甚;再就是恐惧心理,认为兄妹结婚不合风规,是乱伦行为,会遭天帝惩罚。丁:兄妹结婚。戊:兄妹结婚后,人类再传。"④ 这个神话的主题显然是"再造人类"。雷公(天神的代表)之所以不下雨,以及后来发下洪水淹死了除伏羲女娲以外的所有人类,其原因可以推测为人类的堕落,离开了天神造人的

---

① 转引自袁珂《古神话选释》,人民文学出版社1979年版,第47—49页。
② 闻一多:《伏羲考》,载《闻一多全集》第一卷,开明书店1948年版,第46页。
③ 袁珂:《古代神话的发展及其流传演变》,《民间文学论坛》1982年第1期(创刊号)。
④ 陶阳、钟秀:《中国创世神话》,上海人民出版社1989年版,第240页。

初衷，明显是异化的结果。令人惊异的是：东西方不仅都有着洪水神话，而且神话的主旨也相同。

　　我们将洪水神话看作一个"原型"，将"再造人类"的问题看作一个"元问题"。这个问题的当代意义，正是许多哲学家和人类学家思考的重大问题。人类到底是犯了什么错，乃至于要"再造人类"？而既然上帝留下一个问题要人类自己救赎自己，那么我们就需要行动，我们需要比照"对蹠人"来重新塑造自我。人类是一种具有创造力的生物，康德说："人具有一种自己创造自己的特性，因为他有能力根据他自己所采取的目的来使自己完善化。"① 马克思说："人是人的最高本质。"② 人类学对于"人"的研究，不能仅回答"人是什么"，重要的是"你想成为什么样的人。"当人类真正觉醒之时，人类就能够按照自己的自觉目的设置新的前行方向。这就等于说，在关于"人"的思考与追问中，对于"地域社会"的研究决不仅仅限于进行某种实证性的研究得出某种结论，它应该立足于对人类的终极前途的一种目的性的关怀。这是神话隐喻的提醒。

第二节　"社会"问

　　关于"人"的来源的神话所隐喻的是：第一代的"自然人"并没有出现贪欲，而在第二代以后也就是说当男女双性出现并构成"社会"以后才出现了最初的贪欲，其后往而不返。那么所谓的"原罪"是否就是"社会"的原罪？"社会"是什么？"社会"到底做了些什么？故而有"社会问"。

　　在田野工作中，我经常看到一些人行走在途中，你问他到哪里去，他回答："耕田"，此时他肩上扛着犁头；又问另一个，她回答："走亲戚送礼"，此时她胳膊上挎着一篮鸡蛋；再问一个，他说："卖东西"，此时他背着一筐土豆；还要问一个，她又回答："孩子病了，

---

①　[德]康德：《实用人类学》，邓晓芒译，重庆出版社1987年版，第232页。
②　[德]马克思：《〈黑格尔法哲学批判〉导言》，载《马克思恩格斯文集》第1卷，人民出版社2009年版，第11页。

去敬香",此时的她,愁容满面,提着的小篮子里放满了香烛。这些日常生活现象既普遍又简单不过,可是细细想来却颇有一些奇怪:送往迎来,送出去的与收回来的等同,每个月都要浪费许多时间,是谁强迫他们做出如此无效的劳动?家里人生病了就去求神,求神之后病还是没有好,下一次生病还是继续去求神,这到底又是什么原因?还有,"他"出生在周城,却要"出姓"① 到仁里邑;而"她",却又被从摩哈苴嫁到了大蛇腰,那地名听起来就毛骨悚然。"他"与"她"并不喜欢仁里邑和大蛇腰,他们又是被谁强迫了呢?这些问题常常使我困惑:如果说这就是"社会",那么难道"社会"这个东西就是要专门给人制造麻烦、让人无休止地整年整月整天忙个不停吗?而这些忙碌又几乎是在自我折磨、自我消耗、自作自受。

"社会"是从哪里来的呢?古代的哲学家早就关注过这一问题。柏拉图在《文艺对话录》曾经对此进行了阐释:

> 从前人的形体是一个圆团,腰和背都是圆的,每人有四只手,四只脚,一个圆颈项上安着一个圆头,头上有两副面孔,朝前后相反的方向,可是形状完全一模一样,耳朵有四个,其他器官的数目都依此例加倍。他们走起路来,也像我们一样直着身子,但是可以随意向前向后。要跑快的时候,他们就像现在玩杂技的人翻筋斗一样,把脚伸直向前翻滚,八只手脚一齐动,所以翻滚得顶快。这种人的体力和精力当然都非常强壮,因此自高自大,乃至于图谋向神们造反。想飞上天,去和神们打仗。
>
> 于是宙斯和众神会商应付的办法,他们茫然不知所措,他们不能灭绝人种,因为灭绝了人类,就灭绝了人类对神的崇拜和牺牲祭祀;可是人类的横蛮无理也是在所不能容忍的。宙斯用尽了头脑,终于想出一个办法。他说,"我找到了一个办法,一方面让人类还活着,一方面削弱他们的力量,使他们不敢再捣乱。我提议把每个人截成两半,这样他们的力量就削弱了,同

---

① "出姓"即上门招赘。

时，他们的数目加倍了，这就无异于说，侍奉我们的人和献给我们的礼物也就加倍了。截了之后，他们只能用两只脚走路。如果他们还不肯就范，再要捣乱，我就再把他们每人截成两半，让他们只能用一只脚跳来跳去。"宙斯说到就做到，他把人截成了两半。

人这样截成两半之后，这一半想念那一半，想再合拢在一起。①

这个故事的隐喻意义在于解释了由单性人到双性人的生成以及双性人构成"社会"的动力与原因。最初的单性人有着如此大的力量，他们具有自然性，他们不需要依靠社会的力量，不需要结成社会性的婚姻集团。任何事情依靠自己的巨大力量就可以完成。后来，当他们被劈开之后，力量就被大大地削弱了，所以才不得不通过寻找"另一半"的方式来构成"社会"。上一节所述中国的双性造人的神话也显示了"社会"是在两性的结合中产生的。单性的女娲时期并无"社会"，到了双性人（伏羲女娲）时期，最初的社会就出现了。两性结合是要使自己更有力量，因为他与她组织起了协作关系，形成小小"社会"。后来，他们又通过双性繁衍的方式生育后代，成为一个继嗣群，"社会"得以进一步扩大。这个继嗣群由于实行外婚制，用这种策略使不同群体之间建立起了一种政治关系与协作关系，通过"有限交换"到"循环交换"再到"散点交换"，建立起了整个地域社会之间的紧密联系和更大更有力量的协作组织。在摩哈苴的分析中，最初那个"找竹子吃"的粗糠李男子是一个"自然人"，后来他拐了一个妻子发展成为两个人的"微型社会"，再发展到现在有12户50人并与其他家族通婚共同构成摩哈苴的"地域社会"，就是一幅模拟缩略图。

但是，在这个不断扩张的环节当中，可能在什么地方出了一点差，它的目标的性质就发生了变化。也就是说，开始"社会"是为

---

① ［古希腊］柏拉图：《文艺对话录》，朱光潜译，人民文学出版社1982年版，第238页以后，有删节。

了生存的目的，为了自我保护，不受外人或野兽的侵害，或者为了某种大型的生产活动需要更多的人；而群体发展起来以后，群体的欲望与要求也越来越多了，它便希望侵占更多的资源与侵占别的群体的利益。最后发展为这一群社会人对另一群社会人进行侵略、掠夺与杀戮，酿成了人类历史上的无数次战争，乃至20世纪两次世界大战，给人类带来了深灾大难。马林诺夫斯基将人类描述为一种贪得无厌的物种：先是有基本需要，接着又有派生需要，派生需要是一层接一层的，不断生长的，不断展开的，不断增添新内涵的，永远没有完结的时候。①

这"社会"到底怎么啦？为何离开了原来的出发点？马克思在《1844年经济学哲学手稿》中"从经济事实出发"，发现了"异化劳动"的秘密："吃、喝、性行为等，固然也是真正的人的机能。但是，如果使这些机能脱离了人的其他活动，并使它们成为最后的和唯一的终极目的，那么，在这种抽象中，它们就是动物的机能。"② 马克思考察了两个方面的劳动异化行为。一是工人同劳动产品这个异化的、统治着他的对象的关系。这种关系同时也是工人同感性的外部世界、同自然对象这个异己的与他敌对的世界的关系。这是物的异化。二是在劳动过程中劳动同生产行为的关系。这种关系是工人同他自己的活动——一种异己的、不属于他的活动——的关系。在这里，工人自己的体力和智力，他个人的生命就是不依赖于他、不属于他、转过来反对他自身的活动。这是自我异化。动物和它的生命活动是直接同一的。动物不把自己同自己的生活活动区别开来。它就是这种生命活动。人则使自己的生命活动本身变成自己的意志和意识的对象。也就是说，它自己的生活对他是对象。仅仅由于这一点，他的活动才是自由的活动。但是，异化劳动把这种关系颠倒过来，以致人正因为是有意识的存在物，才把自己的生命活动，自己的本质变成仅仅维持自己

---

① 费孝通对此有所解释，参见费孝通《从马林诺夫斯基老师学习文化论的体会》，载王铭铭编选《西方与非西方》，华夏出版社2003年版，第134—135页。
② [德]马克思：《1844年经济学哲学手稿》，刘丕坤译，人民出版社1985年版，第51页。

生存的手段。① 马克思对于异化劳动造成的结果作了如下的总括：

> 人的类本质——无论是自然界，还是人的精神的类能力——变成对人来说是异己的本质，变成维持他的个人生存的手段。异化劳动使人自己的身体，同样使他之外的自然界，使他的精神本质，他的人的本质同人相异化。人同自己的劳动产品、自己的生命活动、自己的类本质相异化这一事实所造成的直接结果就是人同人相异化。当人同自身相对立的时候，他也同他人相对立。凡是适用于人同自己的劳动、自己的劳动产品和自身的关系的东西，也都适用于人同他人、同他人的劳动和劳动对象的关系。总之，人同他的类本质相异化这一命题，说的是一个人同他人相异化，以及他们中的每个人都同人的本质相异化。②

可见，"社会"的异化是由于异化劳动。在当代社会中，异化劳动不仅存在着，甚至更为严重。如果就生存本身而言，人是应该很容易满足的。昆人的经济生活与现代人的比较很鲜明地说明了这一点。萨林斯在《石器时代经济学》中认为采集经济中的昆人就很满足。③ 在哈佛大学的理查德·李和尔温·德俚等人组成的专家小组研究以前，许多人想当然地认为昆人在不断为生存而斗争，天天抵抗着饥饿和营养不良。他们毕竟生活在猎物稀少的地区，工具原始，无储藏植物的方法。表面看来，他们过着一种朝不保夕、勉强活命的生活；而60年代深入的研究结果表明昆人每人每天注入 2140 卡热量、42.1 克蛋白质，远远超出了美国建议的日补贴量。昆人不仅吃得相当不错，而且他们达到这一点并没有花太大的力气。经过计算 28 天里每人获取食物的小时数量，发现按西方标准计算，昆人获得食物的精力投入

---

① ［德］马克思：《1844 年经济学哲学手稿》，刘丕坤译，人民出版社 1985 年版，第 51—53 页。
② 同上书，第 54—55 页。
③ ［美］马歇尔·萨林斯：《石器时代经济学》，张经纬等译，生活·读书·新知三联书店 2009 年版。

也相当少。一般来说,一个男人用 5—6 天打猎,然后休息 1—2 周,走亲访友,每周还有 2—3 次通宵舞会。一个男人休假一个月的情况也不鲜见。妇女也有相当多的娱乐时间。一名妇女一天采集的食物就足够她全家吃 3 天,家务占 2—3 小时。这就剩下大量时间来休息或招待客人。昆人平均一周工作 15 小时就可以满足获取食物的需要。①"一般人还有一个错误的看法,认为工业社会的工人比他们前工业社会的先辈享有更多的空闲时间。其实,倒过来说才对。一个典型的现代工厂的工人每周工作 40 小时,每年有 3 周假期。当劳工领袖夸口说他们为工人争取空闲时间取得了多么大的进步时,他们想到的只是与 19 世纪'开化'的欧洲相比,当时工厂工人每天劳动至少 12 小时,而不是与昆人相比。"② 摩哈苴人李国志 2002 年寒假在与我的交谈中关于"满足"说了如下一段话:"一个人能够有一套能够接待客人的衣服,有一套好一点的衣服,上街能够穿的。现在普遍看到的,上街的穿补丁的少了,过去有补丁。冬天有棉衣。现在有的人还没有呢。纯收入一年个人平均 1000 元。一个礼拜吃上顿把两顿肉。中午完全吃米的条件没有,吃杂粮,苞谷、小麦,磨成面,做成面果。一天不能都吃大米饭。菜就是多样了,青菜、白菜,就像村公所的生活。温饱生活就是这样。两三天吃一顿肉。住上瓦房,不要漏雨。每天找着粮食,能够维持生活就算温饱了。一家最少三间,一般还要一间厨房,基本上四五个人才好住,如果三间一人住一格,小的讨媳妇时就没有了。最起码有个厨房,老的在正堂里住,小的两边,讨媳妇也好,姑娘也好,就好住了。达到这个标准基本上就可以了。四个人三间。"

但是人绝对不会满足于这种生活。在"第一种生产"领域内,特别是在西方现代的财富观念的刺激下,他的生产劳动就不再是为了生存的目的,甚至超越了个人享受的目的,而完全为了某种精神上的虚

---

① [美] F. 普洛格、D. G. 贝茨:《文化演进与人类行为》,吴爱明等译,辽宁人民出版社 1988 年版,第 101、140 页以后。
② [美] 马文·哈里斯:《文化人类学》,李培茱等译,东方出版社 1988 年版,第 73 页。

幻的自我价值实现的目的。以种植为特征的"生产型"经济方式已经有了剩余产品，这种方式不是直接食用自然界的物产，而是通过采集得到的果实的种植和狩猎中捕获的动物的饲养，食用人类自己生产的物品。这里重要的是：生产的东西是可以食用的。而"消费型"的经济方式以机器为特征，生产出各种奇奇怪怪的东西，对于生活本身来说，并非必要。经济生产的目的除了生存与发展之外，远远超越生命本身而成为另外一种"需要"。这种"需要"无论对于"个体"还是对于作为"类存在物"的人的长远利益都不带来好处。就"个体"而言，它距离自然界越来越远，在工业生产中出现的驾驭和操纵万物的思维使他与自然界产生对立，而在这种对立中，它总是满足于暂时的胜利而忽略永久的利益，而且它也没有力量对抗自然界，最终总会遭受自然界的报复。人类的过度享受只能使自然界的资源过早的消耗殆尽，随着能源的枯竭与熵的增量，从而使人作为一个"类存在物"过早地在这个星球上消亡。地球是一个有限的资源，当某一地域、某一社会、某一民族、某一国家中的人们无限向外侵吞的时候，他只是为了一个小群体的利益而不考虑全人类的利益。他在侵略、掠夺别的地区、别的民族、别的国家的人民时，因为地球无边缘，其所造成的恶果最后通过一种"曲线"又会回到他自身。短见的他永远也不可能看到这一点，因为他没有"人类命运共同体"的自觉意识。这是他的悲哀！

在"第二种生产"领域内，同样出现了异化现象。在生殖问题上，植物世界的雌雄授粉是在花期进行的，动物世界是由发情期来协调的，它们都有一定的时间性限制，而人类并非如此。现代科学研究尚没有弄清楚女前人的发情期是在什么时候消失的，但有一点可以肯定：它是人类文化对于人类生理特征的一次最具决定意义的重大改铸。在动物那里，发情期的性合，其目的只有一个，就是繁衍后代；也正是在发情期，雌性才能刺激雄性，于是达到了一种两性的调节与和谐。而人类大不一样，女性发情期的消失使人类的性合不再限于某一种特定时期，于是一切变得混乱不堪。人类的每一次配合并不是为了生一个新的孩子，相反，人类却去追求这种被弗洛伊德称为"欲仙欲死"的享受。当一个喝得醉醺醺的有钱人在灯红酒绿的世界里享受的时候，他能想到些什么呢？在这里，手段与目的彻底地颠倒了：手段变成目的，仅占据万物之一类的"人"所建立起来的由婚姻滋漫开来的各种社会制度与自然界有一种对立的趋向。

　　精神生活领域是人与动物的根本区别，精神生产本来应该成为一种使身心愉悦的活动，却被异化为追求名誉、权力、地位、威望的争夺。一个超越自身限度的个人奋斗在社会上受到鼓励，甚至得到推崇。当这种不仅超越生存的需要、甚至超越发展需要的个人价值实现的欲望膨胀起来时，人就变得面目狰狞。

　　在这些不同层次上过度追求欲望会使人忙个不停。我在自1995年以来至今的田野工作中的一个最大感受就是：几乎无人不忙，无处不忙，无时不忙，越是衣食无忧的地区越是忙碌。有了钱希望有更多的钱，有了名希望有更高的名，有了权希望有更大的权。周城有的村民有几千万元的资产，但他进了快车道更要加速前进，以至于在近20年的时间内，我约他们交谈都没有成功。当所有人都忙得不分昼夜时，他们不是为了能够生存，而是为了"活得较好"；"活得较好"的目标实现以后，他们希望"活得更好"；当"活得更好"的目标实现以后，他们又朝着"活得最好"的目标奋进。人们就这样不断地加速度前进。而世界上"活得最好"的人只能有一个，于是追求财富、名利、地位的人就永远不得休息。当一部追求富裕、名望、权力的机器被发动起来之后，过程就具有自动性，再也不肯停歇，并且不断地增量与增速。"社会"这趟列车便不知道驶向何处去了。这就是"社会"问引出的问题，也是需要当代人思考并找出自救路径的问题。

第三节　"村庄"问

　　"村庄"（地域村）是"地域社会"的基本单位，也是"社会"的最小单位。村庄产生于人类定居之时，就人类整体发展来说，它产生于新石器时代的农业文明。周城所在的苍洱地区村庄历史大约有

4000多年，晚于中原地区的新石器时代。摩哈苴位于山区，此前无人居住，其村庄形成于明代初年。村庄既是地域社会的起点，也是地域社会的终点，故而有"村庄问"。

首先对于新石器时代农业革命的重大贡献应该作出说明。旧石器时代的采集狩猎经济是属于"索取型"，新石器以农业为标志的经济类型属于"生产型"。"索取"是对自然界固有物产采取"拿来主义"，而"生产"则是创造了自然界原先没有的东西。农业文明中的粮食并不是自然界固有的。从春种一粒粟，到秋收万颗籽，通过刀耕、火种、施肥、耨草方能生产出来。这"万颗籽"并非自然界直接给予的，而是我们"生产"的成果，其形态也因为人工改良而与自然界的物种有所不同。为了适应新兴的农业，手工制品——陶器也因需要贮藏食物而被创造出来，这同样只是模仿了自然界（如圆形的果实）而不是直接来自自然界。从"索取"到"生产"，这是一场真正意义上的"大革命"，人类历史上一切其他伟大运动都无法与之相比。"工业革命"的意义被人为夸大，其实它仅是农业革命创造性思维的延伸。西方话语体系将工业革命吹嘘得特别"伟大"，并将"采集狩猎文明""农业文明""工业文明"放在一个线性"进步"的语境中言说且加以褒贬，这是西方中心主义根深蒂固的思维方式，它既错置了问题的性质，又错置了概念的范畴。工业文明与农业文明相比，它仅仅属于"子代"。这正如亚当与夏娃的关系一样。[1] 农业文明是"亚当"，具有双重身份，工业文明仅是"夏娃"，是一个单纯的派生物。农业文明是工业文明的"父辈"，作为"母体"的农业（包含着工业）以及作为"子体"的农业（与工业对并立）的范畴不同。农业文明是真正的划时代的，她划出了一条"天河"，而工业文明只是"天河"的一条支流。

工业文明带来巨大的物质财富，但是，人类以消耗环境与资源为代价取得财富是否越多越好？当代已经经历了因为工业发展而使环境

---

[1] 《创世记》说："the LORD God formed thg man from the dust of the ground." 这里的"man"是指一般的人。在英文中"man"有着两个意义：一是指人、人类；二是男人。这种关系正好与《圣经》中关于亚当与夏娃的关系相对应。

遭到破坏从而造成人类灾难的人们应该警醒。我们强调村庄的意义是希望在过度开发自然资源的工业文明与过度依赖自然资源的采集狩猎文明之间找到一个"中点",而这个"中点"事关人类能够与自然和谐相处的"长生久视"之道,这是对人类终极前途关怀的一种路径。列维-斯特劳斯引用卢梭论述道:"卢梭认为我们今天称之为新石器时代的生活方式代表着最接近那个范型的一个实验性的体现。"① 到新石器时代,人类已经发明了人类安全所需的大部分发明。人类知道如何使自己免于寒冷与饥饿,也已取得休闲时间可以用来思考。虽然那个时代人类并不比目前更自由,但是使他成为奴隶的只不过是他的人性。"卢梭相信,如果人类能够'在原始社会状态的懒惰与我们自尊自大所导致的无法抑制的忙忙碌碌之间维持一个快乐的调和'状态,会对人类的幸福更为有利,他相信这种情况对人类最好,而人类之所以离开这种状态,乃是由于'某些不愉快的意外机会',这机会当然就是机械化,机械化是双重的意外现象,因为它是特殊惟一的,同时也是晚近才出现的。"② 新石器时代农业文明的"创造性"并没有使人远离自然,而是在尊重自然的基础上,对自然的一种有限利用,强调的是一种"天人合一"。卢梭和列维-斯特劳斯都将机械化当作"特殊惟一的"而不是当作一般性的路径。

然而,在当下现代化的进程中,农业文明与村庄无疑面临着城市化的巨大冲击。西方一些发达国家的学者,往往认为随着西方开辟与引领的所谓"现代化"的进程,村庄会被终结。法国学者孟德拉斯1967年出版了一部著作《农民的终结》,该书提出的一个重要命题是:在欧洲这一类的发达国家,农民作为一个传统的阶级已经终结。作者"所辩护的是农业的工业化、小农的死亡、具有现代意识的农业大经营者的胜利和农民家庭的解体"③。欧洲是工业文明最先发展的

---

① [法]列维-斯特劳斯:《忧郁的热带》,王志明译,生活·读书·新知三联书店2000年版,第510—511页。
② 同上书,第511—512页。
③ [法]孟德拉斯:《农民的终结》,李培林译,社会科学文献出版社2005年版,第273页。

地区，老牌的工业大国在现代化进程中，农业人口占据很少的比重，如英国农业从业人员在全部就业人员中的比重不到2%，美国在21世纪初的从事农业的人数仅占总人口的0.9%。法国虽然是欧洲传统的农业大国，然而在20世纪50年代早期农民也仅占总人口的16%，到了70年代降到10%，90年代又降到4%。

　　费孝通先生对于村庄的论述虽然着眼点也在于现代化的路径，但却思考了村庄本身的问题。费先生曾提出一个命题，叫作"小城镇，大问题"。"小城镇"这个词语在费先生的概念界定中并无"城"的含义，而是指"集镇"一级单位。费孝通将"集镇"看作是"农村中心社区"，是既区别于"城"，亦区别于"乡"的中间地带，而这一中间地带偏向于"乡村"这一边而不是偏向于"城市"那一边。[①]"集镇"之所以是"大问题"，是因为它涉及中国乡村现代化的路径选择，所以才引起费先生的高度重视。贯彻积极发展集镇的方针，就是"去解决社会主义现代化过程中发生的各种问题"[②]。费孝通先生思想的核心内涵是：中国乡村现代化的道路并不是走农民进城的道路，而是发展"集镇"（农村社区），这是"农村问题""农业问题""农民问题"，这是中国的"大问题"。这就等于说，村庄还具有巨大的意义。

　　然而，吊诡的是：当我们从费孝通再转回孟德拉斯时，发现在《农民的终结》出版近20年以后他对于法国的乡村新的描述与思考非常接近费孝通。这时，法国社会出现的一个最重要的特征是"乡村社会的惊人复兴"[③]。"在20年以前，乡镇似乎失去了一切活力。近10年以来，在每个乡镇，甚至是那些最小的乡镇，一种新的社会生活力从各个方面萌发出来。""一切将乡镇再次集中的努力都失败了，这有力地说明，乡村社区重新获得了罕见的生命力。""乡镇在经过一

---

　　① 费孝通：《小城镇四记》，新华出版社1985年版，第48—50页。
　　② 同上书，第6—7页。
　　③ ［法］孟德拉斯：《农民的终结》，李培林译，社会科学文献出版社2005年版，第276页。

个让人以为已死去的休克时期之后，重新获得了社会的、文化的和政治的生命力。"孟德拉斯提出的"真正的问题是：我们不知道在山区和林区怎样生活"，他试图"重新找到一种在树林中生活的艺术"，让"乡村重新变成一个生活的场所"。① 返回过去找到某种可能性亦是思想创新的表现。农业文明的本性即"村庄"的本性，这种本性既强调人的创造性，又重视对自然的尊重。村庄正在这个基点上被重新赋予意义。

在当前思想界，工业文明已经被置于深刻反思的地位。工业化就是人均能源获取量的巨幅增长和机械化，以及生产单位的专业化。这些发展对自然界和社会都造成了剧烈的变动。工业化社会从环境中开发的能源越多，环境受到的变动就越大，这使生态平衡和环境系统受到极大的损害。工业化时代的人口增长比以前快得多，以至于不得不采用各种与自然界对抗的手段来避免生育。在工业化社会里，财富更加集中，劳动更加专门化，这产生了各种新的社会关系和组织，使阶级的鸿沟扩大了。

我们需要对工业文明有一种头脑清醒的态度。西方由工业社会带来的城市化是一条"特化"的路径，它的教训多多。在当前全球国家林立并且互争利益的格局之下，城市化、工业化道路是有一定道理的。但是作为人类学者，他的眼光并不是放在当下几个世纪的时间作为论述问题的基点，他甚至也不能以几千年为单位来观察问题，他必须将"人类"作为一个具有共同命运的整体单位，以"人类"数百万年发展史以及全球人类而不是某一国家与地区的人类来观察和认识问题。也就是说，他必须具有"人类"整体意识而不仅是"国家"的局部意识。"人类不能总是被虚假的发展承诺所欺骗，……所有的人类，无论何种肤色、文化、背景、宗教还是性别，都抓住了新的机遇，而这些机遇有很大一部分危害到我们的星球。逐渐强大的社会和技术发展加速了这一进程，发展的方向如果得不到修正，就随时会造

---

① [法]孟德拉斯：《农民的终结》，李培林译，社会科学文献出版社2005年版，第278—279页。

成更大的破坏"①。一位印度学者曾经就此问题给出过"警示",他指出当代的"发展"始终是西方观念中的"发展":"150年的殖民统治留给我们的是被砍伐一空的森林和淤塞的河流,以及对这些就代表了所谓的'发展'的深信不疑。民族独立后的50年间,我们并未努力改变对发展的这种理解,相反还不遗余力地效仿这种所谓的'发展'模式。可悲的是,当许多西方国家的生态学家们已经开始接受圣雄甘地的世界观时,在他自己的祖国和其他许多第三世界国家,人们似乎已将他忘却。"② 这种讽刺也许对中国较之印度更为贴切:"天人合一"思想一直是中国传统文化的精髓,如今却逐渐被人忘却。我们一味"西方化"乃至失却了原本的方向。

在人类经过两次世界大战,被侵略的国家、被压迫的民族经受过人类有史以来从未有过的极端的苦难,发展中的国家都在迫不及待地发展自己,以免自己再受侵略与欺侮,他们需要用机械化把自己武装起来,这是完全可以理解的。中国的现代化进程亦是如此。自1840年以来"落后就要挨打"的惨痛教训一直铭记在中国人的心头,当代中国人的自强不息也是建立在这种痛苦的记忆之上。在中华民族经历了100多年被列强侵略、受外族压迫并且现在还没有消除这种威胁的时候,在当代国家与民族林立,并且世界各地的民众仍然是以国家作为政治身份认同,以民族作为文化身份认同的时候,我们需要国家富强、民族复兴。这是第一个概念。但是,既然我们已经站在全球化的入口处,当然就需要看到更远的地方的"人类命运共同体"的长远利益,而不仅仅是当下的、以国家为单位的眼前利益。这是第二个概念。

在当今的时代,"全球化"决不是当前有些学者理解的"西方化"。世界性的殖民时代已经过去,发端于西方的工业化道路已经使环境问题成为影响人类生存的大问题,而包括中国在内的发展中国家

---

① [美]斯科特·塞诺:《捆绑的世界:生活在全球化时代》,江立华等译,广东人民出版社2006年版,第279页。

② 转引自[美]斯科特·塞诺《捆绑的世界:生活在全球化时代》,江立华等译,广东人民出版社2006年版,第278页。

由于模仿西方道路已经吃尽了苦头。当下的世界，已经从"各地区分散发展的历史"走向真正的"世界范围内发展"的历史①，我们正处于"世界范围内发展"的历史"入口处"，在这个"入口处"，村庄的经验应该被重视，村庄的理想也应该被唤醒。

---

① ［德］卡尔·雅斯贝尔斯：《智慧之路》，柯锦华等译，中国国际广播出版社1988年版，第72页。

主要参考文献

1. ［古希腊］柏拉图：《文艺对话录》，朱光潜译，人民文学出版社 1982 年版。
2. 《圣经》（中文和合本），中国基督教协会 2007 年出版。
3. ［美］路易斯·亨利·摩尔根：《古代社会》，杨东莼等译，商务印书馆 1977 年版。
4. ［美］理查德·罗蒂：《哲学和自然之镜》，李幼蒸译，商务印书馆 2003 年版。
5. ［美］施坚雅：《中国农村的市场和社会结构》，史建云、徐秀丽译，中国社会科学出版社 1988 年版。
6. ［美］杜赞奇：《文化、权力与国家——1900—1942 年的华北农村》，王福明译，江苏人民出版社 1988 年版。
7. ［美］华勒斯坦等：《开放社会科学》，刘锋译，生活·读书·新知三联书店 1997 年版。
8. ［美］罗维：《初民社会》，吕叔湘译，江苏教育出版社 2006 年版。
9. ［美］克利福德·格尔兹：《文化的解释》，纳日碧力戈等译，上海人民出版社 1999 年版。
10. ［美］克利福德·格尔兹：《追寻事实》，林经纬译，北京大学出版社 2011 年版。
11. ［美］克利福德·格尔兹：《地方性知识》，王海龙等译，中央编译出版社 2000 年版。
12. ［美］克利福德·格尔兹：《论著与生活》，方静文等译，中国人民大学出版社 2013 年版。

13. [美] 马歇尔·萨林斯:《历史的隐喻与神话的现实》,张宏明译,生活·读书·新知三联书店 2005 年版。
14. [美] 马歇尔·萨林斯:《历史之岛》,张宏明译,生活·读书·新知三联书店 2005 年版。
15. [美] 马歇尔·萨林斯:《石器时代经济学》,张经纬等译,生活·读书·新知三联书店 2009 年版。
16. [美] 罗伯特·墨菲:《文化与社会人类学引论》,王卓君、吕乃基译,商务印书馆 1991 年版。
17. [美] 古塔、弗格森编:《人类学定位》,骆建建等译,华夏出版社 2005 年版。
18. [美] 许烺光:《祖荫下》,王芃、徐隆德译,台湾南天书局 2001 年版。
19. [美] 马文·哈里斯:《文化人类学》,李培茱等译,东方出版社 1988 年版。
20. [美] 戴维·波普诺:《社会学》(第十版),李强等译,中国人民大学出版社 1999 年版。
21. [美] 斯科特·塞诺:《捆绑的世界:生活在全球化时代》,江立华等译,广东人民出版社 2006 年版。
22. [美] F. 普洛格、D. G. 贝茨:《文化演进与人类行为》,吴爱明等译,辽宁人民出版社 1988 年版。
23. [英] 吉尔伯特·赖尔:《心的概念》,刘建荣译,上海译文出版社 1988 年版。
24. [英] 安东尼·吉登斯:《社会的构成》,李康、李猛译,生活·读书·新知三联书店 1998 年版。
25. [英] 柴尔德:《远古文化史》,周进楷译,上海文艺出版社 1990 年影印本。
26. [英] 特雷·伊格尔顿:《二十世纪西方文学理论》,伍晓明译,陕西师范大学出版社 1987 年版。
27. [英] 马林诺夫斯基:《西太平洋的航海者》,梁永佳、李绍明译，华夏出版社 2002 年版。

28. ［英］马林诺夫斯基：《文化论》，费孝通译，华夏出版社 2002 年版。

29. ［英］马林诺夫斯基：《科学的文化理论》，黄剑波等译，中央民族大学出版社 1999 年版。

30. ［英］雷蒙德·弗思：《人文类型》，费孝通译，华夏出版社 2002 年版。

31. ［英］拉德克利夫-布朗：《原始社会的结构与功能》，潘蛟等译，中央民族大学出版社 1999 年版。

32. ［英］拉德克利夫-布朗：《社会人类学方法》，夏建中译，华夏出版社 2002 年版。

33. ［英］罗伯特·莱顿：《他者的眼光》，蒙养山人译，华夏出版社 2005 年版。

34. ［英］埃文思-普里查德：《努尔人》，褚建芳等译，华夏出版社 2002 年版。

35. ［英］莫里斯·弗里德曼：《中国东南的宗族组织》，刘晓春译，上海人民出版社 2000 年版。

36. ［法］萨特：《存在主义是一种人道主义》，周煕良、汤永宽译，上海译文出版社 1988 年版。

37. ［法］米歇尔·塞尔：《万物本原》，蒲北溟译，生活·读书·新知三联书店 1996 年版。

38. ［法］涂尔干：《社会学方法的准则》，狄玉明译，商务印书馆 1995 年版。

39. ［法］马歇尔·莫斯：《礼物》，汲喆译，上海人民出版社 2002 年版。

40. ［法］马歇尔·莫斯：《社会学与人类学》，佘碧平译，上海译文出版社 2003 年版。

41. ［法］列维-斯特劳斯：《忧郁的热带》，王志明译，生活·读书·新知三联书店 2000 年版。

42. ［法］列维-斯特劳斯：《神话学：裸人》，周昌忠译，中国人民大学出版社 2007 年版。

43. ［法］列维-斯特劳斯：《结构人类学》，张祖建译，中国人民大学出版社 2006 年版。

44. Levi-Strauss, *The Elementary Structure of Kinship*, Boston: Beacon Press, 1969.

45. ［法］葛兰言：《古代中国的节庆与歌谣》，赵丙祥、张宏明译，广西师范大学出版社 2005 年版。

46. ［法］孟德拉斯：《农民的终结》，李培林译，社会科学文献出版社 2005 年版。

47. 《马克思恩格斯文集》第 1—4 卷，人民出版社 2009 年版。

48. 《马克思恩格斯选集》第 1—4 卷，人民出版社 1972 年版。

49. ［德］恩格斯：《家庭、私有制和国家的起源》，人民出版社 1972 年版。

50. ［德］康德：《实用人类学》，邓晓芒译，重庆出版社 1987 年版。

51. ［德］胡塞尔：《现象学的观念》，倪梁康译，上海译文出版社 1986 年版。

52. ［德］伽达默尔：《真理与方法》，洪汉鼎译，上海译文出版社 1999 年版。

53. ［德］卡尔·雅斯贝尔斯：《智慧之路》，柯锦华等译，中国国际广播出版社 1988 年版。

54. ［德］霍克海默：《霍克海默集》，曹卫东等译，上海远东出版社 2004 年版。

55. ［德］马克斯·韦伯：《社会科学方法论》，李秋零、田薇译，中国人民大学出版社 1999 年版。

56. ［德］恩斯特·卡西尔：《人论》，甘阳译，上海译文出版社 1985 年版。

57. ［德］马克斯·缪勒：《比较神话学》，金泽译，上海文艺出版社 1989 年版。

58. ［德］斐迪南·滕尼斯：《共同体与社会》，林荣远译，商务印书馆 1999 年版。

59. [意] 维柯：《新科学》，朱光潜译，商务印书馆1989年版。

60. [瑞士] 费尔迪南·德·索绪尔：《普通语言学教程》，高名凯译，商务印书馆1980年版。

61. [瑞士] 皮亚杰：《发生认识论原理》，王宪钿等译，商务印书馆1981年版。

62. [瑞士] 皮亚杰、英海尔德：《儿童心理学》，吴福元译，商务印书馆1980年版。

63. 《诗经》。

64. 《礼记》。

65. 《老子》。

66. 《庄子》。

67. 《论语》。

68. 《墨子》。

69. 《荀子》。

70. 《尹文子》。

71. 《淮南子》。

72. 《山海经》。

73. 《楚辞》。

74. 《汉书》。

75. 《说文解字》。

76. 《魏书》。

77. 《旧唐书》。

78. 《独异志》。

79. 《南诏德化碑》。

80. 《太平御览》。

81. 《路史》。

82. 《文献通考》。

83. 《元史》。

84. 康熙《镇南州志》。

85. 王国维：《观堂集林》，中华书局1959年版。

86. 闻一多：《闻一多全集》，开明书店1948年版。
87. 夏曾佑：《中国古代史》，湖北教育出版社2000年版。
88. 费孝通：《乡土中国 生育制度》，北京大学出版社1998年版。
89. 费孝通：《小城镇四记》，新华出版社1985年版。
90. 林耀华：《义序的宗族研究》，生活·读书·新知三联书店2000年版。
91. 李泽厚：《中国古代思想史论》，人民出版社1986年版。
92. 袁珂：《古神话选释》，人民文学出版社1979年版。
93. 涂纪亮主编：《语言哲学名著选辑》，生活·读书·新知三联书店1988年版。
94. 陈来：《古代思想文化的世界》，生活·读书·新知三联书店2002年版。
95. 朱凤瀚：《商周家族形态研究》，天津古籍出版社2004年版。
96. 李文治、江太新：《中国宗法家族制和族田义庄》，社会科学文献出版社2000年版。
97. 陶阳、钟秀：《中国创世神话》，上海人民出版社1989年版。
98. 陶阳、钟秀：《中国神话》，上海文艺出版社1990年版。
99. 张振犁：《中原古典神话流变论考》，上海文艺出版社1991年版。
100. 赵秀玲：《中国乡里制度》，社会科学文献出版社1998年版。
101. 徐扬杰：《中国家族制度史》，人民出版社1992年版。
102. 赵沛：《两汉家族研究》，山东大学出版社2002年版。
103. 郑振满：《明清福建家族组织与社会变迁》，湖南教育出版社1992年版。
104. 郝翔、朱炳祥等主编：《周城文化》，中央民族大学出版社2001年版。
105. 李正清：《大理喜洲文化史考》，云南民族出版社1998年版。
106. 中国人民大学历史系《云南大理周城志稿》编写组：《云南大理周城志稿》（内部资料）。
107. 赵勤：《大理周城风物录》，德宏民族出版社1994年版。
108. 赵勤：《大理周城村赵氏族史》（内部资料）。

109. 王积超：《人口流动与白族家族文化变迁》，民族出版社 2006 年版。
110. 大理市文化局编：《白族本主神话》，中国民间文学出版社 1988 年版。
111. 杨镇圭：《白族文化史》，云南民族出版社 2002 年版。
112. 云南民族事务委员会编：《白族文化大观》，云南民族出版社 1999 年版。
113. 张锡禄：《大理白族佛教密宗》，云南民族出版社 1999 年版。
114. 梁永佳：《地域的等级》，社会科学文献出版社 2005 年版。
115. 杨政业：《白族本主文化》，云南人民出版社 1994 年版。
116. 《南华县志》编纂委员会编纂：《南华县志》，云南人民出版社 1995 年版。
117. 《喜洲镇志》编纂委员会编：《喜洲镇志》，云南大学出版社 2005 年版。
118. 林美容：《从祭祀圈到信仰圈——台湾民间社会的地域构成与发展》，《台湾史论文精选》（上），玉山社 1988 年。
119. 林美容：《由祭祀圈来看草屯镇的地方组织》，台湾中研院《民族学研究所集刊》1986 年第 62 期。
120. 刘志伟：《清代广东地区图甲制中的"总户"与"子户"》，《中国社会经济史研究》1991 年第 2 期。
121. 张宏明：《家族再思考》，《社会学研究》2002 年第 6 期。